JN098146

紛争類型から学ぶ
応用民法
Civil law exercises learned by case method

II 債権総論・契約

Emiko Chiba
千葉惠美子

Ryo Kawakami
川上 良

Tomoaki Takahara
髙原知明

日本評論社

第 2 巻の刊行によせて

　このシリーズは、法曹としてのキャリア形成を志すみなさんに、現実の社会で遭遇しそうな紛争類型を素材に、プロだったら、民法を活用して、どのようにして紛争を解決するのかを示すことを狙いとしています。いわば法的思考のプロセスについて「見える化」を図り、みなさんが、これまで民法について学んだ知識を現場で使えるようにすることを目的としています。

　本シリーズの特色は、第 1 に、ケースメソッド方式を採用し、紛争解決の過程を動態的に考察し、**事案を解析する力、当該紛争に適用すべき民法規範を組み立て紛争の解決への道筋を示す力を育成**しようとする点、第 2 に、民法と民事訴訟法の架橋するために、**実体法と手続法の対話を可能にする法的思考のプロセスを提示**する点、第 3 は、改正作業が続く民法について、関連する**判例理論を精査し、一貫した解釈論を提示**している点にあります。

　第 2 巻についても、第 1 巻同様、上記の執筆方針に基づいています。

　第 2 巻では、**債権総論と契約法**を主に扱っています。紙幅の関係から、債権総論のうち、債権回収に関連する部分（詐害行為取消権、債権者代位権、保証と求償）の部分については、第 3 巻で扱うことにしました。

　第 2 巻も、千葉が法学セミナーで連載した「紛争類例で学ぶ民法演習」（2021年 4 月号から2022年 3 月号）をもとに、第 1 巻と同様、実務経験が豊かで法曹教育にも精通している髙原知明元裁判官（現大阪大学法科大学院教授・民事訴訟法担当）、川上良弁護士（元大阪大学法科大学院教授）と議論を重ねて執筆しました。

　2017（平成29）以降、民法は改正作業が続いていますが、とりわけ、2017年の債権関係部分については大規模な改正がなされ、まだ、改正部分については判例がなく解釈論が固まっていないといえます。第 1 巻同様、3 人の意見に食い違いがある場合には、解釈論の一貫性という観点から千葉の考え方を優先して記述しましたので、第 2 巻でも本文で記載した民法の解釈論については千葉に責任があります。第 2 巻でも、より深く学ぶために **Deep Learning** を、紛

争解決のために知っておくべき実務的な視点については **Professional View** を、また、民事訴訟法や民事執行法との関係については **Link** をあわせて参照して下さい。

　第2巻では、①売買契約に基づく代金支払請求および目的物引渡請求、並びに、債務不履行に基づく損害賠償請求、②賃貸借契約に基づく賃料支払請求および同契約の終了に基づく不動産明渡請求、③請負契約に基づく報酬支払請求、および、契約不適合を理由とする損害賠償請求、④委任契約に基づく報酬支払請求、⑤預金契約に基づく預金払戻請求、⑥保険契約に基づく保険金支払請求、⑥譲受債権請求、⑦不法行為に基づく損害賠償請求、⑧使用者責任に基づく損害賠償請求などの紛争類型を取り上げています。

　これらの紛争類型で主な争点となっているのは、いずれも、履行請求権、債務不履行を原因とする損害賠償請求権、契約の解除、契約不適合責任、債権譲渡、相殺・弁済、定型約款、不法行為を原因とする損害賠償請求権、不当利得返還請求権になります。

　このように、第2巻では、**債権総論と契約法に分かれている条文から紛争解決に必要な法規範をどのように組み立てるべきか**、紛争類型に即して徹底的に検討しています。

　本シリーズでは、民法と民事訴訟法の対話を一貫して目指していますが、第1巻の「このシリーズを刊行するにあたって」でも述べたように、民法が「権利」の体系であるのに対して、民事訴訟法が「請求権」を基本単位にしていることが、両法の対話を困難にしている原因の1つとなっています。

　これまでの民法の伝統的な理解では、債権があると、この権利に「請求力」という権能が内包されているとして、債権があれば実体法上請求権があると説明されてきました。しかし、契約の場合、契約に基づいて発生する債権（債務者からみれば債務）は多様です。所有権が侵害されている場合には、所有権を実現するための手段として所有権にもとづく請求権が当然に認められるというのと同様に、契約上の債権と請求権の関係をパラレルに説明してよいのかが問題となります。

　第13章で詳しく述べるように、契約を原因として発生する「債権」に対して、契約に基づく「履行請求権」をどのように位置づけをめぐって、2017（平成29）年の民法改正の際にも議論がなされました。本書では、国際的な契約法の潮流を踏まえて、契約に基づく債権と契約に基づく実体法上の各種の請求権を一旦切り離した上で、**各契約類型に基づいて契約違反（債務不履行）があった場合に、どのような請求権が救済手段として認められるべきか**という観点から考える構成（いわゆる remedy 構成）を採用し、契約違反があった場合に救済手段となる多様な請求権相互の関係を解明し、実体法上の請求権と訴訟物の関係が明確になるように執筆しました。

　最後になりますが、法学セミナーで、第 2 巻の収録部分について「紛争類例で学ぶ民法演習」を担当してくださった元法学セミナー編集長・晴山秀逸さんに、また、第 1 巻の刊行から間をおかず、第 2 巻の刊行にご尽力くださった現・法学セミナー編集長・小野邦明さんには、大変お世話になりました。執筆者の思いを形にしてくださったお二人に改めて深く感謝申し上げます。

　また、第 2 巻の作成にあたっても、編集会議の設営、資料の準備、校正作業など細やかなサポートしてくださった田中有記枝さん、第 2 巻について読者モニターを務めてくださった大阪大学法科大学院生・赤田丞さんにも、この場を借りて、心より御礼申し上げます。

　執筆者一同、第 1 巻に引き続き第 2 巻についても、読者の皆様のお役に立てることを心より願っています。

2023年 6 月

執筆者を代表して

千葉　惠美子

IV

目　次
_____

第16章　賃貸借契約について学ぶ［発展編］

──建物の賃貸借契約における契約当事者間の紛争事例を通じて

第17章　賃貸借契約について学ぶ［応用編］

──適法転貸後に賃貸物の所有者が変更した事例を通じて

▶ 第18章　請負契約について学ぶ [基礎編]
　　　　　　──建設請負契約における契約不適合の事例を通じて

第19章　請負契約について学ぶ［発展編］
──建設中の建物が滅失・損傷した紛争事例を素材として

第23章　預金債権の譲渡と譲渡制限特約 [応用編]

──普通預金債権の担保化を素材として

第24章　預貯金口座に対する払込みと弁済［応用編］

──無権限で原因となる法律関係が存在しないのに銀行預金
口座に振込みが行われた事件を素材として

第25章　定型取引と定型約款について学ぶ［基礎編］

──保険契約約款を素材として

Deep Learning 一覧　●●●●●

Professional View 一覧　■■■■■

Link 一覧　◆◆◆◆◆

<table>
<tr><td>第13章</td><td></td></tr>
</table>

第13章 売買契約について学ぶ ［基礎編］

——不動産売買における目的物の品質をめぐる紛争を素材として

❶ 出題の趣旨

第13章と**第14章**では、売買契約を素材として、契約違反が発生した場合にどのような制度を通じて紛争を解決するのかを考えることにする。

後述する【例題】では、買主が売買代金の支払いをしないことから、売主が代金の支払いを求めて訴えを提起しており、これに対して、買主は売買契約の目的物である建物に欠陥があったことを理由に契約の解除を主張している。**本章**では、特定物売買の代表的な例である不動産売買を素材に、売買における目的物の品質に起因する売買契約の当事者間で繰り広げられる基本的な紛争事例を取り上げ、契約違反がある場合に、2017（平成29）年民法改正が、債務不履行責任制度、契約不適合責任制度を通じてどのように紛争を解決しようとしているかを考えてみることにしたい。

また、後述の【例題】では、予備的に、買主が第三者から譲り受けた売主に対する債権と売買代金債権との相殺を主張していることから、相殺制度の基本的な枠組みについてもあわせて学ぶことにする。

1. 債務不履行責任の特則としての契約不適合責任

具体的な検討を行う前に、2017年民法改正で新設された契約不適合責任制度について概観しておくことにしたい。2017年民法改正では、改正前の担保責任制度について制度趣旨も含めて大きな変更が加えられた。

2017年民法改正では、特定物に限らず、売主には契約の内容に適合した権利

の移転・目的物の引渡義務があることを前提に、種類・品質に関する瑕疵と数量に関する瑕疵を「契約内容の不適合」という概念によって包括的に捉え、契約不適合責任として一元的に規律されることになった。また、移転した権利が契約内容に適合的でない場合（権利の一部が他人に属する場合も含む）、いわゆる権利の瑕疵の場合についても、物の瑕疵に関する上記の規定が準用されている（565条）。

　2017年民法改正では、契約の内容に適合的な債務の履行がない限り、原則として債務不履行責任が発生することになる。契約不適合責任は、契約の目的物が引き渡された後に契約の内容に適合的ではない債務の履行がなされていることが明らかになった場合に、債務不履行責任の特則として契約の当事者間の利害を調整するために定められた制度である。売買契約の場合を例にとれば、目的物の引渡しによって履行が完了したとする売主の期待を保護する必要があるとして、契約不適合責任が問題となる場合には、権利行使期間を定めるなど売主の債務不履行責任について特則規定が置かれている。そこで、売買契約の場合を念頭において、まずは契約不適合責任の概要を記述しておくことにしよう（☞後掲**図表 1**）。

　新設された規定では、引き渡された目的物が契約内容に適合しないものである場合、不適合が生じている原因が、売主（債務者）の責めに帰すべき事由があることによるものであるかどうかにかかわらず、買主（債権者）は、目的物の修補・代替物の引渡しまたは不足分の引渡しによる履行の追完を求めることができる（562条第1項本文）。契約の内容に適合的な債務の履行がない限り、売主は目的物引渡義務を履行していないことになるからである。どのような方法によって履行の追完を行うかは、買主に選択権があり、買主に不相当な負担を課すものでないときには、売主が別の方法で追完することができる（同項ただし書）。

　上記の追完請求権に加えて、買主が相当の期間を定めて履行の追完を催告し、その期間内に履行の追完がないときには（催告しても履行の追完ができない場合には、直ちに）、その不適合の程度に応じて代金の減額を求めることができる（563条。形成権）。改正前は、損害賠償請求権と代金債権の相殺という方法で実質的に代金減額の効果を認めてきたが、2017年民法改正では、形成権としての

代金減額請求権を正面から契約不適合責任の効果として認め、明文化したことになる。

2017年民法改正では、代金減額請求権には契約の一部解除と同様の機能があると捉えていることから、代金減額請求権の発生要件については催告解除（541条本文）の要件と同一の枠組みを採用している。したがって、追完を催告した上で相当の期間を経過しなければならないことになる（563条1項）。追完を催告せず減額を求めるためには、無催告解除の場合に準じた要件を充足しなければならない（563条2項と542条との対比）。

債務不履行が売主の責めに帰することができない事由によって発生し、売主に損害賠償責任が生じない場合（415条1項ただし書）や、履行不能によって履行を求めることができず（412条の2第1項）、そのために履行の追完が不能である場合にも、代金減額請求権については認められている（563条2項1号）。2017年民法改正では、解除制度を、契約上の債務が履行されない場合に契約の拘束力から契約当事者を解放する制度であると考えており（541条参照）、代金減額請求権は契約の一部解除制度に準じた規定であるからである。

一方、2017年民法改正では、目的物が契約の内容に適合しないものである場合に、解除権および損害賠償請求権の行使を妨げないと規定している（564条）。これは、契約不適合の効果として認められる損害賠償請求権および解除権が債務不履行の一般的規定によるものであることを前提にしているからである。したがって、引き渡された契約の目的物の品質に関して契約内容に適合しない場合に（562条）、契約解除の効果を主張するためには、債務不履行解除の場合と同様、541条ないし542条に基づいて解除権が発生していることと解除の意思表示（540条1項）が必要となり、債務不履行が買主（債権者）の責めに帰すべき事由による場合でないかぎり、買主は契約の解除ができる（542条1項1号、3号）。損害賠償請求権についても、売主（債務者）の責めに帰することができない事由による場合を除き（415条1項ただし書）、買主（債権者）は損害賠償請求ができ、損害賠償の範囲は416条に基づいて画定されることになる。

このように、解除権および損害賠償請求権については、債務不履行責任の一般原則に従って権利行使が認められる。ただし、目的物の引渡後、目的物の種類または品質が契約内容に適合的でないことが判明した場合には、後述するよ

うに、追完請求権・代金減額請求権だけではなく、損害賠償請求権および解除権についても権利行使の期間が制限されることになる（566条本文）。

　また、債務不履行が買主（債権者）の責めに帰すべき事由によるものである場合には、損害賠償請求権は発生せず（415条1項ただし書き）、契約を解除することもできないが（543条）、追完請求権や代金減額請求権についても買主は行使することができない（562条2項、563条3項）。目的物の引渡後は売主に履行を完了したという期待があり、また、不適合を生じさせたのが売主ではないからである。他方で、買主は代金支払義務を履行しなければならないことになる（536条2項前段）。

　契約不適合責任は、有償契約一般に適用され（559条）、特定物の売買において物の性質は契約内容にはならないとする考え方（いわゆる特定物ドグマ）は採用されていない。このため、特定物ドグマの条文上の根拠とされてきた483条も、債権の目的が特定物の引渡しであって、「その引渡しをすべき時の品質を定めることができない」ときに限定して、引渡時の現状でその物を引き渡せば足りるものと改正された。

【図表1】 目的物の品質・種類・数量不足を理由とする契約不適合と
**　　　　　 買主（債権者）の救済手段の比較**

	契約不適合が売主（債務者）の責めに帰すべき事由による場合	契約不適合が買主（債権者）の責めに帰すべき事由による場合	契約不適合が売主・買主双方の責めに帰すべき事由によらない場合
追完請求権 （562条）	○	×（562条2項）	○（562条1項、2項の反対解釈）
代金減額請求権 （563条）	○	×（563条3項）	○（543条1項と563条3項の反対解釈）
契約解除権 （564条→541条・543条）	○	×（543条）	○（541条・542条と543条の反対解釈）
損害賠償請求権 （564条→415条）	○	×（415条1項ただし書）	×（415条2項ただし書）

2. 目的物の品質に関する契約の不適合と錯誤制度の関係

　一方、2017年民法改正では、「法律行為の基礎とした事情についてのその認

識が真実に反する錯誤」の場合にも、その錯誤が法律行為の目的および取引上の社会通念に照らして重要なものであり、その事情が法律行為の基礎としていることが表示されていた場合には、錯誤取消しが認められることになった（95条1項2号、同条2項）。契約の当事者の間でどのような合意がなされたのかは、2017年民法改正では、債権の発生に向けて表意者に効果意思があることを基礎づけるために考慮されているだけではなくなったことになる。このため、契約の目的物の品質が契約内容に適合していない場合には、契約不適合責任の効果として契約の解除が問題となる領域と意思表示について錯誤取消しが問題となる領域が重なる可能性があり、錯誤制度と契約不適合責任制度の関係についても今一度考えてみる必要がある（錯誤制度については、**応用民法Ⅰ第3章❸1.** もあわせて参照されたい）。

Xはどのような請求権があると主張するか

　以下の【例題】は、後述する訴訟で主張されたXの言い分を整理したものである。

【例題】

【Xの言い分①】

　1．私は、建設業を営んでいます。中央区の借地上に別紙物件目録（省略）記載の建物（以下「甲建物」という）を所有し、Aに賃貸していましたが、2020年3月31日付けで賃貸借を終了して退去したいとの申出をAから受け、やむなく了解しました。当初想定した賃料収入が得られないことから、この機会に甲建物を売ることにしました。

　私とYとBは、趣味のヨットを通じて友人となり、同じヨットハーバーを利用し年齢も近かったことから、家族ぐるみでクルージングに出かけたり、一緒にバカンスに出かけたりする関係でした。Yが最近「長男の小学校入学前に教育水準が高い学区にセカンドハウスの購入を計画している」と話していたことを思い出して連絡したところ、Yは値段次第では甲建物

を購入したいとのことでした。

　2．私は、交渉を重ねた結果、2020年4月20日、本件借地権と甲建物を2000万円で売買することでYと合意しました。敷地の所有者も賃借権の譲渡を承諾してくれました。その際にYと合意した売買の条件は、同年5月1日に甲建物の引渡しと所有権移転登記手続を行い、同年7月20日に代金2000万円を支払うというものでした。Yからは、2021年4月に長男が小学校に入学するにあたり、甲建物が有名進学校への入学者が多い人気の学区にあるため、長男が低学年の間は家族とともに学区に居住することにしたという話は聞いていましたが、学区以外に本件契約にあたり確認した事項はありませんでした。

　3．私は、2020年5月1日にYに対して甲建物の引渡しと所有権移転登記手続を行いましたが、Yは、甲建物床下の土台部分などがシロアリの食害によりもろくなっているなどと主張して同年7月20日の支払期限を過ぎても代金を支払ってくれません。シロアリの食害についてAから何も言われていませんでしたし、私自身もそのような事実はないと考えています。

　4．私は、正式に契約を締結する前に甲建物の現状を見たいとYから言われたので、2020年4月6日、Yと一緒に甲建物を内覧し、同日から同月15日まで甲建物の鍵をYに預け、いつでも甲建物を見られるようにしました。Yは、過去に不動産業を営んでおり、鍵を預かっていた期間に甲建物を検査してシロアリの食害を発見できたのに、それを怠った点で落ち度があったというべきです。また、遅くとも羽アリが大量発生したと私に言ってきた同年5月15日には、Yはシロアリの食害を知っていたはずです。それから1年以上も過ぎて、Yは、本件売買を解除すると言い出したのですから、このような解除は認められるはずはありません。

　5．そこで、私は、Yに対し、代金2000万円およびこれに対する支払期限の翌日から支払済みまでの損害金の支払いを求めて、2021年6月1日に、訴えを提起しました。

1. Xはどのような権利があると主張すべきか

　売買契約に基づいて代金の支払いを求める権利があるというためには、売買契約が成立したことが必要である（555条）。財産権の移転に対して対価を支払うことが、売買契約の成立要件であるから、目的物および代金額または代金額の決定方法が本質的要素となり、この点に意思の合致があれば、売買契約は成立し、売買代金の支払いを求める権利が発生する。特約がない限り、売主はその権利を直ちに行使することができることになる。

　一方、損害金の支払いを求める権利については、文字通り債務不履行（履行遅滞）に基づく損害賠償を求める権利と解する見解（遅延損害金説。判例・通説）と、法定利息の支払いを求める権利と解する見解（法定利息説）が対立している。415条によれば、原則として履行遅滞があれば損害賠償請求権が発生することになるが、売買の場合には415条の他に575条2項が置かれており、買主は引渡しの日から代金の「利息」を支払うという規定があるからである（575条2項の趣旨については **Deep Learning** II－1参照。詳細は、山本敬三『民法講義IV－1―契約』〔有斐閣、2005年〕319頁）。本書では、判例・通説の見解に従い、損害金の支払いを求める権利については、債務不履行（履行遅滞）に基づく損害賠償を求める権利であると解した上で検討する。

Deep Learning II－1
575条2項の趣旨（千葉）

　575条1項によれば目的物の引渡し時から果実は買主に属することから、法定利息説は、同条2項本文を、買主が代金債務の履行遅滞があるかどうかにかかわらず、目的物の引渡し時から利息の支払義務を負う旨を定めた規定と解している。法定利息説では、履行遅滞の要件は不要であり、575条2項本文所定の発生要件を満たせば利息を請求できるものと解している。

　しかし、本来、売買目的物の所有権が買主に移転すれば、その時点で果実収取権も元物の所有者である買主に帰属する（89条1項）。一方、代金支払期日について特

約がない限り、売買契約の成立によって売主は直ちに売買代金を請求することができ、それによって買主は代金債務について遅延損害金（遅延利息）を支払わなければならないのが原則である（412条3項）。遅延損害金説は、目的物の所有権移転後、引渡しがあるまでの間、買主から売主に対する果実の不当利得返還請求権と売主から買主に対する遅延損害賠償請求権とを簡易に清算するために、上記期間内の「果実」と「遅延損害金」を等価値とみなして、575条1項で売買の目的物の引渡しがあるまでは売主に果実が帰属するとし、同条2項で、目的物の引渡し後は売主が代金債務につき遅延損害金＝遅延利息を請求できるものとしたと解している。　●

2. どのような要件を充足すると請求権があるといえるのか
（訴訟物・請求原因）

(a) 履行請求権の位置づけ

1. で検討したように、【例題】では、1つの訴訟手続で、XはYに対して上記2つの権利があると主張している。

ところで、412条の2第1項は、債務の履行が不能である場合には、その債務の履行を請求することができないと規定している。この規定を反対解釈すれば、債務の履行が可能である場合に、履行請求権があることになる。しかし、**1.** で検討した売買代金債権とこの履行請求権がどのような関係にあるのかは必ずしもはっきりしない。また、履行遅滞（債務不履行）を原因として損害賠償請求権があるとして、これが履行請求権とどのような関係にあるのかもよくわからない。

債権の本質を、債権者が債務者に対して特定の給付を求めることができる権能（請求力）に求め、合意（効果意思）に直結した履行請求権を債権の本来的ないし第一次的内容として債権成立時に債権者が取得すると捉える伝統的な民法学説（我妻栄『新訂債権総論』〔岩波書店、1964年〕5頁）に基づくと、売買契約に基づいて代金債権が発生したことがいえれば、それだけで、売買契約に基づく代金支払請求権が発生したものと解されることになる。債務不履行に基づく損害賠償請求権は本来の債務の履行の請求によっても損害が発生している場合に、二次的に主張できる権利であり、本来の債務の履行が不能となった場合には、本来の債務の履行に代えて損害賠償請求権（填補賠償請求権）が認めら

れると説明されてきた。その後、債権には、請求力に加えて、債権者が給付に
よって得た結果を債務者との関係で保持できる権能（給付保持力）があり、債
権は両者の権能を併せ持つ権利であるとする見解が台頭し、通説を形成してき
た（奥田昌道『債権総論〔増補版〕』〔悠々社、1992年〕7頁　中田裕康『債権総論
〔第4版〕』、〔岩波書店、2020年〕18頁、23頁など）。

　上記の通説の構成（これを以下では「伝統的構成」という）に対して、近時は、
給付保持力を中心に債権の効力を捉え、債権の実現が妨げられた場合に、債務
不履行を原因として履行請求権が救済手段（remedy）として債権者に与えられ
るとする見解（これを以下では「remedy 構成」という）が有力に主張されてい
る（潮見佳男『新債権総論Ⅰ』〔信山社、2017年〕274頁）。

　両構成の違いは、契約に基づく発生する「債権」と「履行請求権」との関係
をどのように捉えるかにもっともよく現れることになる。伝統的構成では、債
権者であれば、債権の請求力を根拠に当然に履行請求権が認められると解する
（債権＝履行請求権）ことになるのに対して、remedy 構成では、履行請求権は
契約上の債務について不履行があった場合の救済手段の1つに過ぎないもの
（債権≠履行請求権）と解されることになる（☞後掲【図表2】）

　remedy 構成によれば、「合意」は、債権の発生に向けられた効果意思を基
礎づけるためだけでなく、契約が履行されない場合の救済手段をも根拠づける
ものとして位置づけられることになる。したがって、この見解では、発生原因
である契約から切り離して抽象的に債務不履行があった場合の救済手段を観念
することはできないことになり、契約類型ごとに合意内容を基準として、債務
内容およびその内容が実現しない場合の最も適切な救済手段を検討することに
なる（以上の学説の形成過程については、磯村保編『新注釈民法（8）債権（1）』
〔有斐閣、2022年〕3頁［潮見佳男］、2017年改正民法の審議過程で、契約責任の体
系との関係で履行請求権をどのように位置づけに関連して議論された点については、
森田修『「債権法改正」の文脈──新旧両規定の架橋のために』〔有斐閣、2020年〕
245頁）。本書では、近年の国際的な契約に関する比較法研究の成果を踏まえて、
基本的に後者の見解に立ち、remedy 構成に基づいて議論を展開する（☞**本章
Deep Learning Ⅱ－2**）。

　remedy 構成を前提にすれば、売買契約の成立によって売買代金債権は発生

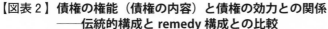

【図表２】債権の権能（債権の内容）と債権の効力との関係
──伝統的構成と remedy 構成との比較

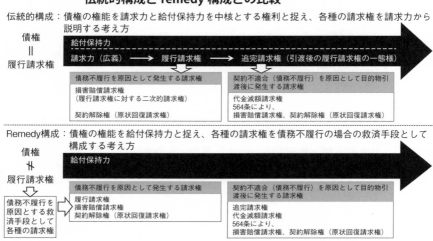

し、債権にはその効力として給付保持力があることから、買主が任意に弁済すれば売買代金債務を履行したことになり、契約が成立した時点から売買代金債権の差押えは可能であるものと解される。一方、売買代金の支払いがない場合に、売主は買主に対して売買代金債務の履行を求めることができる。売買代金支払請求権は、売買代金の支払がない場合に売主に救済手段として認められる履行請求権であり、後述する損害賠償請求権・契約解除権と同様、債務不履行が生じた場面において債権者に対して与えられる救済手段として適切な手段であるかが検討されることになる。

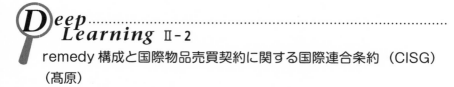

Deep **Learning Ⅱ-2**
remedy 構成と国際物品売買契約に関する国際連合条約（CISG）
（髙原）

　売買契約の当事者が債務を履行しない場合に、約束どおりの履行（特定履行）を求めることができることは、当たり前のことと思われるかもしれないが、国境を越

えると、必ずしもそうとはいえない。とりわけ、英米法では、特定履行はコモン・ロー上認められず、損害賠償等で処理されるのが原則であることを知っておいてほしい。1988年に発行した国際物品売買契約に関する国際連合条約（United Nations Convention on Contract for the International Sales of Goods；CISG）は、米国も参加し、我が国も2008年に加入した多国間条約であり（主要国で参加していないのは英国くらいか）、事実上の世界標準の国際売買法といえる地位を得ている。例えば、後述する**第14章**の**【例題】**において商社であるB会社がレアメタルをCISG締約国の取引先から購入する取引において、契約準拠法（法の適用に関する通則法7条等）により日本法が選択された場合であっても、民法に優先してCISGが適用されることとなる（一般法と特別法の関係）。

　CISG第1部第3章第3節には「買主による契約違反についての救済」に関する定めがある。同61条1項1号は、買主の契約違反の場合に、買主の義務の履行を求めること、契約解除の意思表示をすること、損害賠償請求をすることができると規定し、同62条本文は「売主は、買主に対して代金の支払、引渡しの受領その他の買主の義務の履行を請求することができる」と規定している。現行民法を解釈するにあたっても、remedy構成をとる有力説の枠組みを理解しておく必要がある。CISGの概説書としては、潮見佳男＝中田邦博＝松岡久和編『概説国際物品売買条約』（法律文化社、2010年）がある。●

(b)　remedy構成による訴訟物・請求原因の捉え方

　remedy構成に立てば、売買代金の支払いを求める請求の訴訟物は、売買契約に基づく代金不払い（履行遅滞）を原因とする売買代金支払請求権となり、①売買代金債権の発生原因である売買契約の成立に加えて、②①に基づく代金の支払いがないことが、売買代金支払請求権の発生要件となる。

　ところで、売買契約の場合、所有権の移転義務と代金支払義務の間には、双務契約上の対価的牽連関係がある。そこで、当事者間の公平という観点から、**【例題】**のように売買の目的物が不動産の場合、買主の代金支払債務と売主の目的物引渡債務との間だけでなく、買主の代金支払債務と売主の所有権移転登記義務（560条）との間にも同時履行の抗弁権が認められる。

　このため、売買代金支払請求権の発生を基礎づけるために、売買契約が成立したことを主張すると、上記債務間に同時履行の抗弁権が付着していることが明らかになり、売主が買主に対して自ら負う債務の履行の提供（目的物が動産の場合には、目的物引渡債務について弁済ないしその提供、不動産の場合には、所

有権移転登記義務および目的物引渡債務について弁済ないしその提供）がないと、買主は代金債務の履行を拒絶することができ、代金債務の不履行があるとはいえないことになるから、売買代金支払請求権の発生を基礎づけることができない。そこで、remedy 構成では、請求原因において、③売主が買主に対して自ら負う債務の履行の提供があったことも主張しておくことが必要となる（「同時履行の抗弁権の存在効果によるせり上がり」）。

　一方、損害賠償請求権も売買代金の支払いがない場合の救済手段の１つとして認められる請求権であるから、訴訟物は、売買契約に基づく代金不払い（履行遅滞）を原因とする損害賠償請求権となる。この損害賠償請求権の発生を基礎づけるためには、①債務の発生原因があること（売買契約が成立していること）、②①に基づく債務の履行がないこと（代金の支払いがないこと）、および、③②の履行期＝弁済期が経過していること（以上、415条）、これに575条２項の要件に基づいて、④売主が買主に対して前記売買契約に基づき目的物の引渡しをしたこと、⑤上記③の時期以降の期間の経過が必要になる。債務不履行に基づく損害賠償債務は金銭債務であるから（417条）、損害額については、419条１項本文・２項により損害の発生やその範囲を証明する必要がなく、年３％となる（404条。民法改正によって変動金利制となったことに注意すること）。

　履行遅滞に基づく損害賠償請求権の発生を基礎づけるためにも、同時履行の抗弁権があると、売買代金債務の履行遅滞の違法性が阻却され、損害賠償請求権がそもそも発生しない。したがって、上記の点からも、履行遅滞に基づく損害賠償請求権の発生を基礎づけるために、売買代金支払請求の請求原因と同様、売主が買主に対して自ら負う債務の履行の提供があったことを主張しておくことが必要となる。

　以上の検討から明らかなように、請求原因については、いずれの請求権の発生についても共通して充足することが必要な要件があり、売買代金請求に付帯して損害賠償請求がなされていることから、売買代金請求権があるとする請求が主たる請求、（遅延）損害賠償請求権があるとする請求が附帯請求となる（民訴９条２項参照）。

（c）　伝統的構成に基づく訴訟物・請求原因の捉え方

　前述したように、債権を「請求力」および「給付保持力」を中核とする権能と解する見解が通説を形成してきた。この伝統的構成によれば、債務者に対して給付を請求できること、債務者の債務の履行によってなされた給付を保持することができることを債権の内容として理解することになる。したがって、売買契約が成立すれば、売買代金債権が発生するが、債権に内包される「請求力」から、売買代金支払請求権（履行請求権）が当然に認められることになると考えていることになる。したがって、伝統的構成によれば、売買代金の支払いを求める請求の訴訟物は、売買契約に基づく売買代金支払請求権となり、売買代金支払請求権の発生を基礎づけるためには、売買契約の成立だけを主張すれば足りることになる。

　一方、履行遅滞に基づく損害賠償請求権については、債務不履行を原因とするから、伝統的構成でも、この点は remedy 構成による場合と同様、訴訟物・請求原因については違いがない。もっとも、伝統的な見解では、損害賠償請求権は、本来の債務の履行がなされても、債務の本旨にしたがった履行がないために損害が発生している場合に認められる権利であるから、債権の内容の実現との関係では、履行請求権が本来的請求権であるのに対して、損害賠償請求権は二次的な請求権と考えられていることになる。remedy 構成では、履行請求権と損害賠償請求権（さらに、契約解除権）も、債権内容が実現しない場合の救済手段の１つとして位置づけられており（潮見・前掲書274頁）、この点では remedy 構成と伝統的構成とには違いがあることになる。

　伝統的構成では、上記のように解する結果、売買代金の支払いを請求するだけであれば、売買の目的物の引渡しないし提供がないことは、請求原因段階で主張する必要はなく、売主から売買代金の支払いを請求されても、売主から目的物の引渡しないし提供があるまでは、同時履行の抗弁権に基づいて買主が売買代金の支払いを拒絶することができると反論（抗弁）ができることになり、目的物を引渡したとする売主からの主張は再抗弁として整理されることになる。しかし、実務的には、売買代金の支払いがない場合に、附帯請求で、履行遅滞に基づく損害賠償もあわせて請求することが通常である。目的物の引渡しないしその提供の事実を主張しなければ、履行遅滞であることを主張できないから、

損害賠償請求権の発生を基礎づけるためには、伝統的構成の場合にも、請求原因段階で、目的物の引渡し、ないし、提供の事実を主張しなければならないと説明することになる（司法研究所編『4訂紛争類型別の要件事実——民事訴訟における攻撃防御の構造』〔法曹会、2023年〕4頁、5頁）。

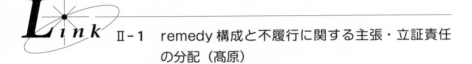

Ⅱ-1　remedy 構成と不履行に関する主張・立証責任の分配（髙原）

　remedy 構成に立つ有力説によれば、履行請求権の発生のためには、債務不履行による損害賠償請求権と同様に、売買代金債権の発生事実のほか、債務の履行をしないことが実体法上の要件となり（414条1項本文参照）、「不履行」に関する主張・立証責任の分配を検討することになる。

　414条1項1号本文は「債務者がその債務の本旨に従った履行をしない」ことを上記請求権の発生要件としているのに対し、492条は債務者が「弁済の提供」の時から債務不履行責任を免れると規定している。両規定を整合的に解釈すると、履行の有無が問題となる債務の内容と付遅滞時期（412条）は債権者が主張・立証責任を負い、不履行責任を阻却すべき弁済の提供については債務者に主張・立証責任を負うものとして解釈運用されている。不履行の主張・立証責任は、しばしば立証の難易等が根拠とされるが、上記のように、まずは複数の条文の整合的解釈を試みるべきであろう（実体法上の要件と、これを構成要件要素に分解して主張・立証責任の分配の基準と考え、これに基づいてどのような事実を主張・立証するべきかという思考のプロセスについては、**応用民法Ⅰ第1章 Link Ⅰ-1 参照**）。　　　　　　　◆

3.｜どのような事実を主張すればよいか（請求原因事実）

　2. の検討結果を踏まえると、remedy 構成によれば、売買代金支払請求権の発生を基礎づけるためには、請求原因事実として、請求原因①との関係で、売主が買主との間で売買契約を締結した事実を主張するほか、②（債務不履行）および③（履行期の経過）との関係で、代金支払債務の不履行を基礎づけるために、確定期限の合意およびその期限の経過（412条1項）に関する事実を主張

することが必要になる。

　一方、履行遅滞を原因とする損害賠償請求権の発生を基礎づけるためには、これに加えて、575条2項との関係で、④（目的物の引渡し）および⑤（履行期又は引渡時以降の期間の経過）が要件となるが、【例題】の場合には、代金債務の支払期日の前に目的物の引渡しが行われているので問題となる余地はない。

　したがって、主たる請求と附帯請求の請求原因事実をまとめて時系列順に記述すると、以下の事実を主張すれば足りることになる。①について（ア）Xは、Yに対し、2020年4月20日、甲建物および本件借地権を代金2000万円で売った（以下「本件売買契約」という）。同時履行の抗弁権を予め封じ、債務不履行を基礎づけるために、（イ）Xは、Yに対し、2020年5月1日、本件売買契約に基づき、甲建物を引き渡すとともに、甲建物につき所有権移転登記手続をした。②③について（ウ）XとYは、本件売買契約において、代金支払期日を2020年7月20日とする旨合意し、2020年7月20日が経過したにもかかわらず、代金の支払いがない。このように、売買代金請求権の請求原因事実と損害賠償請求権の請求原因事実とはパラレルな関係になる。

　一方、両請求権の発生を障害するためには、Yは、履行期までに、履行場所において売買代金として2000万円をXに提供したこと（484条に注意）を抗弁事実として主張することとなる（☞ Link Ⅱ－1）。

❸　Xからの請求をめぐる攻防

　【例題】では、Xからの上記請求に対して、第1回および第2回口頭弁論期日（2021年9月6日）において、Yから以下の言い分が主張され、Xからさらに反論が追加されている。これらの事実に基づいて、Xからの請求についてどのような攻防が展開されることになるのかを考えてみることにしよう。以下にみるように、【例題】では、売買代金支払請求権の発生については当事者間に争いはない。したがって、本件訴訟では、Yからの反論をめぐる攻防が争点となる。

16

【Yの言い分①】

1．Xが主張するとおりの条件で甲建物等の売買契約を締結し、甲建物の引渡しと所有権移転登記を受けたことや、私が代金の支払いをしていないことは間違いありません。

2．しかし、私が代金の支払いをしないのには理由があります。2020年5月中旬に羽アリが大量に発生し、梅雨が明けた頃に業者に検査を依頼したところ、床下の土台部分・床下の根太材・柱の一部がシロアリの食害によってボロボロになっており、これらを交換・増強する大規模工事が必要であることが分かりました。私は同年7月15日に検査結果を受け取るまで、シロアリの食害も全く知りませんでした。翌日、Xにも検査結果のコピーを送りましたが、こんな欠陥住宅は、もううんざりです。念のため、私は、第1回口頭弁論期日（2021年7月6日）においてXに対し、解除の意思表示をしました。

なお、私は過去に不動産業を営んでいましたし、2020年4月6日にはXと一緒に甲建物を内覧しましたが、同日から同月15日までXから鍵を預かったという事実はありません。

3．私は、第2回口頭弁論期日（2021年9月6日）においてXに対し、仮に上記の主張が認められない場合に備えて、G株式会社（以下「G社」という）から私が譲り受けたXに対する貸金債権・利息債権および遅延損害金債権を自働債権として本件売買に基づく代金および遅延損害金債権と対当額で相殺しました。

G社は、Xに対し、2015年5月1日に、2500万円を、弁済期を2016年4月30日、利息を年3％で貸し付けました。G社の代表取締役・社長であるBは古くからの友人で、2021年3月上旬頃、Bと久しぶりに食事をした際に、「Xから何度も頼まれて、G社が2500万円を貸したが、弁済期を過ぎてもXが全然返してくれずに困っている。もうXとのつきあいはこりごりだ」という話を聞きました。BはXからの債権回収を諦めているとのことでしたが、XをBに紹介したのが私だったこともあり、G社の損失を一部負担することにし、G社から、2021年3月27日、本件貸付けに基づく元利金債権および遅延損害金債権（年6％）を500万円で買いました。なお、

G社は、Xに対し、上記債権を私に譲渡した旨を記載した同月28日付け内容証明郵便を発送し、同月29日にXに配達されています。

【Xの言い分②】

　6．確かに、私は、G社から、同社の私に対する債権をYに譲渡した旨の通知を受け取りました。しかし、たとえ私がG社から貸付けを受けたとしても、その債権は既に消滅時効が成立しているはずですから、第2回口頭弁論期日（2021年9月6日）において時効援用の意思表示をしました。したがって、Yの主張には理由がありません。

1. Yからの反論①（契約内容の不適合を原因とする解除の抗弁）とXからの再反論

(a) 契約不適合による契約解除の要件と主張・立証責任

　Yは、まず欠陥住宅であることを理由に、契約不適合に基づく契約の解除（564条）を主張しているものと解される。【例題】でYは追完の催告なしに本件売買契約を解除していることから、無催告解除を原因として解除権が発生していると主張していることになる（542条1項5号）。Xはシロアリの食害の有無や程度については争っているが、甲建物の修補を拒絶しているわけではないことから、Yが無催告解除するためには、①契約の目的物の品質が契約の内容に適合しないこと（562条参照）に加えて、②542条1項5号の「催告しても契約をした目的を達するのに足りる履行がされる見込みがないことが明らかである」こと、および、③解除の意思表示（540条1項）が必要になる。加えて、契約の目的物の品質に関して契約の内容に適合しないとして責任を追及する場合には、④買主が契約不適合を通知しなければならない（566条）。

　売主が目的物を引き渡し、買主がこれを受領すれば、通常、売主は債務の履行を完了したものと期待する。契約不適合責任は、目的物の受領後に契約によって約定された物の品質・性能を欠くことが明らかとなった場合に、買主が売主にはなお債務不履行がある、すなわち、契約内容に適合した債務の履行がないとして契約上の責任を追及するための制度であるから、契約不適合の通知を

したこと（566条）も、契約不適合責任の発生要件であり（山本敬三『契約法の現代化Ⅲ——債権法改正へ』〔商事法務、2022年〕338頁は同旨か）、買主に主張・立証責任があると解すべきである。通知の方式に限定はないが、受領した物が気に入らないというにとどまり、不適合内容を具体的に明らかにしないで代金支払いを拒んでいる場合は、同条にいう通知があったとは言えないものと解される。

Deep Learning Ⅱ-3
566条本文の意義および「通知」の主張・立証責任（髙原）

　2017年民法改正前570条本文において準用する同566条3項では、売買の目的物に隠れた瑕疵があったときの買主の解除権や損害賠償の「請求」は「買主が〔瑕疵のある〕事実を知った時から1年以内にしなければならない」と規定していた。この規定は除斥期間と解されており、判例（最判平成4・10・20民集46巻7号1129頁）は、目的物の瑕疵に係る瑕疵担保責任についての買主の権利を保存するための「通知」は「具体的に瑕疵の内容とそれに基づく損害賠償請求をする旨を表明し、請求する損害額の算定の根拠を示すなどして、売主の担保責任を問う意思を明確に告げる必要があるとしていた。

　566条本文の現行規定は「売主が種類又は品質に関して契約の内容に適合しない目的物を買主に引き渡した場合」において、買主がその不適合を知った時から1年以内に「その旨を売主に通知しない」ときは、買主は、その不適合を理由として、「履行の追完の請求、代金の減額の請求、損害賠償の請求および契約の解除をすることができない」と規定する。

　後述する経緯をひとまず度外視すると、この法律効果の規定の構造は、履行請求権の限界に関する412条の2第1項、代金減額請求に関する563条3項、解除に関する543条の文言と同じものであることがわかる。文言上は、566条を契約不適合を原因とする請求権の消滅事由を定めた規定と理解することも、請求権の発生障害事由を定めた規定と理解することも、論理的には可能である。本文では、後者の理解に立ち、契約不適合の通知をしたこと（566条）も、契約不適合責任の発生要件であり、買主に主張・立証責任があると解すべきであるとする。これに対し、前者の理解に立って主張・立証責任の構造を把握する理解も有力である。例えば、大江忠『要件事実民法（5）——1契約Ⅰ〔第4版補訂版〕』（第一法規、2021年）351頁以下は、

566条本文による失権効の抗弁に対する再抗弁として「通知」を位置づけている。

　566条本文の規定は、沿革的には、民法（債権法）改正検討委員会「債権法改正の基本方針」の提案【3.2.1.18】（瑕疵の通知義務）〈2〉に淵源する。この提案では、買主が通知をしなかったときは目的物の契約不適合を理由とする「救済手段を行使することができない」と規定していた。この提案は、法制審議会民法（債権関係）部会が平成25年に公表した「民法（債権関係）の改正に関する中間試案」第35・6の【乙案】の本文として引き継がれ、その後の審議答申を経て条文化されたものである。このような沿革を重視して、履行請求権をも債務不履行の場面における救済規定と位置づけると、**本章**の本文で解説する整理に傾くであろう。また、566条本文が権利「保存」機能を有することを強調して、不適合を知った時から1年以内に通知したことを請求権行使の積極的要件と位置づける見解もある（伊藤滋夫編著『新民法（債権関係）の要件事実II』〔青林書院、2017年〕463頁〔河村浩〕）。

　これに対し、大江説のように、566条本文の規定を権利（請求権）の消滅事由を定めた規定と位置づけると、通知の有無は、一旦発生した追完請求権等が消滅したか否かという文脈において攻撃防御の方法としてに位置づけられることとなる（司法研修所編『4訂紛争類型別の要件事実〔法曹会、2023年〕205、208-209頁も同旨）。もっとも、追完請求権（等）を債務不履行の場面における救済規定と位置づける学説（remedy構成を支持する見解）の中にも、「通知」についての主張・立証責任は買主が負担するとしつつ、再抗弁として位置づけるものがある（潮見佳男『新契約各論I』〔信山社、2021年〕182頁。ただし、潮見教授自身はそもそも566条本文のような特則を設けること自体に反対の立場であったことに注意が必要である）。

　以上の議論は、商人間売買について定めた商法526条2項本文の規定構造を、その解釈論の対立をそのままに、民法にその実質を持ち込んだことにより生じたもののように思われる。　●

Professional View　II-1
実務での契約不適合の通知（川上）

　566条の「通知」の意義は、**Deep Learning II-3**で述べられているとおりである。ここでは、2017年民法改正により、「通知」がどう変わったのかを実務的な観点から考えてみる。

　2017年民法改正前は、瑕疵担保責任を追及するための民法上の要件として「契約

の解除又は損害賠償の請求」（改正前566条 3 項）が必要であると定められていた。そして、この「請求」は、「具体的に瑕疵の内容とそれに基づく損害賠償請求をする旨を表明し、請求する損害額の算定の根拠を示すなどして、売主の担保責任を問う意思を明確に告げる必要がある」（最判平成 4 ・10・20民集46巻 7 号1129頁）とされていた。さらに、瑕疵の内容が異なる場合、例えば、瑕疵の原因と内容として「防水工事の施工不良によるリビング腰窓の漏水」を「請求」した効力が、「原因を異にする和室腰窓の漏水、洋室腰窓の漏水」に及ぶかが争われた事案で、「漏水原因及び漏水箇所を異にしているということができるので……損害賠償請求権が、保存されたということができず」（東京地判平成22・ 5 ・27）と、これを否定する裁判例があった。このように、2017年民法改正前は、瑕疵担保責任に基づいて請求をするには、買主が瑕疵の具体的な内容、如何なる請求をするのか、そして損害賠償を請求する場合、その額の算定根拠を、相当程度明らかにして請求する必要があった。

　このような2017年民法改正前での実務については、「請求」で求められる内容が、買主に対して過重な負担であるとの批判が強くなされていた。そこで、2017年民法改正では、「買主がその不適合を知った時から 1 年以内にその旨を売主に通知しないときは、買主は、その不適合を理由として」各種の救済手段を請求することはできないと改められた。

　「請求」と「通知」は微細な差のように思われるかもしれないが、実務的には無視できない改正である。建物の瑕疵を想起してもらえれば分かるように、例えば、雨漏りがあるとして、それが設計の問題なのか、建材の品質の問題なのか、施工の問題なのかを、買主が短期間の間に具体的に特定することは容易ではない。また、その瑕疵に基づく損害の算定根拠も、専門的な知見を必要とすることから、買主が示すことは容易ではない。

　2017年民法改正では、まず、「通知」の法的意味について、種類また品質に関する契約不適合による救済を求めるための積極的な要件であることを明らかにしたと解される。

　そして、この「通知」は、種類または品質に関する契約不適合は「時間の経過と共に不分明となるため、不適合を知った買主から早期にその事実を知らせ、売主にその存在を認識し把握する機会を与える」（筒井他『一問一答 民法（債権関係）改正』〔商事法務、2018年〕285頁）趣旨であり、「通知」の内容は、「細目にわたるまでの必要はないものの、不適合の内容を把握することが可能な程度に、不適合の種類・範囲を伝えること」（同上）と指摘されている。

　実務的には、2017年民法改正前では、瑕疵担保責任を追及する場合、瑕疵がよほど明らかでない限り、想定される瑕疵を挙げて、その補修などに必要な費用の見積

りなどを算定根拠として損害額を算定して「請求」を行ってきた。2017年民法改正施行後の実務運用は未だ定まっていないが、契約不適合が種類または品質に関するものであること、合意内容を種類であれば品名、形状、産地などで、品質であれば性質、効用などで明らかにして、引き渡された物がどのように不適合なのかを示して「通知」することになるであろう。注意を要する重要な変更は、2017年改正民法前は、あるべき品質や性能が備わっていないことを表明するものであったが、2017年民法改正施行後は、そのような抽象的な記載ではなく、当該契約ではどのような合意があったのかを具体的に主張する必要があること、他方、具体的な救済手段を特定する必要まではないことに違いが出てくる。　■

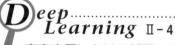

Deep Learning Ⅱ-4
商事売買における種類・品質または数量に関する契約不適合責任
（千葉）

　商法526条は、商人間の売買においては、買主が目的物を受領した場合には、遅滞なくその物について種類・品質または数量に関する契約内容に適合的かどうかを検査しなければならないとし（同条1項）、当該検査によって適合的でないことを発見した場合には、直ちに、その旨の通知を売主にしなければ、不適合を理由に、追完請求権・代金減額請求権・損害賠償請求権・契約解除権を行使できないものと規定している（同条2項前段）。当該検査によって適合的でないことを直ちに発見できない場合であっても、買主が6か月以内に不適合を発見した場合には、その旨の通知を売主にしなければ、不適合を理由に、追完請求権・代金減額請求権・損害賠償請求権・契約解除権を行使できない（同項後段）。通知が契約不適合責任を追及するために発生要件となっていることは、remedy 構成によれば、商事売買の場合も民事売買の場合と異ならないが、商事売買では、①目的物の受領後の迅速な検査義務・通知義務を買主に負わせていること、また、②買主が不適合を知ったときから6か月を経過した場合に契約不適合責任を追及できなくなること、③民事売買では、種類・品質に関する不適合の場合にのみ権利行使期間が制限されているのに対して、商事売買では、数量不足の場合にも検査義務および通知義務があり、権利行使期間が制限されていること、④商事売買では売買の目的物が、種類・品質・数量に関して契約内容に適合しないことを売主が知っていた場合に限って、買主は除斥期間の適用がないと主張できること（売主に過失があっても除斥期間の適用は排除されない）、

以上の点で、商事売買の場合には民法の特則が置かれていることになる。　　●

　上記の整理を前提にすると、Ｙは具体的にどのように事実を主張すればよいのだろうか。目的物の品質と契約の内容との間に齟齬があることを明らかにするためには、当該契約において予定された性状・性質を満たしていないといえるかどうかが基準となる。【例題】では、売買の目的物が居住用の中古建物であり、買主が目的物を使用収益できることを基準に、目的物の品質・性能が定められているといってよい。したがって、契約内容に適合しないと主張するためには、使用収益、【例題】では居住に障害が生じるような程度に、品質・性能を満たしてないものであることが必要である。【例題】では、①（契約内容不適合）については、（ア）建物の床下の土台部分・床下の根太材・柱の一部にシロアリによる食害があることを主張すればよい。

　2017年民法改正前の570条では「瑕疵」があり、それが「隠れた」ものであることが、売主の責任の発生要件となっており、後者の要件については、買主が「瑕疵」の存在につき善意・無過失であることと解されてきた。

　これに対して、2017年民法改正では、「契約に適合的な品質・性能ではないこと」だけが要件となり、買主が不適合を知っていたこと、知らないことにつき不注意があることは、不適合が表見していることを前提に売買契約を締結したといえるかどうかを判断する際の判断材料となるにすぎない（☞後述(b)）。2017年民法改正後は、品質の不具合が表見していない場合には、品質の不具合がない物として目的物の性質が合意されたことになる。買主が品質の不具合を知っていて契約をした場合には、品質の不具合がある物として目的物の性状が合意されたことになるから、契約内容に不適合がないことになる。

　無催告解除によって解除権が発生したというためには、②（542条1項5号）の要件について、（イ）甲建物の床下の土台部分・床下の根太材・柱の一部を除く部分のみでは、甲建物の売買契約をした目的を達成できないことを主張すればよい。③（解除の意思表示）および④（契約不適合の通知）の要件については、それぞれ（ウ）2021年7月6日の第1回口頭弁論期日において、上記目的物の性状の不適合を原因として本件売買契約の解除の意思表示をしたこと、（エ）2020年7月16日に、Ｘに（ア）の事実を通知したことを主張すればよい。

Deep Learning Ⅱ-5
買主が注意を払えば品質の不具合を発見できたような場合の取扱いと契約不適合責任の可否 （千葉）

　伝統的通説である法定責任説は、2017年民法改正前の570条を売買の目的物に瑕疵がないと信じて契約をした買主を保護する制度として理解してきた。したがって、買主が瑕疵の存在を知らず（善意）、知らないことに過失がなかったこと（無過失）を瑕疵担保責任の発生要件と解し、「隠れた瑕疵」を、売買契約締結当時、目的物に通常人がその買主となった場合に普通の注意をしても発見することができない瑕疵と定義してきた。

　しかし、2017年民法改正の下では、買主が目的物の受領後に契約によって約定された物の品質・性能を満たさないことが明らかとなった場合、売主は債務不履行ではあるが、目的物の引渡しによって履行が完了したとする売主の期待を保護する必要があるとして、売主の契約責任を限定する制度として契約不適合責任を位置づけている。したがって、買主が品質の不具合の存在を知っていた場合（例えば、中古建物の売買であっても、現状有姿渡しの特約があるような場合）には、品質の不具合があってもそれを前提として契約を締結していることになり、債務不履行責任が問題となることも契約不適合責任が問題となることもない。買主が品質の不具合の存在を知らないで契約した場合には、当該契約において通常は品質の不具合がないことが合意されていることになり、契約の発生原因および取引上の社会通念に照らして契約内容に適合しないときには債務不履行があることになるが、目的物の引渡しの際に品質の不具合が不表見であれば、契約不適合責任の限度で売主が責任を負うことになる。

　もっとも、判例は、2017年民法改正前も、隠れた瑕疵を「瑕疵が表見していないこと」と解しており、瑕疵が表見しないときには、事実上買主の善意・無過失が推定されるとして、売主に買主の悪意・有過失について主張・立証責任を実質的に転換するような解釈をしており、買主の悪意・有過失、つまり、瑕疵が表見していた場合には、売主の責任を阻却してきたといってよい。したがって、判例は、2017年民法改正の契約不適合責任においても同様の解釈をしていくことになるものと思われる。

(b)　Xからの再反論①
——品質の不具合の表見を理由とする契約不適合の否認

【Xの言い分①】事実3のうち、シロアリによる食害の事実を否定するXの主張は、Yの主張を単純に否認するものである。これに対して、**【Xの言い分①】事実4**では、Yが、不動産業を営んでいたこと、本件売買契約締結前である2020年4月6日に甲建物を内覧したこと、XがYに対して、2020年4月6日から同月15日まで甲建物の鍵を預けたことから、Yが注意をすれば、品質の不具合の存在を知りうるとして、シロアリによる食害が契約締結時に表見していたと反論していると考えられる。

2017年民法改正では、債務不履行責任は、契約などの債権発生原因および取引上の社会通念に照らして責任の有無が判断されることになることから（415条1項）、売買契約の当事者間において目的物についてどのような品質・性能を有することが予定されていたのかは、当事者の品質に関する合意内容によることになる。合意内容が明らかにならないときには、売買契約締結当時の取引上の社会通念に照らして判断せざるをえない。Xは、甲建物は新築の建物ではないので、通常は契約時点の建物を目的物として契約を締結したものであり、契約不適合はないと反論している。

前述したように、契約不適合があることについて主張・立証責任を負担しているのは買主Yであるから、**【Xの言い分①】**のXの再反論は、契約締結時に品質の不具合が表見していたことを前提に、目的物の品質が約定されていたと主張するものであり、契約不適合があるとするYの抗弁事実に対する理由付きの否認（積極否認）になる。

(c)　Xからの再反論②——除斥期間

買主が目的物の受領後に契約によって約定された物の品質・性能を満たさないことが明らかとなった場合、売主はなお目的物引渡義務を完全には履行していないことになる。もっとも、売主には目的物の引渡しによって履行が完了したという期待があること、また、物の種類や品質に関する不適合は、時間の経過によって契約に適合していないかどうかの判断が困難になることから、契約不適合責任は、目的物の引渡しによって債務の履行を完了したものと期待した

売主を保護するために、債務不履行責任について特則を定めている。契約不適合が生じた場面において債権者に対して与えられる救済手段 remedy である追完請求権、代金減額請求権、損害賠償請求権および契約解除権は、買主が不適合を知ったときから1年が経過した場合には、売主を保護するために、上記の請求権および契約の解除権を行使することができなくなる（566条本文）。したがって、remedy 構成によれば、566条本文は上記の具体的請求権・解除権の「発生障害事由」を定めていることになる（☞前述 Deep Learning Ⅱ－3）。

　この期間制限の法的性質は、除斥期間と解されている（最判平成4・10・20民集46巻7号1129頁）。除斥期間は、法が定める権利の行使期間であるから、弁論主義の適用があるかが問題となるが、除斥期間にかかるかどうかによって権利の有無に影響があることから、弁論主義の適用があると解すべきである。売主は、①買主が契約不適合の事実を知ったこと、および、②上記①の時期から1年が経過したこと（最終日の経過）を主張しなければならない。買主からの通知の到達時が起算点ではないことに注意する必要がある。なお、除斥期間であるから、消滅時効とは異なり援用の意思表示を要しない。

　【例題】においても、契約不適合による契約解除の抗弁に対して、Xは566条本文に基づいて再反論することが考えられる。すなわち、（ア）Yは、遅くとも2020年5月15日までに、シロアリの食害の事実を知ったこと、（イ）2021年5月15日が経過したことを主張して、すでに権利行使期間を過ぎているとして契約解除の効果が生じないと主張することになる。

　【Xの言い分①】事実4によれば、Xは、Yが2020年5月15日には遅くともシロアリの食害を知ったと主張している。一方【Yの言い分①】事実2によれば、Yは同年7月15日に検査結果を聞くまでシロアリによる食害を知らなかったと主張しているから、Yがいつシロアリによる食害を知ったのかが争点となってくる。

　なお、566条ただし書によれば、売主が目的物の引渡しの時に、契約不適合につき悪意または重過失がある場合には、上記の権利行使の制限があることを売主は主張できない（ただし、商事売買の場合に商526条3項により、売主が悪意の場合に限定されている。☞前述 Deep Learning Ⅱ－4）。買主による権利行使期間に制限を設けているのは、契約に適合した目的物の引渡しによって、自己の

債務の履行が完了した点に合理的な期待をもつ売主を保護する必要性があるからである。したがって、566条ただし書きは、保護に値しない売主との関係では除斥期間の主張は排除されると考えていることになる。

　契約内容に適合的な目的物を引き渡していないのであるから、売主には債務不履行があり、売主が引渡し時にその不適合を知り、または重大な過失によって知らなかったときには、売主は除斥期間の主張ができず、物の種類または品質に関する契約不適合に伴う買主の権利は、もっぱら引渡しの時から10年、または不適合を知った時から5年という消滅時効制度によって規律されることになる（☞ Deep Learning Ⅱ-6）。

　したがって、Yとしては、Xの悪意・重過失を主張して、解除権の行使に除斥期間の適用がないことを主張することになる。

Deep Learning Ⅱ-6
566条と消滅時効の一般原則との関係 （千葉）

　2017年民法改正でも、改正前と同様、物の種類・品質に関する不適合の場合、買主の権利については、消滅時効の一般原則とは別に、566条において買主が不適合の事実を知った時から1年間（商事売買の場合には6か月。商526条2項）の権利行使期間を設けているが、2017年民法改正では、買主は契約不適合責任に基づく権利の発生のために、上記期間内に売主に通知をするだけでよいことになる。

　2017年民法改正では、物の種類・品質に関する不適合の場合と異なり、権利および物の数量に関する契約不適合の場合には、短期の期間制限に関する特則規定はない。権利に関する不適合の場合には短期間で不適合の判断が困難になるとはいえないこと、数量に関する不適合の場合には不適合が外形的に明確であり、売主が履行したという期待をもつことは考えにくいことを理由とする（ただし、商事売買の場合には、数量に関する不適合の場合には、物の種類・品質に関する不適合の場合と同様、短期の期間制限がある。☞前述 Deep Learning Ⅱ-4）。

　また、契約不適合による責任は債務不履行責任の特則であるから、566条とは別に、債権に関する消滅時効一般の適用があることになる。この点に関する判例理論に変更はない。したがって、契約不適合に伴う買主の権利は、引渡しの時から10年、または不適合を知った時から5年という二重の消滅時効期間によっても規律されることになる（166条1項）。　　　●

$\mathcal{D}$eep $\mathcal{L}$earning Ⅱ-7

remedy 構成に基づく目的物引渡債権（目的物引渡義務）と目的物引渡請求権および追完請求権との関係（千葉）

【例題】では、売主からの代金支払請求訴訟において、床下の土台部分・床下の根太材・柱の一部がシロアリの食害によってボロボロになっており、これらを交換・増強する大規模工事が必要であることが分かったことから、もはや契約を解除したとして、買主は争っている。買主が解除することなく、契約内容どおりの目的物の引渡しを求めた場合には、何を訴訟物として、どのような攻防が展開されることになるのだろうか。

　前述したように（☞◆）、目的物の品質が契約内容に適合的でない場合には、2017年民法改正の下では、売主は目的物引渡債務を履行していないことになる。したがって、買主は、remedy 構成に立てば、まずは目的物引渡債務の不履行を原因として目的物引渡請求権があるとして、訴えを提起すればよいことになる。目的物引渡請求権の発生を基礎づけるためには、請求原因①について、売主が買主との間で売買契約を締結した事実（請求原因事実）を主張する。②（債務不履行）および③（履行期の経過）について、目的物引渡債務につき、確定期限の合意およびその期限の経過（412条1項）に関する事実（請求原因事実）を主張することが必要になる。加えて、④目的物引渡債務の履行が遅滞しているというために、代金債務の提供を要することになる（「同時履行の抗弁権の存在効果によるせり上がり」）。これに対して、売主からは目的物を引き渡したとする反論（抗弁）が展開されることになり、買主からの目的物引渡請求は認められないことになりそうである。

　これに対して、契約不適合による追完請求権は、上記請求原因①～④と上記抗弁を前提に、予備的に主張される請求権ということになる。契約不適合に基づく追完請求権は、目的物の引渡し後に、売主から契約内容に適合的な目的物引渡債務の履行がないことを理由に買主に認められる請求権であるからである。remedy 構成を前提にすれば、契約不適合による追完請求権は、目的物の引渡後、契約内容に適合的な目的物引渡義務の完全な履行がない場面において、買主に与えられる救済手段の1つと解されることになる（☞後述【図表3】）。契約不適合による追完請求権は、売買契約に基づく目的物の引渡しがないこと（履行遅滞）を原因とする目的物引渡請求権（履行請求権）と比較すると、権利行使の期間制限があるなど、売主保護の観点から目的物引渡義務の実現について制約があることになる。

　なお、追完請求権については、買主に不相当の負担を課すものでないときには、

売主に追完方法について選択権がある（562条1項ただし書）。履行請求権を契約に基づいて契約内容どおりの給付を求めることができる権利であると解する伝統的構成に立ったとしても、上記のように追完請求権には履行請求権とは異なる効果が認められており、目的物引渡請求権と追完請求権には違いがある。したがって、伝統的構成に立っても、契約不適合責任は、契約に適合的でない給付がなされたことが目的物の引渡後に明らかになったときに、目的物の引渡義務の不履行責任を追及する買主の救済とすでに履行が完了したとする売主の合理的期待を調整するための制度であると解することになるが、追完請求権は目的物引渡請求権（履行請求権）が上記の趣旨から変容した権利と捉えることになるものと解される。

【図表3】 remedy 構成を前提とする目的物引渡債権と目的物引渡請求権（履行請求権）・契約不適合を原因とする追完請求権の関係

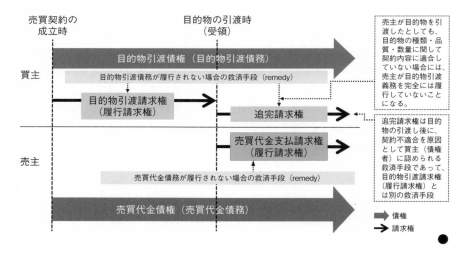

2. Yからの反論②（相殺）とXからの反論

(a) 相殺の要件と主張・立証責任

【例題】では、Yは、反論として、Xに対する貸金債権・利息債権および遅延損害金債権を自働債権として、受働債権であるXからの売買代金債権および売買代金債務の履行遅滞に基づく損害賠償請求権との相殺も主張している。契約不適合を原因として売買契約が解除できないと判断される場合に備えて、売買代金債権があることを前提に、相殺の抗弁が主張されていることから予備的抗弁となる。また、契約不適合による契約解除の抗弁に比べ、相殺の抗弁は、YにとってXに対する貸金債権等も対当額で消滅することになるので不利益であり、加えて、相殺に供した自働債権の不存在の判断には、判決理由中の判断ではあるが既判力が生じることから（民訴114条2項）、契約不適合による契約解除の抗弁を判断した後に判断されることになる。

　相殺により、自働債権および受働債権は、相殺適状時にさかのぼって対当額につき消滅する（506条2項。相殺の充当については512条）。

　この実体法上の効果に基づいて、どのような意味で相殺の効果が有効な反論となるかは、伝統的構成を採るか remedy 構成を採るかによって説明のしかたが分かれる（☞後述 Link Ⅱ - 3）。受働債権のうち遅延損害金債権については、伝統的構成によれば、相殺適状の前後に分けて、相殺適状前に生じていた分については消滅の抗弁となり、相殺適状後の分については、障害の抗弁となる。一方、remedy 構成によれば、相殺によって受働債権である売買代金債権が消滅すると、救済手段としての遅延損害金債権は、相殺適状の前後を問わず、そもそも発生しないことになるものと解される（障害の抗弁）。

　相殺の効果が発生するためには、①相対立する債権の存在、②両債権が同種の目的を有すること、③両債権が弁済期にあること、④債務の性質が相殺を許さないものでないこと（505条1項）、および、⑤相殺の意思表示（506条1項）が必要になる。①〜③については、相殺適状にあると積極的に主張する要件であるから、相殺の効果を主張する側に主張・立証責任がある。これに対して、④は消極的な要件であるから（505条1項ただし書）、相殺の効力を争う側に主

張・立証責任がある。

受働債権の発生原因事実については、既に請求原因事実として主張されているから、①（相対立する債権の存在）の要件との関係で、Yが主張しなければならないのは、自働債権の発生原因事実である。【例題】では、自働債権の発生原因との関係では、Yは消費貸借契約に基づいて貸金返還を求める権利（587条）、利息契約に基づく利息債権（589条）および遅延損害金債権の発生原因事実を主張することが必要になる（貸金返還請求権の請求原因については、☞**応用民法Ⅰ第9章 Deep Learning Ⅰ-22**）。

また、【例題】では、YはG社からの譲受債権を自働債権として相殺に供しているから、G社からの債権取得原因事実を主張することが必要である。もっとも、Yがこれらの債権を譲り受けたことだけでは、Xに対して自働債権の債権者であると主張できない（467条1項）。自働債権の発生原因事実のみでは同一当事者間に債権の対立があるとはいえないため、①（相対立する債権の存在）の要件との関係で、債務者対抗要件を具備した事実も主張する必要がある（債務者対抗要件を具備するまではそもそも譲受人との間で債権の対立がないという理由により上記のように解した判例として大判昭和15・9・28民集19巻1744頁）。判例によれば、譲受債権を自働債権として相殺に供する場合の相殺適状時は、自働債権の譲渡につき債務者対抗要件が具備された時であり、自働債権の弁済期到来がその後であれば、その時となる。

②（両債権が同種の目的）の要件については、通常、両債権の発生原因事実により、明らかになると考えられる。

③（両債権の弁済期）の要件については、受働債権の弁済期が到来していなくとも、期限の利益は放棄できるから（136条2項本文）、放棄の意思表示をしたことを主張すればよい（最判平成25・2・28民集67巻2号343頁）。もっとも、【例題】では、受働債権は、売買代金債権と履行遅滞に基づく損害賠償債権であり、前者は、X・Y間での売買契約の成立によって発生し弁済期は到来しており、後者は売買代金債権の弁済期日の経過によって発生していることから、受働債権の弁済期の到来については、Yが主張を要する事実はないことになる。一方、自働債権については、Yは履行遅滞に基づく損害賠償請求権も相殺に供しているから、貸金債権の弁済期の合意とその到来だけではなく、弁済期の経

過を主張する必要があることになる。なお、2017年民法改正では、民事法定利率と商事法定利率はいずれも年3分の割合となった。しかし、【例題】では、Xに対する貸金債権は2017年民法改正の施行前に発生している債権であるので、2017年民法改正前の商法522条が適用され年6分となる（平成29年法律第45号附則4条7項）。

Deep Learning Ⅱ-8
商事法定利率と改正民法（千葉）

　G社のXに対する貸金債権は2017年民法改正施行前に発生し履行遅滞が生じているので、平成29年法律第44号附則15条1項および同17条3項により、同法による2017年民法改正前の民法や商法の規定が適用されることになる。Yは、商事法定利率年6分の割合による遅延損害金債権も譲り受け、自働債権としているから、G社からXへの貸付けが商行為であることを基礎づける必要がある。当事者が株式会社であることを指摘すれば、商人性が明らかとなり、商行為性が認められることになる（会社5条）。これに対して、2017年民法改正施行後に発生した債権については、民事法定利率と商事法定利率の区別がなくなったことから、この点に関する事実の主張を要しないことになる。●

　したがって、【例題】の場合、Yが相殺の効果を主張するためには、前述した相殺の効果を発生させる要件のうち、①②③の要件については、（ア）G社は、Xに対し、2015年5月1日、2500万円を貸し付けたこと、（イ）G社とXは、（ア）の際、弁済期を2016年4月30日、利息を年3％と合意したこと、（ウ）G社は、（ア）の当時、株式会社であったこと、（エ）2016年4月30日を経過したこと、（オ）G社は、Yに対し、2021年3月27日に（ア）の貸金債権・利息債権および遅延損害金債権を代金500万円で売ったこと、（カ）G社からXに対する（オ）の債権譲渡通知が2021年3月29日に到達したこと、⑤（相殺の意思表示）の要件については、（キ）Yは、Xに対し、2021年9月6日の第2回口頭弁論期日において、（ア）の貸金債権・利息債権および遅延損害金債権をもって、Xの本訴請求債権とその対当額において相殺するとの意思表示を

したことを主張すればよいことになる。

 **Ⅱ-2　相殺の抗弁①──自働債権と受働債権との間に特段の関係がない場合（髙原）**

　【Yの言い分①】の事実3では、売買代金支払請求権の存否が争われる紛争の中で、Yが第三者から譲り受けた債権を自働債権とする相殺の抗弁が提出されている。判決理由中の判断には既判力を生じないのが原則であるが（民訴114条1項の反対解釈）、相殺の抗弁については例外を規定する（同条2項）。

　【例題】において、民事訴訟法114条2項の規定がないとどうなるかをみてみよう。例えば、売買代金債権が存在し、反対債権が存在しないとされる場合、Xの請求を認容する判決が確定しても、基準時における売買代金支払請求権の存在が既判力をもって確定されるにとどまり、YがXに対して別訴で反対債権の履行を求めることは既判力によっては妨げられない。また、反対債権を自働債権とする相殺の抗弁が容れられて請求棄却判決が確定しても、基準時における売買代金支払請求権の不存在が確定されるにとどまり、Yの反対債権の履行請求を既判力によっては妨げられない。これらのYの主張を許すと、被告の反対債権の存否について判断した上で訴訟物（売買代金支払請求権）の存否を公権的に確定させたはずの解決が実質的に崩壊してしまうことになる。以上のような不都合を回避するために、反対債権の存否についての判決理由中の判断に対する既判力を認めていると説明されてきている。　◆

Ⅱ-3　伝統的構成／remedy構成と相殺の抗弁の位置付けの違い

　確定判決の既判力が「主文に包含するもの」に限定される原則に対する唯一の例外として、判断理由中の判断でも「相殺のために主張した成立又は不成立の判断」は、相殺をもって対抗した額について既判力を有する（民訴114条2項）。民法は、当事者

の一方の意思表示により、自働債権と受働債権とが対当額で消滅するという構成を採る。請求権を債権の一属性と位置付ける伝統的見解を出発点とすると、相殺の効果として、相殺適状時に既発生の請求権はさかのぼって消滅し、未発生の請求権は発生しないこととなるから、相殺の抗弁のうち一部は消滅の抗弁、残部は障害の抗弁として機能するという説明になる。

　これに対し、remedy 構成による場合には、自働／受働債権と、その不履行の救済手段としての履行「請求権」とを峻別する。この構成による場合における相殺の抗弁は、審判対象となる請求権の前提となる受働債権と自働債権とを対当額で消滅させることを通じて、受働債権の全部または一部の不履行を論理的前提とする履行請求権の発生を否定しようとする主張と整理されることとなる。そうすると、remedy 構成による場合には、相殺適状時に受働債権が既に発生していたかを区別せずに、相殺の抗弁の全部が障害の抗弁として機能することとなる。請求権は相殺によって消滅しなかった債権の限度でしか救済手段として発生しないからである。

(b)　Xからの再反論──自働債権の消滅時効

　これに対して、【Xの言い分②】事実 6 によれば、Xは、自働債権である貸金債権が消滅時効によってすでに消滅したと主張している。

　債権の消滅時効を主張するためには、①債権者が権利を行使することができることを知った時から 5 年間行使しないこと、または、権利を行使することができる時から10年間行使しないこと（166条 1 項）、および②援用の意思表示が必要になる（145条）。

　もっとも、【例題】では、自働債権である貸金債権は、2017年民法改正の施行前に発生しており、消滅時効期間や援用については2017年民法改正前の民法が適用されることになる（平成29年法律第45号附則 4 条 7 項、平成29年法律第44号附則10条 1 項・ 4 項）。したがって、時効期間は 5 年になる（商法〔平成29年法律第45号による改正前のもの〕522条）。貸金債権の弁済期は2016年 4 月30日であり、時効の起算点は同年 5 月 1 日（140条参照）であることから、自働債権の消滅時効が完成するのは2021年 4 月30日の経過時となり、時効の効果は起算日にさかのぼって効力が生じることになるから（144条）、2021年 5 月 1 日の時点で貸金債権は時効消滅したことになる。

　自働債権と受働債権が対立しているかどうかは、原則として相殺の意思表示

の時点で判断されることになるから、一旦、両債権が対立する関係にあり相殺適状が生じていたとしても、相殺の意思表示がされる前に一方の債権が消滅していた場合には、相殺は許されないのが原則である（最判昭和54・7・10民集33巻5号533頁）。そうすると、【例題】では、Yが相殺の意思表示をしたのは、2021年9月6日の本件口頭弁論期日であるから、Xの消滅時効の再抗弁は有効ということになるのだろうか。

　しかし、508条は、すでに両債権が相殺適状にあるがゆえに相殺によって清算しうるという当事者の合理的な期待を保護するために、債権が時効によって消滅したとしても、それ以前に相殺適状にあった場合には、その債権を自働債権とする相殺を例外的に認めている。（このような508条の制度趣旨から、最判昭和51・3・4民集30巻2号48頁は、除斥期間を経過した債権を自働債権とする相殺についても508条を類推適用している）。一方、時効が完成した債権を譲り受け、これを自働債権とする相殺の場合には、譲受人に相殺に対する合理的期待があったわけではないので、相殺は許されないことになる（最判昭36・4・14民集15巻4号765頁）。

　【例題】では、X・Y間に相殺適状が生じたのは債権譲渡通知がXに到達した2021年3月29日であるから、Yの相殺に対する期待は保護されるべきであり、Xが貸金債権の消滅時効を援用したとしても、民法508条によりYは相殺できることになる。したがって、Xからの自働債権の消滅時効の再抗弁は、主張自体失当であることになる。

❹　補論——契約不適合による解除と錯誤による取消しの関係

　さらに、以下の言い分がYから第3回口頭弁論期日（2021年10月6日）に主張され、Xからも反論が追加された場合、これらの事実に基づいて、Xからの請求についてどのような攻防がさらに展開されることになるだろうか。

【Yの言い分②】
　4．また、先日（2021年7月31日）、M新聞を読んでいたところ、N研究所の研究で新たなぜんそく誘因物質αが発見されたということで、私の長

男も小児ぜんそくであることから、甲建物に当該物質αが使用されていないか確認したところ、室内の建材に物質αが含有しており、一般人であれば問題ないものの、ぜんそくの持病がある人であれば長期間日常生活を送ることができない量が使用されていることがわかりました。この家に移ってから、何か長男の調子が悪いとは思っていたのですが、ようやく原因がわかり、夏休み中に、家族全員が北区の自宅に転居しました。シロアリの食害に加えて物質αが至るところにある甲建物は健康被害をもたらす危険な家と言ってよいかもしれません。契約の解除だけでなく、Xとの売買契約を取り消します。

　Xとはここ10年くらい家族ぐるみのつきあいをしており、私の長男にぜんそくの持病があることは、当然、Xも知っていましたし、甲建物が評判のいい学区内にあるから、購入したいとXには伝えていたので、Xも、このような物質が含まれているのであれば、そもそも私がこんな家を買うはずもないことは十分認識していたと思います。

【Xの言い分③】

　7．Yは、建物の建材にぜんそくの原因となる物質αが使用されていたといって難癖をつけて代金を支払わないつもりです。売買契約を締結した時点では、物質αがぜんそくの原因になることはわかっておらず、また、甲建物から検出されている物質αの量は、一般の人であれば、問題のない量であるということですから、売買契約を締結した時点では何ら問題はなかったのではないでしょうか。

　Yは、甲建物にぜんそくの誘因物質が使用されていたことも理由に、契約不適合による契約の解除と錯誤取消しを反論として主張している。判例は、錯誤優先説であるともいわれているが（最判昭和33・6・14民集12巻9号1492頁）、これまでの通説を前提にすると、目的物の品質をめぐる紛争の早期解決を図るためには、契約不適合による解除を優先すべきであるとする見解が対立することになる。しかし、2017年民法改正では、錯誤取消しにも期間制限があり（126条）、また、売主が引渡しの時に不適合につき悪意または重過失の場合には、期間制限規定の適用が排除される（566条ただし書）。したがって、錯誤取消し

と契約不適合による契約解除のどちらかの反論が認められれば、請求が棄却されるにすぎず、当事者の主張に応じて選択可能であると解すべきである。

1. 契約不適合による契約の解除

　甲建物には、契約締結前からぜんそく誘因物質が含まれていたものの、物質aがぜんそく誘因物質であると判明したのは、売買契約締結後であったという事情がある。このような場合に、契約不適合といえるかどうかが問題となる。

　【例題】においては、甲建物の売買契約締結時に、物質aが、人の健康に影響を及ぼすものであることは認識されていなかった。しかし、Yが家族とともに居住することを予定し、Yの長男がぜんそくの持病を有していたことは、X・Yともに認識していた。この点から、契約締結に際して、Yの長男のぜんそくを悪化させるような物質が甲建物に含まれていないことが、甲建物の品質として予定されていたかどうかについて検討する余地があることになる。

　契約に適合する品質であったかどうかの判断基準については、最判平成22・6・1民集64巻4号953頁が重要である。この判例の事案では、売買契約の目的物である土地の土壌に、上記売買契約締結後に法令に基づき規制の対象となったふっ素が基準値を超えて含まれていたことが問題となった。上記判決は、①売買契約締結当時、取引観念上、ふっ素が土壌に含まれることに起因して人の健康に係る被害を生ずるおそれがあるとは認識されておらず、②上記売買契約の当事者間において、上記土地が備えるべき属性として、その土壌にふっ素が含まれていないことや、上記売買契約締結当時に有害性が認識されていたか否かにかかわらず、人の健康に係る被害を生ずるおそれのある一切の物質が含まれていないことが、特に予定されていたとみるべき事情もうかがわれないとして、判示の事情の下においては、改正前570条にいう「瑕疵」に当たらないと判示している。

　上記判決は、改正前570条の法的性質論には言及しておらず、①の基準に加えて、②の基準、つまり、契約当事者間で特に予定していた事情があれば、この点も瑕疵の有無の判断基準になるとしている。また、上記判決は、①の基準についても、売買契約の当事者間において目的物についてどのような品質・性

能を有することが予定されていたのかは、売買契約締結当時の取引観念に照らして判断されると述べていることから、当該契約を離れた取引観念を問題としているわけではないものと解される。

　2017年民法改正の下では、契約などの債権発生原因および取引上の社会通念に照らして債務不履行責任の有無が判断されることになることから（415条）、上記判例理論は2017年民法改正の下でも意味があるものと解される。契約内容に適合的かどうかの判断基準としては、まずは②の基準（当該契約締結当時、契約の当事者間において目的物についてどのような品質・性能を有することが予定されていたのか）に基づいて判断し、それが明らかでない場合には、①の基準（当該契約締結当時、取引上の社会通念に照らして当該目的物についてどのような品質・性能を有するべきとされていたか）でも考えるべきである。

　X・Y間の売買契約では、YだけでなくYの長男も居住することを目的として甲建物を2000万円で購入したものと解され、Yの長男も居住できる建物であることが建物の属性として必要であることについてはX・Y間に争いはない。しかし、その点からどのような品質の建物であることが契約内容となっていたのかについて個別の約定があるわけではない。そこで、②の基準に基づいて、ぜんそくを生ずるおそれのある一切の物質が含まれていないこと（物質aとは限らない）が、特にX・Y間で予定されていたとみるべき事情がないかを検討することになる。

　さらに、このような事情がないとしても、①の基準に基づいて、契約締結時の取引上の社会通念に照らして、甲建物にぜんそくをもたらす危険性がないと認められる限度を超えて物質aが含まれていないかどうかを検討することになる。

　もっとも、【例題】では、上記①の基準に基づいて適合性の有無を判断するにしても、契約締結当時、物質aがぜんそく誘因物質であることは判明していなかった。そうだとすると、契約当事者は、取引上の社会通念に照らして、物質aが含まれることによってぜんそくが発症するおそれがあるとは認識できなかったことになる。また、甲建物に含有された量では、一般的にはぜんそく症状が発症しないのであるから、①の基準によって契約に適合的な品質でないということは難しいものと考えられる。【例題】では、②の基準を充足するかど

うかが、契約不適合により解除が認められるかどうかの分かれ目となる。

2. 錯誤取消し

2017年民法改正では、取消権が発生する錯誤類型として、表示上の錯誤（95条1項1号）のほかに、「表意者が法律行為の基礎とした事情についてのその認識が真実に反する錯誤」（95条1項2号）が明示されることになった（錯誤については、☞**応用民法Ⅰ第3章❸1.**）。

【**例題**】では、Yの長男にはぜんそくの持病があり、ぜんそく誘因物質が使用されているのであれば、甲建物を購入しなかったとYは主張している。YはYと家族が居住する目的で甲建物等を2000万円で購入するという意思表示をしており、意思表示自体に錯誤があるわけではない。甲建物を目的物として売買契約を締結する際に、基礎とした事情（甲建物にはぜんそく誘因物質が使用されていないという事情）の認識が真実に反していたことになり、この点で錯誤があったと主張しているものと解される。したがって、Yは95条1項2号の錯誤があったことを原因として取消しを主張していることになる。

95条1項2号の錯誤により取消権が発生したというためには、①錯誤によって意思表示をしたこと、②錯誤が法律行為の目的および取引通念に照らして重要であること（以上、同条1項柱書）、③その事情が法律行為の基礎とされていることが表示されていること（同2項）が必要である。

上記①②の要件は、改正前95条の「法律行為の要素」を修正したものであり（大判大正5・7・5民録22輯1325頁）、主観的因果関係（当該錯誤がなければ、表意者が意思表示を行わなかったこと）と客観的重要性（通常人の合理的判断を基準にしても、当該錯誤がなければ、意思表示を行わなかった）が統合された概念であると説明されている。

95条1項2号に該当する場合、基礎となる事情の錯誤が重要であれば、当該事情が法律行為の内容とは直ちにいえないものであっても錯誤取消しができることになるが、取消権の発生要件としては、契約締結時点で基礎となる事情が表示されている必要がある。

【**例題**】では、甲建物にはぜんそく誘因物質が使用されていないという事情

をYがXに明示して契約を締結したわけではない。したがって、契約締結時点で基礎とした事情に錯誤があり、その事情が表示された上で契約が締結されたといえるかが問題となる。

　Xは建設業を営んでいることから、甲建物の建材に物質aが含まれることを認識していた可能がないとはいえないが、物質aがぜんそく誘因物質であることが判明したのは、売買契約締結後であるから、Xが、契約締結時点で甲建物にぜんそく誘因物質が使用されていたことを認識していたとはいえない。

　しかし、Xは、教育水準が高い学区にある小学校に長男を入学されるために、Yが甲建物を購入したことを認識しており、XとYとは長年にわたって家族ぐるみのつきあいをしていたことから、Yの長男がぜんそくの持病を有していることは認識可能である。そこで、契約締結の際に、甲建物にぜんそく誘因物質（物質aには限らない）が使用されていた場合には、Yは甲建物を購入しなかったという事情をXが認識できた可能性があったと解する余地はある。法律行為＝契約内容に組み込まれているとは必ずしもいえない事情であっても、相手方の認識可能性がある場合に、黙示的に「表示」があったと判断してよいかが、錯誤取消しが認められるのかどうかの判断の分かれ目となる。

　以上の検討から明らかなように、契約不適合による解除と錯誤取消しの主張については、適用領域が重なる場合があり、「契約内容」＝「意思表示の内容」と解釈した点について平仄を一致させる必要があることに注意を要する。

●**重要判例**●

・最判平成13・11・27民集55巻6号1311頁（契約不適合責任の期間制限と消滅時効）

・最判平成22・6・1民集64巻4号953頁（売買後に規制された土壌汚染と契約不適合）

・最判平成25・2・28民集67巻2号343頁（時効消滅した債権による相殺と相殺適状の要件）

・最判平成28・1・12民集70巻1号1頁（動機（法律行為の基礎とした事情）についての錯誤）

●**演習問題**●

【設問1】

　伝統的な民法学説の理解により履行請求権は債権の一権能であるとする場合、売買代金の支払いを求める請求の訴訟物および請求原因を説明しなさい。また、上記の理解による場合、【例題】の下における請求原因事実は何か、具体的に明らかにしなさい。

【設問2】

　remedy構成により履行請求権を債務不履行がある場合の救済手段の一つと理解する場合、売買代金の支払いを求める請求の訴訟物および請求原因を説明しなさい。また、上記の理解による場合、【例題】の下における請求原因事実は何か、具体的に明らかにしなさい。

【設問3】

　【例題】では、契約の目的物である甲建物の性能に問題があるとしてYから苦情が述べられている。この点を理由に、Xからの請求に対してYからどのような反論が可能か検討しなさい。

第14章　売買契約について学ぶ［発展編］

——第三者の失火による種類物売買の目的物の滅失と
　利害関係者の責任

❶　出題の趣旨

　売買契約において、売主が売買の目的物を引き渡さない場合、買主は、売主に対して、売買契約に基づいて目的物の引渡しがないことを原因として目的物の引渡債務の履行を請求でき、また、売主の債務不履行を原因として、損害賠償の請求や契約の解除ができる。

　以下では、種類物売買を素材として、買主の受領遅滞中に、売買契約の当事者でない第三者の失火によって売買の目的物が焼失した場合に、目的物が種類物であるときにも、売主は、目的物引渡義務（555条）の履行不能を理由に、買主は売主に目的物の引渡しを求めることができなくなるのか（412条の2第1項）、もはや引渡しを求められないとして、買主は売主に目的物引渡債務の履行不能を原因として損害賠償請求ができるのか（415条）について考えてみよう。

　あわせて、失火をした第三者の不法行為について、その雇い主が使用者責任を負うのかも検討し、契約責任および不法行為責任の両面から損害賠償責任について学ぶことにしよう。

❷　契約責任と不法行為責任の交錯

　以下の【例題】は、A会社が、B会社・D会社・Eを被告として提起した損害賠償請求訴訟で、当事者が主張した事実のうち争いのないものおよび証拠によって認定されたものである。また、上記訴訟の口頭弁論は、いずれも2022年12月1日に終結した。

【例題】

　1．2021年2月1日に、A会社（以下、A）は、自社製品の主要な原材料の1つであるレアメタル甲（以下、甲）5000トンを商社であるB会社（以下、B）から1億円で購入する契約を締結した。甲の引渡しについては、「5月31日に横浜港にあるBの第1倉庫渡し」とし、甲5000トンの引渡し後1週間以内に、Bが指定する口座に代金を振り込むことが約定されていた。

　2．甲は、主にM国とN国で採取されていた。甲の国内在庫が少なかったことから、Bは、2021年2月15日に、M国で甲1万トンを買い付け、M国から横浜港までの海上輸送を大阪に本店があるC会社（以下、C）に依頼した。上記船荷は2021年5月20日に横浜港に到着し、Aへの引渡分5000トンについてはBの横浜港第1倉庫に別置の上、保管した。残りの5000トンのうち3000トンを第1倉庫に、残り2000トンをBの横浜港第10倉庫に搬入するようにCに依頼した。5月25日に荷揚作業は無事完了した。そこで、早速Bは、Aに対して、「5月31日に予定どおり引渡しが可能であり、引渡しの時刻について御連絡いただきたい」という内容のメールを送付した。これに対して、Aからは、「トラックの手配がつき次第連絡する」という内容のメールが来たが、その後5月31日までにAからの連絡はなかった。

　3．2021年6月2日未明に上記第1倉庫で火災が発生して第1倉庫は全焼し、同倉庫にあった甲8000トンも焼失してしまった。消防と警察の調べによれば、失火の原因は、第1倉庫で管理業務を請け負っていたD会社（以下、D）の従業員Eが、休憩時間中に引火性のある物質を保管している区域で喫煙をし、そのタバコの火の不始末が原因であることが判明した。なお、B・D間では第1倉庫の保守および倉庫内の貨物管理を内容とする請負契約が締結されており、EはDから派遣されて、2021年4月1日から第1倉庫で夜8時〜朝8時まで管理業務に従事していた。Eの主な業務は、倉庫の巡回業務であり、巡回以外は第1倉庫の管理室内で勤務し、2時間の仮眠を休憩室内でとるというものであった。休憩室には、喫煙は休憩室内に限定される旨の貼り紙があり、倉庫内の通路には火気厳禁のステッカ

一が貼られていた。

　4．Aは、自社製品の主要な原材料の１つである甲を予定どおり入手ができなかったことから、Bに善後策を打診した。これに対して、Bは、M国では2021年５月15日に内戦が勃発して甲の採取を行うことができない状況にあり、M国から甲を緊急輸入することは難しいこと、N国から甲を緊急輸入するにしても最短で２か月かかること、第10倉庫に保管してあったために焼失を免れた甲2000トンをBは保有しているが、国内で甲5000トンの調達は難しいと回答した。

　5．甲1000トンあたりの価格は、契約締結時の2021年２月１日には2000万円であったが、５月31日の時点で2500万円、６月30日時点で4000万円まで上昇した。N国が甲の供給量を増やしたことから、甲の市場価格は、2022年12月１日（口頭弁論終結時）には3500万円となった。

　2021年６月末には甲の在庫がなくなり、Aは７月から甲を原材料とする主力製品の製造中止に追い込まれた。予定どおりに買付けが完了していた場合には、すくなくとも、2021年12月分までAは上記製品を製造することができた。Aの2021年度下半期（７〜12月）については、７月以降の上記製品の製造中止に伴って営業利益5000万円を得られなかった。

　6．Aは、Bに対して、甲5000トンの引渡しを求めたところ、BはAに引き渡す分甲5000トンについては、すでに滅失しているとして、引渡しに応じなかった。そこで、Aは、D・Eに対して、消失した甲5000トンの価値相当額として２億円の損害賠償を、また、Bに対して、履行不能を原因として甲5000トンの価値相当額として２億円、営業利益の損失分として5000万円の損害賠償を求めて訴えを提起した。

　7．Bは、Dの従業員Eの失火によって、Aに引き渡す予定であった甲5000トンが焼失したのであって、BにはEの失火について責任はないと主張した。また、甲5000トンの代金額は１億円であり、Aの主張する金額には根拠がないと反論した。

Professional View Ⅱ-2

倉庫渡し（川上）

【例題】では、引渡しの条件を「倉庫渡し」としている。ここでの「倉庫渡し」は、引渡債務の履行方法として取立債務または持参債務のいずれであろうか。実務上、引渡しの条件を「倉庫渡し」と定めることがよく見られるが、この「倉庫渡し」には、取立債務の場合と持参債務の場合がある。

まず、【例題】では、買主Ａが売主Ｂの第１倉庫に甲を受け取りに行くというのであるから、取立債務であると解すべきである。このように、原材料の売買において、原材料の売主の保管場所で引渡しをすることを条件とする取引のことを「倉庫渡し」と呼んでいる。取立債務である倉庫渡しの場合、引渡場所である倉庫からの搬出前後で目的物の危険が移転する。すなわち、倉庫からの搬出後の運搬は買主の責任と危険とするのが慣習であり、例えば、運送中の事故に対する運送保険は買主が保険契約者かつ被保険者として付保することになる。

他方、国際物流でも取引条件として「倉庫渡し」（Ex-Godown）が一般的に行われている。この場合の「倉庫渡し」の倉庫は、買主が指定する倉庫を指しており、「Ex-Godown Kobe」であれば、神戸港の近くにある買主が指定する倉庫での商品の受け渡しを意味する。すなわち、売主は、買主が指定する倉庫まで運送して倉庫に搬入するまでが債務の内容となっており、持参債務と解されることになる。そして、この「倉庫渡し」では、引渡場所である倉庫への搬入前後で目的物の危険が移転する。すなわち、倉庫への搬入までは、売主が責任と危険を負担する。例えば、売主は、運送中の事故に対する運送保険は売主が保険契約者かつ被保険者として付保することなる。

以上のように「倉庫渡し」という条件からは、取立債務であるか、持参債務であるかは一義的に決まるものではなく、その具体的な内容を理解し、評価することが大切である。日常用語に近い用語や自己の経験から見知った用語であっても、その用語が使用される文脈や慣習によって内容が異なることがあることに、実務家は十分に注意しなければならない。 ■

1. 種類物売買の売主に対して履行を求める請求の当否

(a) **売主Ｂの目的物引渡債務**

Ａ・Ｂ間の売買契約の目的物は甲5000トンであり、種類と量のみで目的物を

指定しているから種類物売買（401条1項）である。Bは、第10倉庫にも甲2000トンを保有しているが、【例題】事実6によれば、Aからの甲5000トンの引渡要求をBは拒絶している。そこで、AはBに対して甲5000トンの引渡しを求める請求をせずに、B・D・Eに対して損害賠償を求める請求を立てて訴訟を提起している。そこで、Aが損害賠償請求を選択した理由を予め検討しておこう。

　【例題】では、甲の品質については特に約定がないことから、Bは中等の品質の甲5000トンをAに引き渡す債務を負っている（401条1項）。種類物売買の場合、市場に当該種類の物が一定量あれば、目的物の引渡しを求める権利がある。したがって、引渡期日に目的物の引渡しがなければ、目的物の引渡債務（555条）の履行を請求することができる。弁済期を経過していれば、目的物引渡債務の不履行（履行遅滞）を原因として損害賠償（415条1項本文）を求めることができる。以上が原則である。

(b)　種類債務の特定と履行義務の軽減

　しかし、401条2項に基づいて目的物が特定された後は、売主は特定した物だけを買主に引き渡せば足りることになり、目的物引渡義務につき履行義務が軽減されることになる。目的物の特定後に、特定した物が滅失した場合には、売主の目的物引渡義務は履行不能となり、債務の履行を求める権利（履行請求権）が消滅することから（2017年民法改正法では債務は消滅しないことに注意）買主は売主に対して目的物の引渡しを求めることができないことになる（履行不能の抗弁。412条の2第1項）。

　【例題】においても、甲が特定していれば、Bは第1倉庫内にあった甲5000トンをAに引き渡すことで目的物の引渡義務を履行したことになり、6月2日未明に発生した火災によって目的物が滅失している以上、目的物引渡義務は履行不能となったとするBの主張が認められることになる。

　401条2項は、債権の目的物を種類のみで指定した場合において、①物の給付に必要な行為を完了したとき、②債権者の同意を得て給付すべき物を指定したとき、いずれかに該当すれば種類債務が特定され、その物を引き渡せば、目的物の引渡義務について履行が完了することになる。

　【例題】では、「5月31日に横浜港にあるBの第1倉庫渡し」と約定されてい

ることから、目的物引渡義務については取立債務であるものと解される。したがって、目的物の給付に必要な行為を完了するためには、Aによる目的物の引取行為が必要となる。

　2017年民法改正前も、取立債務の場合、目的物を別置して保管すること（分離）が特定のための不可欠な要素となるのかについては議論があったところである。2017年民法改正前の判例（最判昭和30・10・18民集 9 巻11号1642頁。漁業用タール事件）・通説は、債務者が引渡場所を指定し、引渡作業に必要な準備をして受領を催告したからといって、未だ目的物を特定したとはいえないとし、特定したといえるためには、目的物の分離が必要であると解してきた。つまり、債権者が目的物の引取りに来れば、債務者はいつでも目的物を引き渡すことができるというためには、目的物を別置して保管しておく必要があるということになる。

　2017年民法改正によって、特定後は目的物の減失・損傷の危険は債権者が負担するという改正前534条 2 項が削除されたことから、特定によって危険が移転することを上記解釈の根拠とすることはできない。しかし、2017年民法改正後も、種類物売買の場合には、種類物の特定によってはじめて目的物の所有権が移転すると解する点について変更はなく、所有権が売主から買主に移転したというためには、売主の財産との分離・区別が必要である。したがって、特定したというために目的物を別置して保管することを求める上記判例理論は、2017年民法改正後も維持されるものと解される。

　Bは、Aへの引渡分の甲5000トンについては、遅くとも2021年 5 月25日に、第 1 倉庫に別置の上保管しており、Aに受領を催告する通知がなされていることから、Aが取立てに来ればBはいつでも引渡しができる状態にあったものと解される。したがって、【例題】では、Bは、目的物の引渡義務について履行が完了するために必要な行為をしたといえ、Bの目的物引渡義務は第 1 倉庫に別置の上保管されている甲5000トンの引渡義務に軽減され、その引渡しがなされたならば、Bは目的物引渡債務を履行したことになる。【例題】では、第 1 倉庫に別置の上保管中の甲5000トンが減失したことから、目的物の引渡しが履行不能となったものとして、AからのBに対する甲5000トンの引渡しを求める目的物引渡請求権（履行請求権）は消滅したことになる（412条の 2 第 1 項）。

2. 不法行為に基づいて損害賠償を求める請求の当否

　それでは、Eの失火による売買契約の目的物の滅失を原因として、AはB・D・Eを被告として損害賠償を求められるだろうか。

　失火をしたのはEであることから、以下で検討するように、Aは、自己の財産権が侵害されたことを理由に、Eに対しては709条に基づいて損害賠償を求めることができる。また、EはDの従業員であり、Eの就業中の失火によってAは損害を被っていることから、Dに対しては715条1項本文に基づいて損害賠償を求めることが考えられる。

　しかし、不法行為責任を根拠にBに対して損害賠償責任を追及することは難しい。Dの従業員EとBとの間には使用関係がないことから、Aは、Eの不法行為を原因として、Bに使用者責任を追及することはできない。また、Bは第1倉庫の管理業務をDに委託するにあたって請負契約を締結している。請負人は、自己の独立した判断に基づいて業務を遂行することができる立場にあるから、B・D間に使用関係があると解する余地はなく、Aは、Dの不法行為を原因として、Bに使用者責任を追及することもできない（716条本文）。したがって、AがBに対して損害賠償を求めるためには、Bの契約責任を追及するしか方法がない。

(a)　Eの失火責任（709条）

　不法行為に基づく損害賠償請求権（709条）が発生したというためには、①被害者が権利または法律上保護される利益を有すること、②加害者が①を侵害したこと、③②について加害者に故意または過失があったこと、④被害者に損害が発生したこと、⑤②の加害行為と④の損害の発生との間に因果関係があることが必要となる。

　上記の発生要件のうち、【例題】で問題となるのは①と③である。①については、前述したように、種類物の特定によって、第1倉庫に別置の上保管されている甲5000トンの所有権がBからAに移転していたから、Eの失火によってAの所有権が侵害されたといえる。

　もっとも、失火の場合、③の要件については、失火ノ責任ニ関スル法律（失火責任法）により失火者に重過失があった場合にしか709条に基づく損害賠償請求権は発生しないから、Eに不法行為責任を問えるかどうかは、Eの失火が重過失によるものであったかどうかによる。

　重過失は規範的要件であるから、評価根拠事実とこれを妨げる評価障害事実を総合的に判断して、予見可能性・回避可能性を前提に、結果回避義務に違反したという評価が可能か、また、その違反の程度が重大なものといえるかについて検討することが必要となる。

　【例題】では、失火原因は、Eによるタバコの火の不始末であったことが判明している。Eの主な業務内容は、第1倉庫の巡回業務であり、Eが仮眠する第1倉庫の休憩室内に、喫煙は休憩室内に限定される旨の貼り紙があり、倉庫内の通路には火気厳禁のシールが貼られていた。したがって、Eは休憩室以外の場所で喫煙することによって失火の危険があることを認識できたにもかかわらず、休憩室外で喫煙したこと、しかも、Eは引火性のある物質を保管している区域で喫煙をし、そのタバコの火の不始末が原因で失火したことから、Eには著しい注意欠如があったことになり、一方で、評価障害事実に該当しそうな事実が見当たらないことから重過失があったと評価してよいだろう。

(b)　Dの使用者責任（715条）

　Dに対する請求の訴訟物は、使用者責任に基づく損害賠償請求権である（715条1項本文）。

　判例・通説は、被用者について不法行為責任が成立していることを使用者責任の発生要件としており、使用者は、被用者の選任・監督につき過失がなかったことを主張・立証できない限り、被用者が事業の執行につき第三者に加えた損害について賠償責任を負うことになる。

　使用者責任は、報償責任主義および危険責任主義の原理に基づく責任であり、被用者の行為に重過失があれば、使用者が被用者の責任について代位責任を負うことになるので、失火責任法によって使用者責任が免責される余地はないものと解される。判例も、失火責任法における重過失の有無を被用者の行為について判断しており、使用者は被用者の選任監督に重過失がある場合にのみ失火

について使用者責任を負うと解すべきではないと判示している（最判昭和42・6・30民集21巻6号1526頁）。

　これに対して、714条の監督義務者責任については、未成年者が失火したケースで監督義務者の監督上の行為について重過失があったかどうかを判断した最判平成7・1・24民集49巻1号25頁があり、715条の使用者責任についての解釈との違いが問題となる。

　責任能力のない未成年者による失火の場合には、失火者に責任能力がない以上、709条の責任が問題となる余地はなく、714条は被害者救済の観点から、監督義務者が監督上の行為について責任を負う関係にある。すなわち、監督義務者は本来責任を負担している人に代わって責任を負っているのではなく、責任能力のない加害者の行為について監督義務者が自らの監督義務を果たしていないことを根拠として責任を負う関係にある。714条では、責任を負う主体は監督義務者だけであり、この点から監督義務者に重過失があるかどうかを判断する必要があることになる。それゆえ、失火責任法の適用について使用者責任と監督義務者責任の場合で異なる解釈を採用することは許されるものと解される（反対・潮見佳男『不法行為法Ⅰ〔第2版〕』〔信山社、2013年〕426頁）。

　したがって、Dに使用者責任が発生しているというためには、①Eが不法行為責任を負うことに加えて、②D・E間に使用関係があること、③Eの重過失による失火が、Dの事業の執行について第三者に加えた損害といえること（以上、715条1項本文）、④Eの選任・監督にあたってDが無過失であったといえる事情が主張されていないこと（715条1項ただし書）が必要である。

　EはDの従業員であるから、DはEを指揮監督する関係にあったことは明らかであり（最判昭和42・11・9民集21巻9号2336頁）、また、④に該当するような事実は【例題】では主張されていないことから、問題となるのは③の要件である。

　判例は、取引的不法行為において、被害者保護の観点から、被用者の職務執行行為そのものではないとしても、その行為の外形から客観的に判断して、あたかも被用者の職務の範囲内の行為に属するものとみられる場合には、なお、事業の執行について加えた損害として賠償責任が認められるとする判例理論（いわゆる外形標準説）を形成してきた。そこでは、取引行為の外形に対する第

三者の信頼を保護すべきであるとする考え方が基礎となっていることになる（このような判断基準の裏返しとして、最判昭和42・11・2民集21巻9号2278頁において、被害者が漫然と被用者の職務権限内の行為であると信じ、一般人に要求される注意義務に著しく反した場合には、公平の見地から使用者責任を認めないと解していることに注意する必要がある）。

　しかし、【例題】では不法行為の原因は失火であり、事実的不法行為であることから、上記の判断基準をそのまま適用できるわけではない。事実的不法行為の場合には、客観的にみて、被用者の行為が使用者の支配領域内の行為といえるかどうか、事業の執行行為との密接関連性があるかどうかという観点から判断すべきであるとする見解が多い（最判昭和52・9・22民集31巻5号767頁参照）。

　【例題】では、Dの事業とEの職務との関連性、Eの職務とEの失火との関連性という観点から、事業の執行性の要件を満たすことを検討すべきである。DはBの横浜港第1倉庫の管理業務を請け負っており、Eはその倉庫の夜間の管理を職務内容としていることから、Eの行為とDの事業の執行行為との間に密接関連性があり、Eの失火は就業時間内に発生していることから、Dの支配領域内の行為といえ、Dの事業の執行について第三者に加えた損害といえるものと解される。

(c)　不法行為を原因とする損害賠償の範囲と損害額の算定

　Aは、焼失した甲5000トンの価値相当額を甲の価格がもっとも上昇した6月末の市場価格を規準として、2億円の損害賠償を請求している。

　不法行為責任については、損害賠償責任の範囲について直接的な規定がない。判例は、416条の趣旨を、損害賠償請求権が発生している場合に、損害の公平な分担という観点から相当因果関係が認められる限度に損害賠償の範囲を画定するための規定と解し、不法行為責任を原因とする損害賠償責任についても、416条を準用している（最判昭和48・6・7民集27巻6号681頁）。

　416条1項によれば、原則として不法行為時を基準として損害賠償すべきことになる。したがって、【例題】では失火時における滅失した目的物の履行地での価格を賠償しなければならない。しかし、不法行為時点以降も甲の価格が騰貴しているという事情があり、中間最高価格である2021年6月30日時点の価

格を基準として賠償請求できるかどうかを検討する余地がある。

　416条2項は、特別の事情による損害であって、特別の事情を予見すべきであったときには、その賠償も請求できるとしており、判例理論を前提にすると、価格騰貴がこの特別の事情といえるのか、また、失火時点で加害者が価格騰貴を予見可能であったのかを論じなければならないことになる。ただし、715条は被用者の不法行為の成立を要件としているだけであるから、Dがどの範囲で損害賠償義務を負うのかは、Eではなく、もっぱらDを基準に判断すべきものと解される。416条2項に基づいて中間最高価格を賠償額として認めるかどうかは、契約責任に基づく損害賠償の場合にも同様の問題があり、後述する（❸ 3. (b)参照）。

❸　債務不履行を原因とする損害賠償を求める請求の当否

1. 上記の請求権があるというためにどのような要件の充足が必要か（請求原因）

　AがBの契約責任を追及して損害賠償を求める請求をする場合、訴訟物は、売買契約に基づく目的物の引渡しがないこと（履行不能）を原因とする損害賠償請求権（415条）となる。415条1項本文に基づいて損害賠償請求権（債務者からみると損害賠償義務）が発生しているというためには、一般的には、①債務の発生原因、②債務不履行（履行不能）、③損害の発生とその額、④債務不履行と損害の発生との間の因果関係の各要件を充足することが必要であり、上記の点について債権者側に主張・立証責任がある。同項ただし書では、⑤その債務の不履行が債務者の責めに帰することができない事由によるものである場合には、損害賠償責任が阻却されることになるから、⑤の要件については債務者側に主張・立証責任がある。

　債務者の責めに帰することができない事由の主張・立証責任の配分については、2017年民法改正前後で違いはないが、2017年民法改正では、契約違反があれば契約の拘束力を根拠に、原則として損害賠償債務の発生が認められることになるから、⑤の「債務者の責めに帰することができない」という点を「債務

者に故意・過失がないこと」と読み替えるべきではない。契約責任の場合にも、契約に違反したことだけでなく債務者に故意・過失があったことを根拠に、損害賠償債務の発生を認めてきた2017年民法改正前の責任原理の捉え方との間には違いがある。

【例題】では、債務の発生原因が売買契約であり、売買契約の目的物が何かを主張することによって、売買契約の目的物が種類物であることが明らかになる。種類物売買の場合には、同種の物が市場に存在する限り、売主は履行義務を免れない。したがって、目的物引渡義務の履行不能を理由に履行に代わる損害賠償請求権（415条2項1号）が発生したというためには、❷1.(b)で検討したように、売買の目的物が特定されたこと、この特定した物が滅失したことを主張して、初めて②（履行不能）の要件を満たすことになる。

③（損害の発生とその額）の要件については、判例は、抽象的な損害の発生では足りず、不履行がない場合の財産状態と不履行後の財産状態との差を金銭的に評価したものを損害と解していることから（損害差額説）、債権者は具体的な損害額を主張しなければならない（個別損害項目積み上げ方式）。【例題】では、Aは、甲5000トンの価値相当額の損害（積極的損害）として2億円、営業利益の損失（消極的損害）として5000万円の損害が発生していると主張している。消極的損害については、④（因果関係）の要件との関係で、得べかりし営業利益の損失が目的物引渡義務の履行不能から生じた損害といえるかどうかも問題となる。

判例・伝統的通説は、416条に基づいて、債務不履行と損害の発生との間の事実的因果関係についても、損害賠償の範囲についても、損害の金銭的評価についても、債務不履行時における債務者の予見可能性を基準にして画定するという見解を採用している（いわゆる相当因果関係論）。このため、判例・伝統的通説を前提にすると、損害賠償責任の発生要件である③④も、損害賠償の効果についても、416条に基づいて判断することになり、両者を区別して検討することは難しい。そこで、近時の学説は、ドイツの差額説・相当因果関係論に影響を受けた判例・伝統的通説をきびしく批判し、発生要件としての③については、損害事実説を採用し、④については事実上の因果関係だけで足り、③④と発生した損害賠償請求権の効果としてどのような範囲で賠償責任を認めるか

（法律上の因果関係）という問題を区別して議論すべきであるとする見解が有力である（平井宜雄『損害賠償法の理論』〔東京大学出版会、1971年〕209頁）。本稿では、上記の理論的な整理を踏まえた上で、損害額については**3.**で検討する。

2. 責任阻却要件をめぐる攻防 ──415条１項ただし書と履行補助者の過失

　種類物の特定後は、目的物の引渡義務が限定され、目的物の所有権が買主に移転することになるから、引渡しまでの目的物の保管義務について、売主は善管注意義務を負担することになる（400条）。しかし、【例題】では、Bによって弁済の提供がなされたにもかかわらず、Aが受領遅滞しており、Bが負っている保管義務の程度は軽減され、自己の財産と同じ程度の注意義務を尽くして目的物を保管すれば足りることになる（413条１項）。もっとも、Eによる失火は重過失によるものであるから、軽減された保管義務の程度を前提にしても、目的物の保管義務に違反しているものと解される。

　もっとも、債務不履行が契約などの債務の発生原因および取引上の社会通念に照らして債務者の責めに帰することができない事由によるものである場合には、損害賠償義務が発生しない（415条１項ただし書）。【例題】事実７によれば、目的物の引渡義務が履行不能となったのは、第三者であるEの失火によるものであり、Bの責めに帰することができない事由によって履行不能になったとBは反論している。

　契約その他の債務の発生原因および取引上の社会通念に照らして「債務者の責めに帰することができない事由」によって発生したという要件は、規範的要件と解されるから、評価根拠事実が抗弁となり、評価障害事実が再抗弁となるが、これらの事実を総合的に評価して、目的物の引渡債務の履行不能がBの責めに帰することができない事由によって発生したといえるかどうかを判断することになる。

　第三者の重過失による失火であるとするBの反論は評価根拠事実として主張されており、Aは、評価障害事実として、（ア）従業員EはDの手足であり、Dは目的物の保管義務に違反したこと、（イ）Bの広義の履行補助者（履行代行

者）であるＤが、目的物の保管義務に違反したことによってＢの目的物引渡義務が履行不能となったことを主張して、Ｂの責任は阻却されないと再反論することが考えられる。

　原則として、他人の行った行為について責任を負担することはない（個人責任の原則）。しかし、債務者自身が行為をしない限り本旨に従った給付の実現という結果を生じ得ないと解すべきような場合を除き、債務者自身の行為をまたずとも契約の目的を実現する場合がありうる。

　2017年民法改正前の判例・伝統的通説は、一定の給付をなすべき義務を負っている債務者自身が必ずしも給付行為をする必要がないような債務の場合には、債務を履行する際に使用した補助者の過失を債務者自身の過失と同視すべきであると解してきた。【例題】に即していえば、従業員Ｅの重過失ある行為をＤの重過失ある行為、さらに、Ｄの重過失ある行為をＢの重過失ある行為と、信義則上、同視できるのかどうかという観点から、「Ｂの過失とみなす」ことができるかどうかを論じてきた。

　そこでは、①債務者自身が行為をしない限り、本旨に従った給付の実現という結果を生じえない場合には、履行補助者を利用しただけで債務者に過失があるものとし、②債務者自身が行為をしなくとも給付の実現が可能な場合には、債権の目的を達成するために債務者が履行補助者の行為をコントロールできるのかという点から、履行補助者の過失を債務者の過失と同視できるかどうかを判断してきた。上記②の場合については、2017年民法改正によって削除された改正前105条、同658条２項、同1016条２項などを参考に、i）一定の要件の下で、履行代行者に履行の全部または一部をまかせることを許容している場合には、選任監督等の範囲に債務者の責任が軽減されること、ii）履行代行者の利用について明示的に禁止も許容もされていないときには、履行代行者の過失を債務者自身の過失として責任を負うと解してきた。

　しかし、上記の見解に対しては強い批判があった。不法行為責任については、使用者の選任監督義務の履行を理由に使用者責任が否定される場合や、請負人については独立して仕事を完成することから注文者の使用者責任が否定される場合があるが（716条本文）、契約責任については、契約上の債務の履行のために補助者を使用するという債務者の意思が認められる限り、他人の行為につい

ても債務者の責任は肯定されるべきであるとする見解が主張された（平井宜雄『債権総論〔第2版〕』〔弘文堂、1994年〕85頁）。

　近時の学説は、上記学説をさらに発展させ、契約によって債務者がどのような債務を負担していたのかを特定した上で、債務の履行行為として補助者の行為にどのような意味があるのかを検討し、この点から補助者の行為によって契約違反が生じていることによって債務者の責任を阻却すべきかどうかを判断すべきであるとする見解が有力となった（森田宏樹『契約責任の帰責構造』〔有斐閣、2002年〕65頁、潮見佳男『契約責任の体系』〔有斐閣、2000年〕279頁など）。

　2017年民法改正では、上記有力説が主張するように、債務の履行過程で履行補助者を組み込むことが契約内容に影響を与えないような場合には、債務者が自らの意思に基づいて補助者＝他人による債務の履行を選択した以上、他人の行為についても債務者は契約責任を負担すべきものと解している。他人を利用したことによって債務者は利益を享受しているのだから、他人を利用することによって生じた不利益も債務者が負担すべきであるからである（潮見佳男『新債権総論Ⅰ』〔信山社、2017年〕405頁）。

　【例題】の場合、A・B間の売買契約では、Bが代金1億円で甲5000トンをAに売却することを目的としており、特定後目的物の引渡しまでBはその目的物の保管義務を負っているが、保管義務の履行過程で履行補助者を組み込むことが契約上のBの債務の内容に影響を与えるわけではない。売買契約において、目的物の引渡しまでB自身が保管義務を果たさなければならない事情があるわけではなく、保管義務について履行代行者の使用が禁止されているとはいえない。Bは自己の保管義務を履行するために、自らの意思に基づいてDによる保管義務の履行を選択し、Dとの間で第1倉庫の管理業務を目的として請負契約を締結しており、Dも自己の手足として従業員Eに管理業務を行わせた以上、B、甲5000トンの引渡義務の履行不能はBの責めに帰することができない事由によるものとはいえないものと解される。

$\mathcal{D}eep$ $\mathcal{L}earning$ Ⅱ-9 ·······································

履行遅滞中または受領遅滞中の履行不能と帰責事由 （千葉）

　Ｂの目的物引渡債務の引渡期日は2021年5月31日であり、6月2日未明のＥの失火によって売買の目的物である甲5000トンが滅失している。目的物引渡義務についてＢに履行遅滞があれば、たとえ第三者の行為や不可抗力によって目的物引渡義務が履行不能となった場合であっても、Ｂは債務不履行責任を免れない（413条の2第1項）。しかし、【例題】では、Ｂの履行遅滞中に履行不能となったとはいえない。目的物引渡義務は取立債務であり買主Ａの引取行為が必要となることから、弁済の提供は、口頭の提供で足り（493条ただし書）、Ｂは弁済の準備をしてその旨を通知し、受領を催告すればよい。なお、【例題】では、引渡期日について確定期限があるから、債権者Ａの来訪がありさえすれば、目的物をすぐに引き渡し得る状態にして債務者Ｂが準備をしておけばよく、Ｂが「いつでも取りに来てくれ」と通知・受領を催告しなければ、債務不履行責任を免れないとする必要もないものと解される。したがって、Ｂは、Ａに弁済の提供をしたことを理由として、履行遅滞につき債務不履行責任がないことを主張し（492条）、弁済期を経過して客観的には履行遅滞の事実があるとしても、Ｂには履行遅滞につき責めに帰すべき事由がないと反論することができる。

　一方、【例題】では、売主Ｂは弁済の提供をしたにもかかわらず、買主Ａは2021年5月31日に目的物を引き取りに来なかった（受領遅滞）。買主の受領遅滞中に、売主による履行の提供時以降に売主・買主双方の責めに帰することができない事由によって目的物が滅失した。このような場合には、目的物引渡債務の履行不能が買主の責めに帰すべき事由によるものとみなされ（413条の2第2項）、買主は契約を解除できず（543条・567条2項）、売主からの代金支払請求を拒絶できない（536条2項・567条2項）。また、買主は売主に目的物の滅失を原因として損害賠償請求権等を行使できず（567条2項）、買主が目的物滅失による危険を負担することになる。

　このため、Ａとしては、本文で述べたように、目的物の履行不能についてＢ自身に責任阻却事由がないとする再反論、つまり、責めに帰することができない事由の評価障害事実の主張が重要となる。●

3. 履行不能と損害賠償の範囲

【例題】では、目的物引渡義務の履行が不能であり、債務の履行に代わる損害賠償（塡補賠償）を求めることができる（415条2項1号）。

判例は、債務不履行時に、債務者に予見可能性があったかどうかを基準にして損害賠償の範囲を画定するという見解を採用している（416条）。履行不能がなかったなら、債務が履行され、契約の目的が達成されたことを根拠としている。2017年民法改正では、416条2項で、契約締結時点では予見できなかった特別の事情についても、当事者が「予見すべきであった」と評価できる事情によって損害が発生した場合には、損害賠償の範囲に含まれると修正されたが、それ以外は2017年民法改正後も解釈論に委ねられることになった。

(a) 得べかりし営業利益の損失

【例題】では、Aは、①甲5000トンは、Aの半年分の原材料に相当し、予定どおりに2021年5月末に買付けが完了していた場合には、少なくとも、同年12月分まで製品を製造することができたこと、②同年6月末には甲の在庫がなくなったこと、③このため、同年7月から甲を原材料とする製品の製造が中止されたこと、④③により2021年7〜12月間の営業利益5000万円が得られなかったことを主張している。これらの事情から、営業利益の損失と目的物引渡義務の履行不能との間に事実上の因果関係があることは肯定できるだろう。

しかし、Aは甲をそのまま転売するのではなく、甲を原材料として製品を製造しているにすぎない。

したがって、Aの営業利益の損失による損害が賠償範囲に含まれるかどうかは、416条2項に基づいて、履行不能時に、債務者Bが特別の事情としてAの営業利益の損失を予見すべきであったかどうかを検討する必要があることになる。M国では2021年5月15日に内戦が勃発し、甲の採取を行うことができない状況にあり、M国から甲を緊急輸入することは難しい状況にあったが、N国からの輸入も可能であったこと、国内の甲の在庫量は少ないが、少なくともBが甲2000トンを保有していたことなどから、Aが製品の製造を中止せざるを得な

いということをBが予見できたかどうかを検討する必要がある。AはBから同年5月末に甲5000トンを調達できなかったとしても、製造中止以外に損失を回避する手段がなかったわけではないことから、Aに「損害軽減措置」が期待できた点も考慮してBの予見可能性の有無を判断すべきように思われる（通常損害につき債権者の損害軽減措置を検討した判例として最判平成21・1・19民集63巻1号97頁。☞後述 Professional View Ⅱ－3）。

Professional View ——Ⅱ-3
損害軽減義務か損害軽減措置か（川上）

　損害額の算定、特に得べかりし営業利益の損失の算定や債権者にも落ち度があるときの損失の算定は、実務上も難しい問題である。実際の裁判では、債権者にも落ち度があるときは、損害の発生・拡大について、損害の公平な分担という損害賠償制度の趣旨に基づき、418条の過失相殺における「過失」を、債権者の帰責原因のみならず、具体的な状況下において債権者が寄与またはそれを防止する措置を執り得たかという観点も加味してアド・ホックに判断してきていたと思われる。このような中で、最判平成21・1・19民集63巻1号97頁は、債権者がその損害を回避または減少させる措置を執ることができたと解される時期以降の損害を債務者に賠償を求めることは、条理上認められず、416条1項の通常生ずべき損害の範囲に含まれないと判示した。この判例は、債権者の行動によっては損害賠償の範囲に含まれず、過失相殺ではなく、そもそも損害賠償請求権がないことを明らかにしたと評価できる。ただし、損害軽減「義務」を認めたものではなく、条理から導かれる損害軽減「措置」と判示していることには注意しなければならない。すなわち、契約類型に応じた抽象的な損害軽減措置を認めたものではなく、当該事案の事実関係において具体的にどのような措置を執ることができたはずであったかを認定していること、416条1項の通常生ずべき損害の解釈を問題としていることが大切である。

　この損害軽減義務は、改正の際にも立法化について議論となったが、損害軽減義務の「義務」という用語が、法的「義務」を指すのかは不明瞭であり、概念が一人歩きし、「債権者には損害軽減のための法的義務がある。」との主張（ひいては、債務者から債権者に対する損害軽減義務の履行請求といった筋違いな議論が起きかねないことも危惧された）がなされかねないこと、用語の意味内容が曖昧であることなどの危惧が示され、コンセンサスが得られず、立法が見送られた経緯がある。

　このような立法過程での議論や上記判例の表現を踏まえると、「債権者の損害軽減義務」という用語は誤解を招くものであり、「債権者の損害軽減措置」と称するのが妥当である。もっとも、この損害軽減措置についても、損害軽減の方法は多種多様なものが想定されるところ、債権者が客観的に合理的と評価される措置を執らなかったことによるリスクを、直ちに債権者が負担することになるのかという疑問がある。

　上記判例の射程は慎重な吟味を要するが、経済合理的な行動をとることが期待される企業には、一般消費者に比して、損害軽減措置が認められ易いと考えられる。

■

Professional View　Ⅱ−4

営業損害（川上）

　損害賠償を考える際に、本問のように営業損害が問題となることは、実務上、よくあることである。営業損害と言われると、売上げが減少すると、その売上げの減少分について損害を被ったように思うかも知れない。例えば、1000万円の売上げがあったはずなのに、700万円の売上げしかなかったのであるから、300万円が営業損害であるというわけである。

　しかし、実務では、このような単純な考え方をしていない。なぜならば、1000万円の売上げを上げるためには、光熱費、人件費、賃料、運送費などの費用がかかるからである。しかも、この費用には、営業の状況によって変動する変動費用（光熱費、燃料費、材料代など消費する量で費用が変わるもの）と、営業の状況によらず必要となる固定費用（賃料や人件費など営業しなくても発生するもの）がある。そして、事故により売上が減少して損害を被る反面、それに相応する変動費用の支出は免れることになるが、他方で、事故と関係なく固定費は支出しなければならない。そのため、単純に売上の減少分を損害としてしまうと、変動費用に相当する額は支出しなければならず、本来手元に残るものではないのに、それを賠償として受け取ることができることになる。損害の公平な分担を趣旨とする損害賠償制度の目的からすれば、望外の利益まで賠償の範囲とすることは許されない。

　単純化すれば、営業損害の算定は、売上減少分から、変動費用の減少分を控除することになるが、変動費用の減少分を正確に計算することは相当に困難であり、その算定は容易ではない。弁護士は、商業帳簿や税務申告書などを解析しながら、営業損失を算出しているが、公認会計士や税理士のアドバイスを受けることも稀ではない。　■

(b)　目的物の滅失と損害賠償額算定の基準時

　一方、目的物の滅失による目的物引渡債務の履行不能と甲5000トンの価値相当額の損害（積極的損害）との間には事実上の因果関係があり、416条1項の通常損害といえそうであるが、甲5000トンの価値相当額をどのように算定するのかが問題となる。

　判例は、416条に基づいて、債務を履行しなかった「債務者」が「債務不履行時」に当該事情による損害の発生を予見できる可能性があった場合には、賠償させても過酷とはいえないとした。したがって、債務不履行時を基準に、通常の事情で生じた損害（通常損害）についても特別の事情によって生じた損害（特別損害）についても、それによって生じた損害について債務者に賠償義務があることになる。

　したがって、上記の考え方によれば、履行不能による填補賠償請求権の場合には、債務者は履行不能時における履行地での目的物の時価を原則として賠償しなければならない（最判昭和37・11・16民集16巻11号2280頁）。しかし、不能時以降の価格騰貴については、判例は価格騰貴自体を特別の事情と捉えた上で、416条2項に基づき、さらに以下の判例理論を展開している。すなわち、①債権者が騰貴価格に相当する利益を取得しえ得たという特別の事情があり、かつ、それを債務者が履行不能時に予見可能であった場合に限り、騰貴価格による算定を認めている。なぜなら、債務者の債務不履行がなかったならば、債権者は騰貴した価格の目的物を現に保有することができたからである。②騰貴前に、債権者がこれを他に処分したであろうと予想される場合には、①の基準によらないが、現在も騰貴している場合には、現在において債権者がこれを他に処分することが予定されていたことは要しないと解しており、不履行がなかったら、騰貴した目的物を現に保有できたはずであるとして、騰貴した現在の価格によるものとする。③騰貴価格による場合には、騰貴価格による利益を確実に取得すると予想されることが必要であると解している（最判昭和47・4・20民集26巻3号520頁）。

　ただし、上記判例理論は、不動産の二重譲渡で、未登記の第一買主が売主に、不動産の引渡義務の履行不能（法律的不能）を原因として、高騰した現在の不動産価額で賠償を請求した事案において展開された考え方である。【例題】の

ように、種類物売買で目的物の特定後に目的物が滅失した場合に、不動産のような特定物売買の場合と同様に解すべきかどうかは議論の余地がある。

　近時の学説は、損害賠償の範囲を画定する際に、契約締結時のリスク配分を基礎とするにしても、債務不履行時の債務者の予見可能性をも考慮する見解が有力である。契約の目的の実現という観点からみて損害を公平に分配することになるとして、上記判例理論の結論を支持する見解が増えている（潮見佳男『新債権総論Ⅰ』〔信山社、2017年〕462頁、中田裕康『債権総論〔第4版〕』〔岩波書店、2020年〕198頁など）。ただし、416条2項の予見時期を債務不履行時とするにしても、価格騰貴を特別の事情とし、債務不履行時に予見すべき場合には損害賠償の範囲に含まれるとして、騰貴時点の価格による賠償を認める判例の考え方に対しては、その損害が賠償すべき範囲に含まれるという問題と、損害賠償が認められるとして、いくら賠償しなければならないのか（損害の金銭的評価）の問題を混同しているとする批判がなされている。

　【例題】の場合、売買の目的物が滅失すると、損害事実説に立てば、物の滅失自体が損害となり、損害自体（目的物の滅失）が変動することはないはずである。価格騰貴は、賠償範囲に入るとされた損害を金銭的に評価する際の基準を債務不履行時とするか、それとも、価格騰貴時点とするかの問題であるにすぎない。物価が一般的に上昇傾向にある場合、債務不履行時の損害を賠償しても、被害者が代替品を購入することは実際には困難である。そこで、学説は、インフレ進行中は口頭弁論終結時の交換価値を基準とする見解が多い。ただし、種類物売買の場合には、代替的な取引が可能であり、債権者が損害軽減措置をとるべきであるとすれば、代替取引をすべき時期を基準とする考え方もありうる（内田貴『契約の時代』〔岩波書店、2000年〕170頁）。

　上記判例理論に立つにしても、【例題】の場合、鉱物を扱う商社であるBは、履行不能時にそれ以降の甲の価格騰貴を予見すべきであり、価格変動があるにしても口頭弁論終結時まで騰貴していることから、口頭弁論終結時点の甲1000トン当たりの単価（3500万円）を規準に、損害賠償額を算定すべきであろう。Aにとっても、この金額が賠償されれば、その時点で甲5000トンを新たに入手可能である点で、実質的にみても、損害の公平な分担になろう。

　なお、Aの損害賠償請求権は履行に代わる損害賠償請求であり、Bへの代金

支払義務との関係が問題となる。【例題】では、Aによって542条1項1号に基づき契約が解除されていないから、Bは代金の支払いを求められる。両債権の間には同時履行の関係が認められ、両債権は抗弁権付きの債権である（533条）。しかし、両債権はいずれも金銭債権であり、現実的な履行を強制する必要はない。それにもかかわらず、両債権につき同時履行の抗弁権を認めるのは、代金債務につき相殺までの間の遅延損害金の発生を認めないためにすぎない。したがって、Aは損害賠償請求権を自働債権として、Bの代金債権と対当額で相殺できるものと解される。

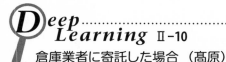

Deep Learning Ⅱ-10
倉庫業者に寄託した場合（髙原）

　仮に、第1倉庫がBの自社所有ではなく、寄託先である倉庫営業者（商法599条）の所有下にあったならばどうか。実務上は、倉庫営業者の作成する倉庫寄託約款が倉庫寄託契約の内容を決定するうえで重要な役割を果たしている。標準倉庫約款42条によれば、受寄物の滅失または損傷による損害に対する受寄者の賠償金額は、損害発生当時の時価（発生時期が不明であるときは発見当時の時価）により損害の程度に応じて算定することを原則としている。これによれば、履行不能時に近接した5月31日時点の甲1000トン当たりの単価（2500万円）を基準に、損害賠償額を算定することとなる。　　　　　　　　　　　　　　　　　　　　　　　　●

●重要判例●
・最判昭和30・10・18民集 9 巻11号1642頁（種類債権の特定）
・最判昭和42・ 6 ・30民集21巻 6 号1526頁（715条の使用者責任と失火責任）
・最判平成 7 ・ 1 ・24民集49巻 1 号25頁（714条の監督義務者責任と失火責任）
・大判大正 7 ・ 8 ・27民録24輯1658頁（416条 2 項の予見時期）
・最判昭和35・ 6 ・21民集14巻 8 号1487頁（履行補助者〔債務者の使用人〕の行為と債務者の責任）
・最判昭和47・ 4 ・20民集26巻 3 号520頁（債務不履行による損害賠償における損害額の算定時期）

●演習問題●

【設問 1 】
　A会社がB会社に対して訴えを提起しようとする場合、どのような請求権を訴訟物とすることが考えられるか。その利害得失について検討しなさい。

【設問 2 】
　A会社がD会社に対して訴えを提起しようとする場合、どのような請求権を訴訟物とすることが考えられるか。また、AのDに対する請求が認められるかどうか検討しなさい。

【設問 3 】
　民法401条 2 項の要件を満たす場合の法律効果について、売買契約当事者であるA・B間の債権債務関係、給付目的物の所有権の帰属に分けて説明しなさい。

【設問 4 】
　A会社がBを被告として提起した損害賠償訴訟について、Aの請求が認められるかどうか検討しなさい。

第15章 賃貸借契約について学ぶ[基礎編]

——土地の賃貸借と賃借権の無断譲渡事例を通じて

❶ 出題の趣旨

　第15章から**第17章**まで賃貸借契約を取り上げる。賃貸借契約（601〜622条の2）は、使用貸借（593〜600条）や消費貸借（587〜592条）などと同様、いわゆる貸借型の契約の1つである。貸借型の契約は、目的物の返還を約して、一定期間、借主だけに目的物の利用を認め、その期間が終了した時点で目的物ないし目的物と同種・同質・同量の物の返還を求めることを内容とする契約である。したがって、賃貸借契約の場合にも、契約の成立時点で賃貸人が賃借人に対して目的物の返還を求める権利自体は発生し、remedy 構成を採用すれば、賃貸借契約の終了原因が生じたにもかかわらず、目的物の返還がない場合に、賃貸人から賃借人に対する目的物の返還請求権が発生することになる。

　また、賃貸借契約は、特定の目的物の1回の給付によって契約関係が完了する売買や贈与とは異なり、契約期間中に反復・継続する給付を目的とする継続的契約の一種である。継続的契約では、契約関係が一定の期間存続することから、契約関係が存続する間の法律関係について各種の規定がある。契約関係を解消する際にも、契約関係が存続している間に契約当事者が行った様々な給付を清算することの困難を避けるために、将来に向かってのみ契約関係が解消される（620条。遡及効のある解除と区別して告知と呼ばれることがある）。

　2017（平成29）年民法改正との関係で、賃貸借契約についても様々な改正がなされているが、後述の【例題】では、2017年改正民法の施行前に賃貸借契約が締結され、2017年改正民法の施行日後に契約が更新されている。

　契約の更新には、合意に基づく更新と、法律の規定に基づく更新とがある。

前者の場合には、2017年改正民法施行後に契約の更新に係る合意があることに
なるから、当事者は2017年改正民法の適用を予定しているはずであり、更新後
の契約については2017年改正民法が適用されるものと解すべきである（筒井健
夫＝村松秀樹編著『一問一答民法（債権関係）改正』〔商事法務、2018年〕383頁）。
一方、後者の場合には、619条１項のように、当事者の黙示の合意を根拠に、
当事者の合理的意思解釈に基づいて契約の更新を推定するような場合には、合
意に基づく更新の場合と同様に解してよい。しかし、法定更新には、借地借家
法６条・26条など賃借人の保護という観点から、法律が特別に更新を認めてい
る場合がある。このような場合には、契約当事者に更新後の契約について2017
年改正民法を適用して契約内容を規律する意思があったと推測することはでき
ないことから、法律不遡及の原則に基づき、改正前民法を適用すべきである
（附則34条１項）。

　賃貸借の目的は「物」（601条）、すなわち「有体物」（85条）である不動産と
動産（86条）である。後述の【例題】では、土地の賃貸借契約を素材に、賃貸
借期間中に、賃貸人に無断で賃借権が譲渡されたとして争われている事例を取
り上げる。建物所有を目的とする土地賃貸借契約や建物賃貸借契約は、生活基
盤や営業基盤を確保するために重要な契約である。これらについては、不動産
利用権の保護を目的として借地借家法が民法典に優先して適用されることにな
る。借地借家法施行前に生じた事項についても、附則に特別な定めがある場合
を除き、借地借家法が適用される。

　【例題】では、借地借家法（平成３年法律第90号）の施行日（1992年８月１日）
前に建物所有を目的として土地の賃貸借契約が締結されており、借地権の存続
期間については借地法（大正10年法律第49号。平成３年法律第90号附則２条による
廃止前のもの）２条２項が適用されることになるが（借地借家法附則４条ただし
書）、2020年７月に自動更新条項に基づき賃貸借契約が合意によって更新され
ていることから、更新後の契約内容については、法律が特別に認めた更新と存
続期間に関する規定を除き、2017年改正民法および借地借家法が適用されるも
のと解される。

❷　Xは誰に対してどのような請求権があると主張するか

　以下の事実は、後述するXからY・Zに対する訴訟において、当事者から主張された事実をまとめたものである。

【例題】

　1．Xは、1989年2月28日に死亡した父から甲土地を相続した。Xは、大学の先輩でバンド仲間でもあったYから、貸スタジオとライブハウスの営業をしたいので、甲土地を貸してほしいと頼まれた。Xは甲土地の活用を考えていたこともあり、また、Yの音楽業界での活躍を支援したいと思っていたので、Yの申入れに同意した。

　1990年7月3日に、XはYに対して、甲土地を地代1か月10万円、毎月翌月分20日支払い、期間は30年で貸すこと、Yは期間満了時に甲土地をXに返還すること、ただし、X・Yのいずれかが期間満了の3か月前までに異議を述べない限り、自動的に契約が更新されること（自動更新条項）、また、敷金を100万円とすることで合意し、賃貸借契約書を作成した（☞本章末尾【関連資料】土地賃貸借契約書）。1990年7月3日、YはXの口座に敷金100万円を振り込み、XはYに甲土地を引き渡した。その後、Yは甲土地に鉄筋コンクリート造2階建ての乙建物を建設して保存登記を行い、1990年11月3日には、「スタジオ101」と「ライブハウス・ホワイトペッパー」の営業を始めた。

　その後、2000年7月から地代を1か月15万円に値上げしたが、2020年7月に契約を自動更新した際には地代の値上げをしなかった。

　2．Xは、毎月の地代の受取りを口実に、Yと音楽談義をすることを楽しみにしていたが、2008年頃からYが音楽事務所の経営で忙しくなったこともあって、Yが「スタジオ101」と「ライブハウス・ホワイトペッパー」の営業を始めた頃からの従業員であったZが、Yに代わって、時々、X宅に地代を支払いに来ていた。ところが、2020年の12月分以降、Yは地

代の支払いを遅滞した。Ｘは、2021年５月の連休中にＹに偶然会ったので、「新型コロナで経営が大変なのもわかるし、長年のつきあいだから支払いを待ってやるが、できるだけ早く払ってほしい」と催促した。しかし、半年を過ぎても、Ｙからは何の音沙汰もなく、全く地代を支払わないので、Ｘはとうとう2021年６月15日に、「未払い分を１か月以内に払うように。今回支払いがなければ甲土地を明け渡してもらうことになる」という内容の催促状をＹ宛に送った。

　2021年６月20日に、Ｙの代わりにＺが、同年６月分ということで、Ｘ宅に15万円を持ってきたので、これを受け取った上で、昨年の12月分から2021年５月分までの地代の支払いも求めたところ、「それは、Ｙに催促してほしい」と言ってＺは帰った。

　3．同年７月４日に、Ｚが再度Ｘの自宅を訪ねてきて、Ｘの妻に、「今度、スタジオ101とライブハウス・ホワイトペッパーの営業を引き継ぐことになったので、挨拶に伺った。名義書換料20万円と、７月分の地代をお納めいただきたい」といって、35万円を置いていった。Ｘは帰宅後、妻からＺが来訪したこと、ＹからＺに貸スタジオとライブハウスの営業が譲渡されたことを聞いた。驚いたＸはＹに電話等をしたが、全く連絡がとれなかった。そこで、Ｘは、登記事項証明書を取り寄せたところ、乙建物について同年６月28日付けで同日売買を原因としてＹからＺへの所有権移転登記が完了していた。

　4．2010年頃からＹは、音楽プロデューサーとして海外からアーティストを招へいしたり、大規模なコンサートを企画して国内外を飛び回っていたため、上記店舗にはほとんど顔を出さなくなり、実質的にはＺがアルバイトを使って上記店舗の営業を行っていた。

　ところが、2020年の新型コロナ感染症によって、大規模なイベントの開催が困難になり、チケットの払戻しや入場者数の制限などでＹの音楽事務所の経営が悪化したことから、Ｙは、上記の店舗を売りたいと言い始めた。そこで、Ｚは、建物、借地権、「スタジオ101」と「ライブハウス・ホワイトペッパー」の営業権を2900万円でＹから購入することで合意し、2021年６月28日に、上記内容につき売買契約書を作成した。Ｚは代金の支払いと

引換えに移転登記に必要な書類を受け取り、同日付で乙建物について所有権移転登記を完了した。

5．Xは、Yだから甲土地を貸したのであり、30年余りの間に交通の便がよくなり地価が上がった甲土地をZに貸す気はなかった。Xも「スタジオ101」で昔のバンド仲間と集まって演奏を楽しんだり、ライブに行ったりしていたので、Zとは顔見知りではあったが、スタジオとライブハウスを実質的に経営していたのがZであるとは知らなかった。また、Zは、2021年7月に、「スタジオ101」をテレワーク用の会議室や打ち合わせを行うためのコワーキングスペースに、ライブハウスをライブのネット配信もできる施設として改装していた。

6．Xは、2021年8月26日に、乙建物を訪れ、「甲土地を貸したのはYであってZに貸したことはない。自分の留守中に妻が預かったお金を返すから、甲土地を明け渡してほしい」と申し入れた。しかし、Zは「すでに払った地代を返してもらう理由がないし、立ち退きには応じられない」と言って、地代等の返還を拒否したことから、Xはやむなくお金を持ち帰った。

7．一方、Zは、「どうしても甲土地から立ち退けというのであれば、乙建物を2900万円で買い取ってほしい」とXに申し入れた。しかし、Xは「乙建物は築30年を超えており、せいぜい時価は800万円程度であり、自分が乙建物で営業するつもりもなく、壊す費用がかかるだけだ」として、Zの申入れを拒絶した。Zは地代を持参したが、Xは2021年8月分を受け取らず、今後も、Xが地代を受け取ってくれそうにないので、同年11月1日に、8月分以降の地代を法務局に供託するようになった。

8．そこで、Xは、YとZ宛に、2021年11月5日に、2020年12月から2021年5月分の賃料不払いと賃借権の無断譲渡を理由として賃貸借契約を解除するという内容証明郵便を郵送し、翌日、YとZに届いた。

2021年11月8日には、Xは、YとZに対して、未払賃料の支払いと乙建物収去・甲土地明渡しを求めて訴えを提起した。Xは、旧知の友人Yが賃借人であったことから地代を1か月15万円のまま据え置いてきたが、甲土地周辺の地価を考えると、地代は18万円程度が相場であることから、Zに

対しては、本件訴状送達の日（2021年11月13日）の翌日から明渡し済みまで、1か月あたり18万円の損害金を併せて請求した。

　一方、Zは、第2回口頭弁論期日（2021年12月2日）に、Zの賃借権が認められない場合に備えて、Xに対して建物買取請求権を行使すると主張した。

1. Yに対する請求

　賃貸借契約は、①賃貸人がある物の使用および収益を賃借人にさせることを約束し、②賃借人が、これに対して、その賃料を支払うこと、および、引渡しを受けた物を契約が終了した後に返還することを約束することによって、その効力を生ずる（601条）。remedy構成によれば（☞【図表1】）、【例題】では、XはYに対して、賃貸借契約に基づいて、未払賃料（2020年12月分から2021年5月分までの90万円）の不払いを原因として各期の賃料支払請求権（各期の支分権としての賃料債権につき不払いの場合に認められる履行請求権）のほか、附帯請求として支払時期（弁済期）が経過した各期の未払賃料につき遅延損害金の支払いを求める請求権があると主張することできる（415条1項本文・419条）。

　また、賃料の不払による催告解除（541条本文）、および、Zへの賃借権の無断譲渡による解除（612条2項）を契約の終了原因として、XはYに対して甲土地の返還を求める権利がある。賃貸目的物の返還を求める権利は、賃貸借契約の成立に基づき観念的に発生し（601条）、remedy構成によれば、目的物返還請求権は賃貸借契約の終了時に目的物の返還がない場合に発生する請求権である（☞【図表1】）。賃貸借契約が終了すると、賃借人は原状に復して賃貸借の目的物の返還をする義務があり（622条、599条1項本文）、借地上に建物がある場合には、土地を返還する際に建物を収去することが賃貸借契約に基づく目的物返還義務の内容の一部となる。したがって、賃貸借契約終了に基づく目的物の返還がないこと（履行遅滞）を原因とする賃借物返還請求権としての建物収去土地明渡請求権が訴訟物となる。ただし、【例題】では、現在、乙建物の所有者はZであるから、Xは、Yに対しては、賃貸借契約終了に基づき建物収去

土地明渡債務の不履行を主張するにしても、損害賠償を求めることになろう（415条1項本文、545条4項）。

　請求権競合を認める判例・通説に基づけば、甲土地の明渡しについては、Yに対しても、所有権に基づいて甲土地の返還請求権があると主張することが考えられる。しかし、【例題】では、Yは建物をすでにZに売却し、もはや甲土地を占有をしていないと主張される可能性がある。【例題】では、すでにYからZに乙建物につき所有権移転登記がなされていることから、Yは土地占有の喪失（建物所有権の喪失）をXに対抗できることになり、Yの上記反論が認められる可能性は高い（最判平成6・2・8民集48巻2号373頁。建物所有権喪失の抗弁をめぐる攻防については、☞応用民法I第2章❺2.)。

　したがって、XからYに対して、Xが甲土地の所有者として甲土地の明渡しを求める権利があると主張して給付訴訟を提起しても、後記2.のとおり、甲土地全体の明渡しは実現しない可能性が高いことになる。

【図表1】 remedy 構成を前提とする賃貸借契約の成立によって発生する債権と各請求権の関係

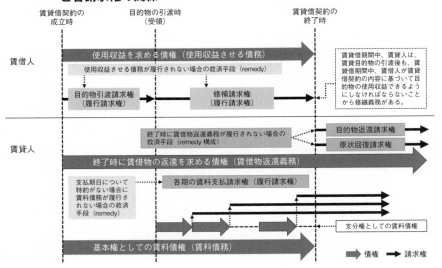

Ⅱ-4　請求権競合における訴訟物の把握──給付訴訟における訴訟物理論の対立（髙原）

　本文では、賃料不払い、および、乙建物についてＹからＺへの所有権移転登記があることを踏まえ、賃借権の無断譲渡があったとして、賃貸借契約の終了に基づく建物収去土地明渡請求権が選択されることを示唆する。もっとも、実際の訴訟では、上記ＹからＺへの所有権移転登記が実体法上の権利移転を伴わないとして、所有権に基づく請求権があるかどうかが争われることが少なくない。また、建物敷地部分が土地の一部にとどまる場合には、その余の部分につきＹに明渡しを求める実益がある。このような事案では、甲土地の明渡しにつき、所有権に基づく返還請求権、賃貸借契約の終了に基づく返還請求権という複数の実体法上の請求権が訴訟物の候補となり得ることとなる。

　確認訴訟では、訴訟物の単複は実体法上の権利（請求権）ごとに画することについて見解の対立はない。【例題】とは逆に、Ｙの方から、Ｘに対し、甲土地の明渡義務不存在確認を求める事案を想定してみよう。Ｙとしては、賃貸借契約終了に基づく返還義務を負わないことが確定されたとしても、訴訟物となっていなかった所有権に基づく返還義務を更に争われるならば、Ｘから甲土地の明渡しを求められる危険を除去できない。訴訟物の選択は原告の専権である（民訴246条）ものの、【例題】の場合にも、所有権に基づく返還請求権、賃貸借契約終了に基づく返還請求権の双方を訴訟物とするのがＹの通常の意思であろう。

　給付訴訟は、強制執行の基礎となる債務名義（民執22条）としての給付命令が得られるかどうかが当事者、とりわけ原告の関心事項である。実務は、給付訴訟の場面でも訴訟物の単複は実体法上の権利（請求権）ごとに考える（旧訴訟物理論）。これに対し、民事訴訟法の学説では、給付訴訟では、確認訴訟とは異なり、所有権に基づく返還請求権や賃貸借終了に基づく返還請求権を包括する１個の請求権（受給権）を観念し、その請求権（受給権）の発生根拠の有無は攻撃防御方法にすぎないとする考え方（新訴訟物理論）も有力であったが、現在は議論が下火になっている。詳細は民事訴訟法の議論に譲るが、いずれの考え方によっても、判決主文の内容の拘束力の範囲には限界があることが認識されてきたことによるものと推測される。そのため、旧訴訟物理論、新訴訟物理論双方の論者から、判決理由中の判断に一定の範囲で拘束力を認めようとする議論が展開されていくことになるのである。　　◆

2. | Zに対する請求

　X・Y間とは異なり、X・Z間には債権的な法律関係はないが、Zは甲土地上の乙建物の所有名義人であるから、Xは甲土地を占有するZに対して、所有権に基づいて甲土地の明渡しを求める権利があると主張して訴えを提起できる。このZに対する請求の訴訟物は、所有権に基づく返還請求権としての土地明渡請求権1個となる。

　他人が所有する建物によって土地所有権が侵害されている場合、建物の収去なしに土地の明渡しが実現しない。したがって、「Zは、Xに対し、乙建物を収去して甲土地を明け渡せ」という判決を求める訴えを提起することになる。

　訴訟物が、所有権に基づく返還請求権としての「土地」明渡しを求める権利であるのに、判決主文で建物収去が加えられるのは、土地明渡しを命ずる旨が記載された債務名義だけでは、土地とは別個の不動産とされる地上建物の収去につき執行ができないという執行法上の制約があるからである。しかし、判例・通説は、理論的には、建物収去は土地明渡しの手段ないし履行態様にすぎないと解しており、訴訟物は土地明渡請求権で足りると解している（旧1個説。もっとも、この見解には2個説、新1個説からの批判もある。この点については、いわゆる民事訴訟実務の基礎や民事執行法の講義に譲る。）。

　また、Xは、Zに対して訴状送達日（2021年11月13日）の翌日から甲土地の明渡しまでの間の地代相当額の金員の支払いを求めることができると主張しており、「Zは、Xに対して、2021年11月14日から明渡済みまで1か月18万円の割合による金員を支払え」という判決を求めて訴えを提起することになる。訴訟物は、不法行為（所有権侵害）に基づく損害賠償請求権となる。請求権の競合を認める判例・通説を前提にすると、不当利得返還請求権があると主張することもできるが、主たる請求との関係で、所有権がXにあり、Zが占有していることが主張できれば、当然に、不法行為に基づく損害賠償請求権があるという主張の先決関係として所有権侵害を基礎づけることができるので、実務では、附帯請求として不法行為に基づく損害賠償請求権を訴訟物として選択することが多い。なお、所有権侵害を原因として不法行為に基づく損害賠償を求める請

求をする場合、理論的には占有開始時点から不法占拠があったということになり、訴訟物は占有開始時から明渡しまでの期間全体で1個である。【例題】では、占有開始日（2021年6月28日）後の日（2021年11月14日）から明渡しまでの損害賠償金の支払いを求めているから、いわゆる明示の一部請求になると理解されることとなろう。

 Ⅱ-5　建物収去土地明渡請求権における給付内容および執行方法（髙原）

　【例題】において、乙建物の敷地は甲土地の一部にとどまるケースを考えてみるのが便宜であろう。不動産等の明渡し（いわゆる与える債務）の強制執行は、執行官が執行機関となり、債務者の不動産等に対する占有を解いて債権者にその占有を取得させる方法により行う（民執168条1項）。甲土地のうち乙建物敷地部分を除いた部分の実現はこれにより可能である。

　それでは、甲土地のうち乙建物敷地部分はどうか。判例は、土地所有権に基づく返還請求権を行使して建物収去・土地明渡しを請求するには、現実に建物を所有することによってその土地を占拠し、土地所有権を侵害している者を相手方とすべきという（最判平成6・2・8民集48巻2号373頁）。地上建物を収去すること自体は与える債務ではなく、代替的作為義務と考えられており、建物収去義務はその典型例の1つとされている。乙建物の収去は、収去請求権が表示された債務名義に基づき、執行裁判所に対し、Yの費用で第三者に作為（収去）をさせる旨を命ずる方法による（授権決定）。授権決定において、行為すべき第三者として執行官が指定されている場合には、債権者の申立てにより、その決定に定められた行為をすることになるが、前提として、収去すべき建物が授権決定に明確に表示されている必要がある。以上によれば、「Yは、Xに対し、甲土地を明け渡せ。」という内容が表示された執行力のある債務名義によっては甲土地中乙建物敷地部分の収去執行をすることはできないこととなる。Xとしては「Yは、Xに対し、乙建物を収去して甲土地を明け渡せ。」という内容が表示された確定判決等を得て、執行官に対し、甲土地の明渡執行を申し立て、執行裁判所に対し、乙建物の収去につき授権決定の申立てをすることになる。所有権に基づき建物収去土地明渡を求める権利の把握については、旧1個説、2個説、新1個説の対立があるという説明がされることが多いが、それ以前に、各

説の当然の前提となっている上記の強制執行の方法について一定の理解をしておく
必要がある。

◆

❸ 賃料の支払いを求める請求をめぐる攻防

1. 訴訟物と請求原因

　XからYに対して賃料の支払いを求める権利があるとする請求の訴訟物は、
賃貸借契約に基づく賃料の末払いを原因とする（各期の）賃料支払請求権であ
る。後述する「支分権としての賃料債権」に基づく「履行請求権」である
（☞前掲【図表1】）。

　この請求権が発生したというためには、「支分権としての賃料債権」が発生
したことが前提となる。すなわち、①賃貸借契約が成立したこと（2017年改正
民法では、借主が賃貸目的物を返還することを約したこと、いわゆる返還約束が契
約内容であることが601条で明文化された）が必要となるほか、②賃貸借契約に基
づいて目的物の引渡しが行われたことが必要である。この他に、③賃料の支払
時期の合意があること（弁済期について特約がない場合については614条）、④各
支払時期が到来したことを要することになる。

　双務契約の場合、対価性のある債務相互間には履行上の牽連性があり、同時
履行の抗弁権はその具体化である。賃貸借契約においても、賃貸目的物を使用
収益させる債務と賃料債務（基本権としての賃料債権）との間には対価的な牽連
関係がある。しかし、賃貸借契約の場合には、賃貸人が目的物を引き渡して初
めて、賃借人が賃貸借の目的物を使用収益できることとなる。目的物を一定期
間賃借人の使用収益が可能な状態に置いたことに対する対価として賃料の支払
いを求めることができる。したがって、賃貸借契約に基づいて貸主が目的物を
引き渡したことが、賃料債権の発生の前提となる。賃貸借契約に基づく目的物
の引渡しが必要となるのは、このような貸借型契約の特色に基づくものである
（①と②が、「基本権としての賃料債権」の発生原因となる）。

　①②に加えて、支分権としての各期の賃料債権の発生を基礎づけるためには、

③④に関する事実の主張が必要となる。その理由はどこにあるのだろうか。

　売買契約の場合、売買代金の支払いを求める権利が発生したというためには、売買契約の成立を主張すれば足り、弁済期の合意やその到来を主張することを要しない。売買代金債務について弁済期が合意されるのは、売買契約時点で発生した代金債務の履行につき買主に代金の支払いを猶予するためであり（法律行為の付款）、代金債務の支払猶予の利益を享受する買主が、弁済期の合意について主張・立証責任を負担するものと解されている。

　これに対して、賃貸借契約は、財貨の所有者の承諾を得て、その財貨を所有せずに有限の期間利用するための制度であり、基本権としての賃料債権は、賃貸借契約の成立によって発生するが、各期の賃料は各期における目的物の使用収益の対価として支払う関係にあるから（611条1項、614条、616条の2など参照）各期の賃料債権（支分権としての賃料債権）が発生しているというためには、③④に該当する事実を主張しなければならないものと解される。

　したがって、未払い分の賃料支払請求権が発生しているというためには、請求原因で①〜④に該当する事実を、remedy 構成を前提とすれば、さらに、各期の賃料が不払いである事実を主張しなければならないので、⑤支払い時期が経過したことも必要とする。

　【例題】の場合には、Xは、（ア）1990年7月3日にXを貸主、Yを借主として甲土地の賃貸借契約が締結されたこと（甲土地を目的として地代月額10万円〔2000年7月分から15万円〕、期間30年、期間が終了した時点で目的物を返還することについて合意をしたこと）、また、（イ）（ア）の契約に基づいて甲土地を引き渡したこと、（ウ）毎月20日払いの合意をしたこと、（エ）自動更新条項により2020年7月に契約が更新されたこと（借地借家法附則6条により、存続期間については、旧借地法5条が適用され、30年となる）、（オ）2020年12月分から2021年5月分までの地代について各月の弁済期が到来したこと、これに加えて、remedy 構成によれば、（カ）（オ）であるにもかかわらず各期の賃料が支払われていないこと（各期の弁済期が経過したこと）以上の事実を主張すれば、90万円（6箇月分）の未払賃料につき賃料支払請求権の発生を基礎づけることができることになる。

2. Yからの反論可能性

　これに対して、Yは、敷金100万円が賃料債務に充当され、未払賃料債務90万円はすでに消滅していると反論することができるだろうか。

　2017年民法改正では、これまでの判例および実務の一般的な慣行を参考に、敷金に関する権利・義務が明文化されている。

　敷金とは、未払賃料、賃貸借終了後明渡しまでの賃料相当額の遅延損害金など、賃借人が賃貸人に対して負担する金銭債務を担保する目的で、賃借人から賃貸人に交付される金銭であり、賃貸借契約に付属して合意される敷金契約に基づき、賃貸人が金銭を受け取った時点でその効力が発生する（622条の2第1項）。敷金契約は賃貸借契約に付随する契約ではあるが、賃貸借契約とは別個の契約であり、適法な賃借権の譲渡があっても、敷金契約に基づく権利・義務が新賃借人に当然に承継されるわけではない（622条の2第1項2号。最判昭和53・12・22民集32巻9号1768頁）。新賃借人に承継するためには、譲受人＝新賃借人の債務の担保とする特約を合意するか、新賃借人に敷金返還債権を譲渡することなどが別途必要となる。したがって、【例題】では、Y・Z間で賃借権の譲渡があっても、敷金契約に基づく効果は、X・Y間で発生する債務を担保するにとどまる。

　賃貸人は、賃料債務や損害賠償債務など賃貸借契約に基づいて発生する金銭債務を賃借人が履行しない場合、その債務の弁済に敷金を充当でき、充当によって賃貸人の債務は当然に消滅することになる（622条の2第2項前段。最判平成14・3・28民集56巻3号662頁）。しかし、賃借人の債務の履行を担保するために、敷金の授受がなされていることをもって、賃借人の方から、賃貸人に対して敷金で自己の債務の弁済に充当することを請求できない（同項後段）。したがって、いずれにせよ、Yの上記の反論は失当であることになる。

　なお、賃借人が賃貸人に対して敷金返還債権を取得するのは、賃貸借契約が終了し、かつ、賃貸借の目的物を返還したとき（最判昭和48・2・2民集27巻1号80頁）、ないしは、賃貸人が適法に賃借権を譲渡したときに、賃貸人による上記充当後でも敷金に残額があった場合である（同条1項1号・2号）。

　加えて、敷金返還債務と賃貸借の目的物返還義務との間に同時履行関係はなく（最判昭和49・9・2民集28巻6号1152頁）、後者が先履行されるべき関係にある。確かに、判例は、1個の双務契約から生じる債務でない場合にも、契約当事者間の債務履行に伴う公平という観点から同時履行関係を広く認めてきたが、敷金返還債務と賃貸借の目的物返還義務との間には著しい価値の相違があること、また、賃貸借終了後まで賃借人保護の観点から同時履行の抗弁権を認めて賃借人を保護することは公平であるとはいえないものと解される。

　【例題】では、Yの賃料不払いやZへの賃借権の無断譲渡を理由として、XはYとの間の賃貸借契約の解除を主張しているが、甲土地はまだXに引き渡されていないから、Yの敷金返還債権は未だ発生していないことになる。したがって、Yは敷金の返還を求める反訴を提起し、敷金返還債務と未払賃料債務との間で相殺を主張することもできないことになる。

❹　甲土地の明渡しを求める請求をめぐる攻防

1.｜訴訟物と請求原因

　XからYに対する甲土地の明渡しを求めても奏功しない可能性が高いことは、すでに触れた。XからZに対する乙建物収去・甲土地の明渡しを求める権利があるとする請求の訴訟物は、所有権に基づく返還請求権としての甲土地明渡請求権1個である。

　所有権に基づいて土地の返還請求権（200条1項も参照）の発生を基礎づけるためには、①ある者が現在、土地の所有者であること、②他の者による甲土地の占有によってその所有権内容が現在侵害されていることが必要である。②については、Z所有の乙建物が甲土地上に存在していることを主張すればよいが、①との関係では、甲土地の所有に関する権利自白がいつの時点において成立しているのかが問題となる。ZはX所有の甲土地について賃借権があると主張しており、ZとしてはXが甲土地の所有者であること自体は争っていないと考えられることが多いであろう。このように、ZがXの甲土地現所有を認めるなら

ば、Ｘとしては、現在甲土地を所有していることを主張すれば足りることになる。

2. Ｚからの反論①──甲土地の占有権原１（賃借権の承諾譲渡）

これに対して、Ｚは甲土地の占有権原があると反論することになる。【例題】では、Ｘ・Ｙ間に甲土地を目的物とする賃貸借契約が成立した点について争いはない。また、Ｚは、ＹがＺに乙建物、甲土地の賃借権（借地借家法２条１号にいう借地権）および２店舗の営業権を2900万円で売却したと主張している。借地権者が借地上の自己の所有建物を第三者に譲渡した場合、借地権も建物に従たる権利であるとして建物所有権とともに移転することになる（87条２項類推。判例・通説）。

賃借権の譲渡とは賃借人の地位の移転であり、契約上の地位が移転すると、契約上発生している債権・債務だけでなく、解除権・取消権など契約上の地位に付随する権利・義務も包括的に移転することになる。

契約上の地位の移転によって譲渡人は契約関係から当然に離脱することになるから、契約上の地位の移転には免責的債務引受の趣旨が含まれていることになり、この点との関係で、契約上の地位の移転という効果を発生させるためには、譲渡人と譲受人との間で移転について合意があるだけでなく、契約の相手方の承諾も必要であると考えられている。賃借権の譲渡についても、612条１項で賃貸人の承諾が要件となっているのは、基本的には同様の趣旨に基づくものといえる。契約上の地位の移転について、2017年民法改正では、契約総則の「第２款　契約の効力」に明文の規定（539条の２）が置かれたことから、612条１項のうち賃借権の譲渡に関する部分は、539条の２の特則ということになる。

したがって、賃借権の譲渡が認められると、賃借権を譲渡した賃借人は賃貸借関係から離脱し、賃借権の譲受人と賃貸人との間にだけ賃貸借契約関係があることになる。

また、612条１項においても、賃貸人の承諾は、賃借権の譲渡という効果の発生の積極的要件となっていることから、賃借権の譲渡の効果を主張する側、すなわち賃借権の譲受人が主張・立証責任を負うことになる（判例・通説）。

　ところで、【例題】では、Xは、2021年6月15日に、「未払分全額を1か月以内に払うように。今回支払いがなければ甲土地を明け渡してもらうことになる」と催促状をY宛に送っており、2021年11月6日には、賃料不払いとZへの賃借権の無断譲渡を理由としてX・Y間の賃貸借契約を解除する旨の意思表示がYに到達している。

　しかし、賃貸借契約の解除の効果は将来に向かってしか効力が生じないことから（620条）、YからZへの賃借権の譲渡の効果をXに対抗できるのであれば、YからZへ賃借権が譲渡された2021年6月28日時点で、Yは賃貸借関係から離脱し、X・Z間に賃貸借契約関係があったことになるから、Xは、Yの上記行為を原因として賃貸借契約を解除することはできないことになる。

　したがって、YからZに賃借権の譲渡があったことをXに主張できれば、ZはXに対して甲土地の占有権原があることを主張できることになる。Zは、①賃借権の譲渡原因となる事実として、甲土地に建設した乙建物、甲土地の賃借権および2店舗の営業権を2900万円で売却したこと、かつ、②解除の意思表示に先立ってXが承諾の意思表示をしたことを主張すればよいことになる。しかし、【例題】では、XがYのZへの賃借権の譲渡について明示の承諾を与えた事実はない。そこで、黙示の承諾があったと解する余地がないかが問題となる。

　【例題】では、Zが、Xに対して、2021年7月4日、甲土地の地代および名義書換料を交付したところ、Xの妻がXの自宅で受領している。確かに、Zは客観的にみてXの支配領域内で地代および名義書換料を交付している。しかし、賃料債務の弁済の場合とは違い、上記事実から賃借権の譲渡についてXが承諾する意思があったと認定することができるかどうかは問題である。612条1項の承諾は「観念の通知」ではなく「意思表示」であり、Zを賃借人とする地代、名義書換料を受領することは、612条1項の承諾との関係では、Zを賃借人と認めたことを意味することになる。したがって、X本人がこれらの金銭を受け取る意思があったといえなければならない。【例題】では、Xは妻が受け取った上記金銭を返却するためにZを訪ねて返還を申し入れている。Xの妻がZを賃借人とする地代、名義書換料を受領した点から、直ちにXに賃借権の譲渡について黙示の承諾があったとは認定できないものと解される。

Deep Learning Ⅱ-11
借地借家法19条による裁判所の代諾（千葉）

　借地人が借地上の建物を第三者に譲渡しようとする場合において、その第三者が賃借権を取得しまたは転借しても、借地権設定者に不利となるおそれがない場合であって、借地権設定者が賃借権の譲渡・転貸を承諾しないときには、裁判所は、借地権者の申立てにより、借地権設定者の承諾に代わる許可を与えることができる（借地借家19条前段）。この裁判所による代諾の制度は、建物を第三者に譲渡する前にしなければならないことに注意する必要がある。●

3. Zからの反論②
──甲土地の占有権原 2（背信性なき賃借権譲渡）

　YからZへ甲土地の賃借権が無断譲渡されてしまうと、ZはXに甲土地の賃借人であることを主張することができず、Zは、甲土地の占有権原があると反論することはできないのだろうか。

　前述したように、契約上の地位の移転には免責的債務引受の趣旨が含まれていることから、譲渡人と譲受人との間で移転について合意があるだけでなく、契約の相手方の承諾が必要である（539条の2）。612条1項が賃貸人の承諾を要件として賃借権の譲渡を認める趣旨は、上記の点に加えて、賃貸借契約が当事者の信頼関係を基礎にした継続的法律関係であり、誰が賃料債務を負担するのかだけでなく、誰が目的物を使用収益するのかについて、賃貸人に大きな利害関係があるからである。

　そこで、上記の理解をもとに、判例（最判昭和28・9・25民集7巻9号979頁、最判昭和30・9・22民集9巻10号1294頁など）は、第三者への賃借権の譲渡について賃貸人の承諾がない場合であっても、賃貸人に対する背信行為と認めるに足りない特段の事情があるときは、賃貸人は、信義則上、612条2項に基づく解除権の発生を主張できないと解している。上記判例では、賃借人による賃借権の無断譲渡行為があっても、賃貸人との間の信頼関係が破壊されたといえない限り、賃貸人は解除権を行使できないと判示していることになり、いわゆる

「信頼関係破壊の法理」として確立された判例理論の具体的場面の１つといえる。

　しかし、上記判例は、612条１項との関係で無断譲渡行為を違法（＝債務不履行）とした上で、612条２項による解除権の行使を信義則上制限したものにすぎない。したがって、「背信行為と認めるに足りない特段の事情がある」ことについては、解除権の発生を障害する側、つまり賃借権の譲受人が主張・立証責任を負担するものと解している（最判昭和41・１・27民集20巻１号136頁）。

　また、判例は、上記理論によって612条２項による解除権の発生を制限的に解釈したことと、612条１項（さらには539条の２）が、賃借権の譲渡につき承諾を要件としていることとの整合性を図るために、「承諾はないが賃借権の譲渡に背信性がないという事由」を「承諾があった場合」に準じて取り扱っている。この結果、賃借権の譲渡について賃貸人の承諾はないが賃借権の譲渡に背信性がない場合にも、賃借権の譲渡人は、譲渡時点で、賃貸借関係から離脱し、譲受人＝新賃借人と賃貸人との間にのみ賃貸借契約関係があるものと解している（最判昭和45・12・11民集24巻13号2015頁）。

　したがって、「背信行為と認めるに足りない特段の事情がある」ことが認められると、Ｚは、Ｘに対して賃借権があることを主張できることになり、この点を根拠に、Ｚは甲土地の占有権原があると反論できることになる（最判昭和44・２・18民集23巻２号379頁）。

　【例題】では、Ｚから、背信性の不存在の評価根拠事実として、本件契約が建物所有を目的とする土地の賃貸借契約であり、賃借権の譲渡の前後で乙建物を所有する目的で甲土地を利用する状況に変化がないこと、2010年頃からＺがＹに代わって乙建物で貸スタジオとライブハウスの営業を行い、賃借権が譲渡された2021年６月28日以降もＺは上記店舗を経営しており、借地上の建物の利用方法にも変化はないことなどが主張されている。これに対して、Ｘからは、背信性の不存在の評価障害事実として、Ｙだから甲土地を貸したのであってＺに対しては貸す意思がないこと、店内の内装などは最近著しく改装されたことが主張されている。

　当事者が主張する上記の具体的な事実から賃借権の譲渡が賃貸人に対する背信行為といえるかどうかを判断するためには、まずその判断基準を明らかにし

ておくことが必要である。

　前述したように、判例は「承諾はないが賃借権の譲渡に背信性がないという事由」を「承諾があった場合」に準じて扱っている。612条1項が賃借権の譲渡に賃貸人の承諾を要件としているのは、誰が賃料債務を負担するのか、誰が賃貸目的物をどのように使用収益するのかという点に、賃貸人が大きな利害を有しているからである。したがって、背信性の有無の判断にあたっても、上記の点が重要なメルクマールになるものと解される。

　建物所有を目的とした土地の賃貸借契約の場合には、借地上の建物の保護という観点から、原則として、賃貸借契約成立時点の建物がある限り賃貸借契約の更新を認め、建物が朽廃した場合（旧借地法2条ただし書参照）には終了することになるから、どのような建物によって賃貸借の目的物である敷地が利用されているのか、また、借地権の存続期間が長いことから、その間、賃借権の譲受人が賃料債務を支払ってくれるかどうかが重要である。

　したがって、【例題】において、YからZへの賃借権の譲渡がXに対する背信行為となるかどうかを判断する際には、①乙建物による土地の利用状況と、②Zが継続的に賃料を支払う可能性があるかどうかが、とりわけ重要な判断材料になるものと解される。

　【例題】では、建物の利用目的は一貫して貸スタジオとライブハウスの営業のためであり、建物自体について増改築がなされたわけではなく、乙建物の構造に変化はない。土地の利用目的および利用状況には変化がないものといえるから、これらの事情は背信性がないと評価できるそうな事情といえる。建物内部の改装や貸スタジオとライブハウスの利用方法の変更にとどまらず、それが賃貸借の目的物である甲土地の利用状況に変化を生じさせているということまでいえなければ、背信性を積極的に基礎づけることはできないものと解される。

　また、XはYだから貸したのであってZに貸す意思はないとして、背信性を判断する際に賃借人の人的要素を考慮すべきであると主張している。確かに、賃貸借契約は、当事者の個人的信頼を基礎とする継続的な関係であるが、ここでいう個人的な信頼とは、賃借人がYからZに交代することによって賃料が変わらず支払われるのか、賃貸目的物の使用収益のあり方に変更がないかという点が重要であり、賃貸人の個人的な感情を問題としているわけではない（山本

敬三『民法講義 Ⅳ－1－契約』〔有斐閣、2005年〕466頁、中田裕康『契約法［新版]』〔有斐閣、2021年〕426頁は、即物的な信頼関係と人的な信頼関係の変化によって賃貸人が被る損失を総合的に評価すべきであると解している。最判平成8・10・14民集50巻9号2431頁参照）。

　【例題】では、Zは乙建物を譲り受けた後の2021年7月分の賃料を弁済し、同年8月分以降は賃料を弁済供託（494条1項1号）しており、前述したように、賃借権の譲渡の前後で甲土地の利用目的、利用状況に大きな変化がないとすれば、賃貸人に対する背信行為と認めるに足りない特段の事情があると解される余地は大きいものと考えられる。

4. Zからの反論③ ──建物買取請求権の行使による留置権等に基づく反論

　【例題】では、甲土地につきZに占有権原があるとする反論が認められない場合に備えて、Zは、2021年12月2日の本件口頭弁論期日において、Xに対し、建物買取請求権を行使し、乙建物を時価で買い取るという意思表示をしている。なお、建物買取請求権に基づく抗弁は、占有権原の抗弁（賃借権の譲渡等）を前提として、これが認められない場合に、予備的な抗弁として主張されている。したがって、占有権原の抗弁が認められるのであれば、Xからの明渡請求を棄却することが可能であり、その場合には、判決理由の中で、建物買取請求権の抗弁について判断されることはない。

　賃貸人が第三者への賃借権の譲渡を承諾しない場合、地上建物を取得した第三者は、借地借家法14条に基づき建物の買取りを請求することができる。

　建物買取請求権の行使によって賃貸人と賃借権の譲受人との間に時価を代金とする建物の売買契約が成立することになり、Zには建物の収去義務がなくなることになる。ただし、これだけでは、Zには建物収去義務がないといえても、土地の明渡し自体を拒むことはできない。

　しかし、建物買取請求権が行使されると、XとZとの間に売買契約が成立し、この契約に基づいて、Zは、同時履行の抗弁権（533条）を主張して建物の代金が支払われるまで建物の引渡しを拒むことができる（大判昭和7・1・26民

集11巻169頁）。建物の明渡しを拒めることの反射的作用として土地の明渡しについても拒絶できるものと解されている。また、建物代金債務は建物から生じた債務であるから、建物について留置権（295条）が成立し建物の買取代金が支払われるまで、Ｚは建物を留置することができ、さらに、建物留置権の実効性を担保するために、建物を占有する必要上、敷地を占有することは違法ではないと解されている（大判昭和14・8・24民集18巻877頁、大判昭和18・2・18民集22巻91頁など。ただし、土地を無権原で占有することになるから、地代相当額を不当利得していることになり、賃貸人に償還する必要がある点には注意が必要となる〔最判昭和35・9・20民集14巻11号2227頁〕）。

　このように建物買取請求権が行使されることによって、同時履行の抗弁権ないし留置権に基づいてＺは建物代金が支払われるまでは建物および土地の引渡しを拒絶できるものと解されＸの請求に対して、有効な反論となる。もっとも、上記の反論が認められても、Ｘの請求を全面的に棄却できるわけではなく、引換給付判決となり、「Ｚは、Ｘに対し、○○万円の支払いと引換えに、乙建物から退去して甲土地を明け渡せ。ＸのＺに対するその余の請求を棄却する」という主文を言い渡すことになろう。

　ただし、Ｚによって建物買取請求権に基づいて上記の反論がなされた場合にも、Ｘは、賃料債務の不払いを原因とする解除により建物買取請求権行使に先立ち賃貸借契約が終了したことを主張して再反論することが考えられる（再抗弁）。判例は、債務不履行解除により賃貸借契約が終了したときは、建物買取請求権を行使できないと解しているからである（最判昭和35・2・9民集14巻1号108頁）。

　【例題】では、Ｙには、2020年12月から2021年5月まで6か月分の賃料の不払いがあり、Ｘは、Ｙに対して、同年6月15日、上記未払賃料を同年7月15日までに支払うよう催告しているが弁済がなされていない。そのため、ＸからＹに対して、同年11月6日、本件契約を解除するとの意思表示がなされている。

　既発生の各期の賃料債務は、Ｙによる使用収益の対価として発生した債務であるから、賃借権がＺに譲渡されたからといって、それだけで当然に各期の賃料債務がＺに移転するわけではない。賃借権が譲渡される前に発生した賃料債務については、Ｚによる債務引受が別途必要である（470条・472条参照）。した

がって、ＸがＺの賃料不払いを原因として賃貸借契約は解除されたとして、Ｚは建物買取請求権を行使できないと再反論をしたとしても、主張自体失当である。【例題】では、前賃借人Ｙに債務不履行があっただけであり、賃借権を譲り受けたＺに賃貸人Ｘとの関係で賃料の不払いはないからである。

Professional View　Ⅱ–5

民法の典型契約としての賃貸借の目的（対象となる物）（川上）

　典型契約である賃貸借の目的（対象）となるのは、601条に「ある物」とあるように、「物」、すなわち「有体物」（85条）である。有体物であれば、特定物に限られず、種類物も目的とすることもできる。

　他方、有体物ではない権利、例えば、特許権、商標権、著作権などの知的財産権についてライセンス契約（使用許諾契約）を締結し、権利者が実施権者による利用を認めて、実施権者は権利者にその対価を給付することが当たり前に行われている。権利を目的とする場合、目的が有体物でない以上、典型契約である賃貸借ではなく、非典型契約となるが、その類似性から性質上可能な限り、賃貸借の定めを類推してよいと考えられている（2017年民法改正の議論の中では、ライセンス契約を典型契約とする議論がなされていたが、立法化に至らなかった。その経緯は、伊藤栄寿「ライセンス契約と民法－民法におけるライセンス契約の位置づけと課題－」特許研究64号34頁を参照。）

　また、賃貸借契約と間違いやすい典型契約として寄託契約がある。例えば、銀行との貸金庫契約、コインロッカーの利用契約、コインパーキングに駐車する駐車契約は、いずれの契約に当たるだろうか。賃貸借はある物の使用収益を目的とする契約であり、寄託はある物の保管を目的とする契約である。貸金庫契約は、銀行の金庫室内の一部を貴重品などの保管場所として銀行が利用者に提供する契約であるが、銀行が利用者のためにそこに収納される貴重品を保管することを目的とするものではなく、銀行が利用者に保管場所である貸金庫を使用収益させることを目的とするものであるから、賃貸借契約である。コインロッカーの利用契約も、預ける物品の保管を目的とするものではなく、保管場所として使用収益をさせる目的であるから賃貸借契約となる。

　駐車契約はどうであろうか。通常は、駐車契約は車両自体の保管を目的とするものではなく、保管場所として使用収益させる目的であり賃貸借契約と解される。しかしながら、有人警備付きの立体駐車場で所有者が立ち入ることができず、さらに

鍵も預けていたような場合には、車両自体の保管を目的とするものであり寄託契約と解される（東京地判平成8・9・27判時1601号149頁参照）。

　このように、契約類型は、契約の名称や表層的なイメージから即断してはならず、当事者が何を合意していたのか、それがどのような意味を有するのかを十分に解析し、それを典型契約に対する正確な知識にあてはめることが大切である。　　　　■

Professional View Ⅱ-6
リース契約（川上）

　リース契約は、リース会社が企業に対して車両、設備などの耐久消費財を、その物の所有権はリース会社に帰属したまま、長期間の使用収益をさせ、使用収益の対価としてリース料を企業から収受するというのが一般的であった。しかし、現在においては、一般消費者にも自動車のリースが日常的に行われるようになり、リース契約は身近な契約となっている。高額な耐久消費財をユーザーが手頃なリース料で利用できるようになることから、リース契約は、現代社会では重要な契約となっているが、非典型契約であることから種々のものがあり、一律にその性質を説明することが難しい。大別すると、リース期間中に契約の解除ができず、ユーザーが目的物の取得価格と諸経費の概ね全額をリース料として支払うファイナンス・リース契約と、それ以外のオペレーティング・リース契約に大別される。

　多く利用されているのはファイナンス・リース契約であるが、ファイナンス・リース契約は、特定の物の使用収益を求めるユーザーからの申し込みに応じて、①リース業者がその物をサプライヤーから購入し代金を支払う、②ユーザーはサプライヤーから当該物の引渡しを受け使用収益を行う、③ユーザーはリース業者に対してリース料の支払うという三者が登場する契約である。

　契約書などの外形を分析的にみれば、リース業者とサプライヤー間の売買契約、リース業者とユーザーの賃貸借契約と分解することも可能である。ただし、①物件の選定はサプライヤーとユーザー間で決定され、リース業者は関与しない。②リース料は、物件購入費、諸経費、金利、手数料等を加えた金額から、リース期間満了時における物件の残存価値を控除した額が回収できるように算定される（残存額ゼロとして、リース業者が投下した資本の全額を回収できるようにリース料が計算されているものを「フル・ペイアウト方式」と呼ぶ）。③リース業者とユーザー間の賃貸借契約は中途解約が認められていない。④物件に瑕疵があった場合、リース業者は一切の責任を負わず、サプライヤーがユーザーに対して直接責任を負う。⑤リー

ス業者が物件を引き上げた場合、清算義務があるなどが合意されており、三者が有機的に連関しており、二者間の契約に解消しきれない特殊性がある。

　三者がこのような取引を行う目的は、サプライヤーから直接、目的物の代金につき信用供与を受けられないユーザーに対して、リース業者が信用を供与する（金融の便宜）ことにあることから、「ファイナンス・リース」と呼ばれている。

　そして、以上のように、分析的にみた各当事者間の契約形式と三者の契約目的との間に乖離があることから、形式に基づく処理を行うのか、実質に基づく処理を行うのかが法的な問題となり議論されている。リース契約に関する法的問題は多岐にわたり、本書でその詳細を論ずることはできないが、民法以外にも商法、倒産法の各領域で議論されているので、詳細はそちらに譲ることとする。　　■

●重要判例●

・最判昭和48・2・2民集27巻1号80頁（敷金の法的性質と敷金返還請求権の発生時期）

・最判昭和49・9・2民集28巻6号1152頁（賃借家屋明渡債務との敷金返還債務の同時履行）

・最判昭和53・12・22民集32巻9号1768頁（土地賃借権の移転と敷金の承継）

・最判平成14・3・28民集56巻3号662頁（信義則──賃貸借契約の終了と転借人への対抗）

・最判昭和28・9・25民集7巻9号979頁（無断転貸と信頼関係破壊の法理）

・最判昭和30・9・22民集9巻10号1294頁（無断譲渡と信頼関係破壊の法理）

・最判昭和41・1・27民集20巻1号136頁（背信行為と認めるに足りない特段の事情があることについての主張・立証責任）

・最判昭和45・12・11民集24巻13号2015頁（賃借権の譲渡人の法的地位）

・最判平成8・10・14民集50巻9号2431頁（信頼関係破壊の法理）

88

●演習問題●

【設問1】

XがYに対して乙建物収去・甲土地明渡しを求める訴えを提起しようとする場合、請求の趣旨としてどのような判決を求めればよいか説明しなさい。

【設問2】

XがZに対して乙建物収去・甲土地明渡しを求める訴えを提起しようとする場合、請求の趣旨としてどのような判決を求めればよいか説明しなさい。

【設問3】

Zとしては乙建物を引き続き使用したい。Xからの所有権に基づく乙建物収去・甲土地明渡しを求める訴訟において、どのような反論を展開すればよいか。

【設問4】

【例題】の下線部のZの主張は、【設問2】に対する反論になるか、なるとすれば、なぜ反論となるか、説明しなさい。

【関連資料】 土地賃貸借契約書

土地賃貸借契約書

　賃貸人Ｘ（以下、「甲」という。）と賃借人Ｙ以下、「乙」という。）は、以下のとおり、甲が所有する後記表示の土地（以下、「本件土地」という。）について、下記のとおり土地賃貸借契約（以下、「本契約」という。）を締結する。

記

第１条（本契約）

　甲は、乙に対して、本件土地を、以下の条件で賃貸し、乙はこれを賃借する。

　（1）対象物件　後記「土地の表示」記載のとおり

　（2）使用目的　建物建築

　（3）賃料　月額金10万円

　（4）敷金　金100万円

第２条（賃貸借期間）

　本契約の賃貸借期間は、1990年7月3日から2020年7月2日までの30年間とし、期間満了の3か月前に甲乙いずれからも異議がなされないときは、本契約は期間満了の翌日から起算して、本契約に定めがあるものを除いて同一内容にて自動的に更新されるものとし、その後も同様とする。

第３条（賃料の支払等）

　1　乙は、翌月分の賃料を毎月20日限り、甲の指定する方法で支払うものとする。

　2　前項の賃料が、経済情勢の変動等により著しく不相当になったとき、または前条による更新の際に甲から申し入れがあったとき、甲・乙は誠実に協議した上、賃料を改定することができる。

第4条（敷金）

 1 乙は、甲に対し、本契約により生じる一切の乙の債務を担保する
ために、本契約締結と同時に、金100万円を敷金として差し入れる。

 2 甲は、前項の敷金には金利を付さず、本契約が終了したときに、
未払い賃料等があるときにはこれを控除して、本件土地の明渡しと
引き換えに、乙に対して残額を返還するものとする。

 3 乙は、敷金返還請求権を第三者に譲渡し、又は、担保に供しては
ならない。

第5条（賃借人の善管注意義務）

 乙は、本件土地を使用するにあたっては、善良なる管理者の注意をも
ってするとともに、本件土地の使用にあたって通常の維持管理に必要な
一切の費用を負担する。

第6条（禁止事項）

 乙は、以下の行為をするときは、甲の書面による事前の承諾を得なけ
ればならない。

 （1）本件土地の賃借権を譲渡し、又は、本件土地を転貸しようとす
るとき

 （2）本件土地を第1条に定める使用目的以外の用途に使用するとき

 （3）本件土地の形状を変更するとき

第7条（解除）

 乙が以下のいずれかに該当したときは、甲は書面をもって催告した上
で、本契約を解除することができる。

 （1）乙が賃料の支払を3ヶ月以上怠ったとき

 （2）乙が、甲の事前の書面による承諾なく使用目的と異なる使用を
したとき

 （3）その他、本契約の各条項に違反し、甲乙の信頼関係を破壊した
とき

第8条（原状回復義務）

　　乙は、理由の如何を問わず本契約が終了したときは、直ちに本件土地を原状に復して、甲に明け渡すものとする。

第9条（協議事項）

　　本契約に定めがない事項が生じたときや、本契約条項の解釈に疑義が生じたときは、甲乙に誠意をもって協議・解決するものとする。

　　以上のとおり、契約が成立したので、本契約書を2通作成し、各自署名押印の上、各1通を保有する。

　　1990年7月3日

　　　　　　　　　　　　甲：住所

　　　　　　　　　　　　　　氏名　　　　　　　　印

　　　　　　　　　　　　乙：住所

　　　　　　　　　　　　　　氏名　　　　　　　　印

　〈土地の表示〉（略）

第16章 賃貸借契約について学ぶ[発展編]

——建物の賃貸借契約における契約当事者間の紛争事例を通じて

❶ 出題の趣旨

第16章では借家契約（借地借家法第3章参照）をめぐる紛争を取り上げる。借地契約については、借地上の建物の保護という問題があったが、借家契約をめぐる紛争の場合には、建物の賃貸借の賃借人（以下「借家人」という。）の居住ないし営業の利益と建物の所有者・賃貸人等の利益との調整が中心的な課題となる。

後述する**【例題】**は、ビルの所有者である賃貸人が、雨漏りを迅速に修繕しなかったことを発端として、営業目的で借り受けたテナント＝借家人が賃料の支払いを拒絶し、これを契機に、賃貸人が契約を解除し借家人に賃借物の明渡しを請求した事件である。賃貸借期間中に契約当事者に債務不履行が発生した事例を通じて、2017年（平成29）民法改正および借地借家法が、賃貸借契約の当事者の法律関係をどのように規律しようとしているかを考えてみよう。

ところで、2017年民法改正では、賃借物の修繕に関する規定、賃貸借期間中の賃料額の調整に関する規定について、これまで不動産賃貸借について形成されてきた判例法理を参考に、明文規定が置かれることになった。

すでに売買契約のところで学んだように（☞**第13章❷2.**）、remedy 構成によれば、契約の当事者の一方に債務不履行がある場合に、他方の当事者を救済する手段として、履行請求権（412条の2第1項参照）・損害賠償（415条）・契約の解除（540〜543条）を用意しており、契約類型ごとに合意内容を基準に、どのように救済すべきかを検討することになる。

判例・通説は、改正前までは、債務者の故意・過失または信義則上これと同

視すべき事由があること、つまり、債務不履行をした債務者を非難できることを前提に、損害賠償請求権および契約解除権の発生の有無とその要件について議論してきた。

　しかし、2017年民法改正では、契約の当事者の一方に債務不履行があれば、契約の拘束力に違反していることから、他方の当事者に損害賠償を求めることを一応は認めた上で、債務不履行が契約および取引上の社会通念に照らして債務者の責めに帰することのできない事由によるものでない場合に限って、債務者の免責を認めている（415条1項ただし書）。

　一方、契約の解除については、契約の当事者の一方に債務不履行がある場合に、契約の拘束力から契約当事者を解放し契約関係を清算させるための制度として位置づけ、債務者の責めに帰すべき事由によるものであることを要件としないことにした。また、解除権の発生要件については、催告によって履行がなお期待できるかという観点から、催告による解除（541条）と催告によらない解除（542条）に分けて定めた。債務不履行の態様を履行遅滞・履行不能・不完全履行に類型化し、解除権の発生要件を別々に議論してきた改正前の判例・通説とは大きな違いがあることになる。

　後述する【例題】では、賃料債務の不履行を原因として、賃貸人が催告解除と無催告解除の両方を主張して賃借物であるテナントビルの一部の明渡しを求めている。賃貸借契約における典型的な債務不履行事案の検討を通じて、2017年民法改正による契約解除制度の仕組みを明らかにするとともに、不動産賃貸借契約の解除について、これまで判例法理として解除権の発生を規律してきた「信頼関係破壊の法理」が、改正民法での契約解除制度の下で、どのように機能することになるかを検討する。

　加えて、【例題】では、賃貸借契約成立後、借家人が賃借物に費用を投下して設備などを設置しており、賃貸借契約の終了によって借家人が負担する原状回復義務（621条）および収去義務（622条、599条）と、付合（242条）および費用償還請求権（608条）との関係についても整理し、2017年民法改正が賃貸借契約の終了をめぐる法律関係全体をどのように規律しようとしているのかについて併せて検討する。

XはYにどのような請求権があると主張するか

以下の【例題】は、後述する訴訟で、XおよびYが主張した事実および証拠
等によって認定された事実を整理したものである。

【例題】

　1．貸しビル業を個人で営んでいるXは、N駅近くに所有する土地に地
上5階建ての甲ビルを建築し、賃貸することを計画した。Xは、建設業者
K会社（以下、K）に甲ビルの建設を請け負わせ、当初の計画どおり、
2020年7月1日には甲ビルが竣工した。2020年8月31日には、Xに甲ビル
の引渡しがなされ、2020年9月5日には、甲ビルについてX名義で所有権
保存登記をした。

　2．Xは、2020年6月頃から甲ビルのテナントを募集したところ、中華
料理のレストランチェーンを経営しているY会社（以下、Y）が、N駅周
辺にテイクアウトとデリバリー部門を併設したレストランの出店を考えて
いたようで、甲ビルの1階（以下、甲ビル1Fという）の借受けを打診して
きた。

　そこで、XはYと交渉のうえ、2020年10月1日に、①レストランとして
使用することを目的して甲ビル1FをYに貸すこと、②期間4年、賃料月
額40万円（毎月末日に翌月分を支払う）とすること、③敷金200万円とす
ること、④Yが賃料を2か月滞納したときには、Xは無催告で契約を解除で
きること、⑤契約が終了した際には、Yが甲ビル1Fを原状に回復したう
えで返還すること、以上の内容で賃貸借契約を締結し、賃貸借契約書を作
成した（☞本章末尾**【関連資料】**事業用建物賃貸借契約書）。

　敷金200万円については、2020年10月2日に、XのM銀行の口座に振込
みがなされ、2020年10月3日に、Yの担当者に甲ビル1Fの内部を点検し
てもらい、甲ビル1Fの鍵を渡した。

　3．コンクリートがむき出しの状態で甲ビル1Fを借り受けたYは、内

装工事を行い、設備備品を設置し、2020年11月3日に営業を開始した。主な設備等の費用380万円の内訳は、排気用ダクト20万円（取外し不可能）、厨房設備（取外し可能）100万円、エアコン設備（取外し可能）100万円、壁・天井のペンキ塗装60万円、入口自動ドア80万円、個室の小上がり用の畳20万円である。

　4．ところが、2022年9月10日頃から長雨が続いたことによって同年9月29日に甲ビル1Fで大規模な雨漏りが発生し、店内で調理・飲食ができない状態になった。そこで、Yは、Xに早急に修繕するよう求めたが、Xは、Kの施工不良によって生じたものであるとして、とにかくKに修繕させるとの回答をしただけであった。しかし、Kは、2022年10月20日に事実上倒産し、雨漏りは修繕されないままであった。

　Xの対応があまりに不誠実だったので、Yは、「早急に雨漏りの補修工事を実施してほしい。修繕をしない限り賃料の支払いをしない」とXに申し入れ、2022年10月分以降の賃料の振込みをしなかった。

　5．一方、Yは、Xと交渉しても埒が明かないので、2022年11月10日に、自らTに180万円を支払い、雨漏りの原因の1つと疑われる外壁の施工不良について応急の修繕工事をしてもらった。この結果、同年12月1日以降は甲ビル1Fの総面積の85%につき利用ができるようになり、テイクアウトとデリバリーによる営業と閉鎖してきた店内飲食の営業の一部を再開した。

　6．Xは再三、賃料の支払いを催促したが、2023年1月31日に、YはXに「雨漏りの応急工事をしたのは自分であり、この修繕費180万円と賃料を相殺する」とする内容証明郵便を送ったほか、「雨漏りによって収益が減少した。Xが迅速に修繕を行ってくれないからだ」「誠意をみせてほしい」などと言って賃料の支払いを拒絶した。

　7．2023年3月になって、Yは、それまで空室だった甲ビルの3階部分と4階部分を、金融業者GがXから賃料月額25万円で同年4月1日より借り受けたことを知った。また、近所の不動産屋の情報から、甲ビルがある周辺地域の貸店舗のテナント料、地価や土地・建物の固定資産額などを考慮すると、甲ビル1Fの賃料は月額30万円程度ではないかと考えた。賃料

が高いと感じたＹは、同年３月31日に、Ｘに対して「甲ビル1F の適正賃料は月額30万円程度であり、甲ビル1F の一部が利用できないから、修理がされない間は月額25万円に減額されてしかるべきだ」と申し入れ、４月分の賃料として25万円を支払うと伝えた。これに対し、Ｘからは、賃料の減額には応じられないと回答があった。そこで、ＹはＸに25万円の受領を催告しても、結局、Ｘは受領を拒絶するだろうと考え、４月分以降の賃料について毎月月末に翌月分の賃料としてＹが適正と考える月額30万円の賃料を供託した。

　8．一方、Ｘは、2023年９月30日に「Ｙは2022年10月分以降１年にわたり賃料を滞納しているから無催告特約条項に基づき直ちに解除する。これが認められないとしても、未払い賃料480万円（2022年10月分から2023年９月分まで）を2023年10月15日までに支払わないときには契約を解除する」とする内容証明郵便をＹに送付し、同年10月１日には、Ｙの本店に上記の内容証明郵便が届いた。

　これに対して、Ｙは、「甲ビル1F で十分にレストランの営業ができない状態であるのに、Ｘは賃料の支払いを請求するだけであり、今回の事態の責任はＸにある。修繕工事が完了するまで賃料の支払いを拒絶する。どうしても甲ビル1F の明渡しを求めるのであれば、開業にあたり設備備品を設置した費用380万円を支払ってほしい」とＸに返答した。

　そこで、Ｘは、2023年11月１日に、Ｙに対して、未払賃料480万円の支払いと甲ビル1F の明渡しを求めて訴えを提起した。なお、甲ビル1F の家賃の減額請求についての民事調停は不調となり、裁判所は、Ｙの主張どおり2023年４月以降の甲ビル1F の適正賃料を月額30万円と判断する旨の裁判をした。

1. 賃料の支払いを求める請求の訴訟物と請求原因

　XはYに対して、甲ビル1Fを目的物とする賃貸借契約に基づき、1年分の未払賃料の支払いを求める権利があるとして、その支払いを求めている。**第15章**で論じたように（☞**第15章❸1.**）、上記請求の訴訟物は、賃貸借契約に基づく賃料不払い（履行遅滞）を原因とする（各期の）賃料支払請求権（支分権としての賃料債権に基づく履行請求権）であり、未払賃料につき賃料支払請求権の発生を基礎づけるためには、①賃貸借契約が成立したこと、②①に基づき目的物を引き渡したこと、（①と②で基本権としての賃料債権の発生）③賃料の支払時期の合意があること、④各期の支払時期が到来したこと（①～④で支分権との賃料債権の発生）、これに加えて、remedy構成をとれば、⑤④にもかかわらず各期の賃料の支払いがないこと（各期の支払期日が経過したこと）を要することになる。

　したがって、**【例題】**では、請求原因事実として、Xは、（ア）2020年10月1日、XはYに対して、レストランとして使用することを目的として、甲ビル1Fを賃料月額40万円、期間4年、期間が終了した時点で賃借物を返還することを約して賃貸したこと、また、（イ）2020年10月3日に、（ア）に基づいてYに甲ビル1Fを引き渡したこと、（ウ）毎月末日に翌月分の賃料を支払う旨の合意があること、（エ）2022年10月分から2023年9月分までの賃料について各月の弁済期が到来したこと、以上の事実を主張すれば、1年分の未払賃料480万円について支分権としての賃料債権が発生したといえ、（オ）（エ）にかかわらず、各期の賃料の支払いがないこと（各期の弁済期が経過したこと）を主張すれば、480万円の賃料支払請求権の発生を基礎づけることができる。

2. 甲ビル1F の明渡しを求める請求の訴訟物

甲ビル1F の明渡請求の訴訟物については、請求権競合を認める判例・通説によれば、Xが甲ビルの所有者であることに基づいて請求する構成も、XがYとの間で締結した賃貸借契約に基づいて賃貸人として賃借物の明渡しを請求する構成も可能である。

【例題】では、Yは甲ビル1F を占有しており、Xが所有権に基づく請求をする場合、Yからは占有権原の抗弁としてXとの間に賃貸借契約があることが主張され、これに対してXは賃貸借契約が解除されたことを理由に賃貸借の終了を再抗弁として主張することになる。したがって、甲ビル1F の明渡しを求める請求権を物権的請求権として構成するか、債権的請求権として構成するかで、XとYとの攻防にそれほど違いがあるわけではない。もっとも、Xは未払い賃料と甲ビル1F の明渡しを併せて請求しており、いずれの請求も賃貸借契約の成立を前提にするから、後者の構成のほうが簡便である。

ところで、賃貸借契約の終了原因には、契約の解除以外にも、期間満了、解約の申入れ、合意解除などがある。しかし、賃貸借契約に基づいて発生する賃借物返還義務は実体法上1個である。601条は、終了時に賃借物を返還することを賃借人の義務の1つとして規定しており、賃貸借の終了原因の区別を考慮していないからである。各終了原因は賃借物の返還義務の発生を基礎づけるための理由に過ぎない。したがって、終了原因の発生要件が異なっても、賃貸借契約の終了に基づき目的物の返還がないことを原因として1個の賃借物返還請求権が発生するにすぎず、訴訟物も1個となる。

以上の理解を前提にすると、remedy 構成によれば、賃貸借契約に基づく明渡請求の訴訟物は、「賃貸借契約終了に基づく目的物の返還がないこと（履行遅滞）を原因とする賃借物返還請求権としての甲ビル1Fの明渡請求権」となる。上記賃借物返還請求権は目的物の返還がない場合に発生する履行請求権であるから、この請求権の発生を基礎づけるためには、①賃貸借契約の成立、②①に基づく目的物の引渡しに加えて、③賃貸借終了原因の各要件を充足すること、さらに、④賃借物の返還がないことが必要となる（☞**第15章【図表１】**）。

【例題】では、③の賃貸借終了原因として、賃料不払いを理由として債務不履行による契約解除が主張されている。Xは、無催告特約条項または催告解除の要件を充足したことにより解除権が発生したと主張している。無催告解除（542条）と催告解除（541条）では解除権の発生要件を異にするため解除原因は2つあることになるが、いずれかが認められれば契約解除権が発生することになるから、2つの解除原因は選択的な主張となる。また、解除権は形成権であるから、いずれの場合にも解除の効果を発生させるためには解除の意思表示が必要になる（540条1項）。

❸　賃料の支払いを求める請求をめぐる攻防

1.│Yからの反論①──賃料債務の消滅の抗弁等

【例題】では、X・Y間に甲ビル1Fの賃貸借契約が締結されたこと、賃貸借契約に基づいて甲ビル1Fの引渡しが行われていることについては争いがない。しかし、①賃借物件の一部利用不能を原因とする賃料の減額（611条）、②借地借家法32条に基づく賃料減額請求権の行使および弁済供託（494条1項）により賃料債務は消滅したとする反論が考えられるほか、③必要費償還請求権（608条1項）を自働債権とする相殺（505条）によって賃料債務が消滅したとする反論がYから主張されている。

(a)　賃借物の利用不能に基づく賃料減額等（611条）

賃借物が全部滅失、その他使用収益が不能となった場合には、賃貸借契約が当然終了することになる（616条の2、最判昭和32・12・3民集11巻13号2018頁）。また、賃借人の責めに帰することができない事由によって賃借物の使用収益ができなくなった場合にも、賃借物の一部が滅失した場合に限らず、使用収益できなくなった限度で賃料が減額され（大判大正4・12・11民録21輯2058頁、最判昭和36・7・21民集15巻7号1952頁）、残存する部分で使用収益の目的を達することができない場合には契約の解除ができる（611条）。

2017年民法改正で明文化された上記の規定は、賃貸人には、賃借人に賃借物

を使用収益させる義務があり、この義務の履行の対価として賃借人は賃料債務を負担することを理由としている（筒井健夫＝村松秀樹編著『一問一答民法（債権関係）改正』〔商事法務、2018年〕322頁）。2017年民法改正では、双務契約から生じた債務の一方が不能になると、これと牽連関係がある他方の債務も当然に消滅するという考え方（双務契約における債務間の存続上の牽連性に基づく危険負担のルール）は採用されないことになった。つまり、債権者は不能となった債務については履行を請求できないとするにとどめ（412条の2第1項）、他方で自ら負担する債務（反対給付）についても履行を拒絶でき（536条1項）、両債務自体は当然に消滅しないこととなる。したがって、賃料の一部減額や賃貸借契約自体の終了を規定する616条の2および611条には、賃借物を使用収益させる対価として賃料債務の支払いが認められていることを理由に、賃貸借契約について特別な規定が置かれていることに注意することが必要である（森田宏樹『債権法改正を深める』〔有斐閣、2013年〕107頁は、これを「継続的債権関係としての対価構造の特殊性」と呼んでいる。）。

　また、2017年民法改正前611条の見出しは、賃借物の一部滅失による賃料の「減額請求等」とされていたことから、賃料減額を形成権と構成して減額の意思表示を要すると解する見解と、賃借物を利用できない限度で当然に減額されるものと解する見解が対立していた。2017年民法改正では、賃借物を使用および収益できない部分に応じて当然に賃料債務の減額を認めていることから、611条の賃料減額請求権は形成権ではなく、賃借人による減額の意思表示を要しないものとされた（見出しも、賃借物の一部滅失等による賃料の「減額等」と改められた。）。

　【例題】においては、Yは、2022年9月29日〜11月30日の間、甲ビル1Fを全く使用収益することができなかったと主張しているから、この期間については全額の賃料について、また、同年12月分以降は応急工事にもかかわらず甲ビル1Fの15％については利用不能状態であったことから、賃料月額40万円の15％に相当する月額6万円につき減額されたと反論することができる。

(b)　借地借家法32条に基づく賃料減額請求権

　以上に加えて、Yは、甲ビルの周辺地域の貸店舗のテナント料、地価や土

地・建物の固定資産税額などを考慮すると30万円が適正賃料であると主張しており、2023年3月31日に、4月分以降の賃料について借地借家法32条1項に基づいて減額請求権を行使し、適正賃料相当額として毎月30万円を弁済供託している。Yはこの結果、2023年4〜9月分の180万円の賃料債務はすでに消滅していると主張している。

借地借家法は、土地・建物に対する公租公課などの負担の増減、土地・建物の価格などの経済的事情の変動、または近傍同種の建物の賃料と比較して不相当となったときには、建物の賃貸借契約の当事者は、賃料の増減額を請求できると規定している（借地借家32条1項）。611条とは異なり、借地借家法の増減額請求権は形成権であり、増減額を請求する者の意思表示が必要になる。借地借家法の増減額請求権は、賃貸借契約が継続的契約であり、当事者間で合意した賃料について、合意後の経済変動などを考慮して契約の拘束力を一部否定して相当な賃料への改定を認める権利であり、いわゆる事情変更の原則に基づく制度であるからである。

【例題】では、2023年3月31日に、YはXに対して、甲ビル1Fの同年4月分からの賃料につき減額請求の意思表示をしたが、Xは減額に応じず協議が整わなかった。このような場合、借地借家法32条3項は、裁判で適正賃料が確定するまでは、建物の借賃の減額の請求を受けた者＝賃貸人は相当な額の支払いを求めることができると規定し、借家人がその相当額の賃料を支払わなければ債務不履行となる。

賃貸人が借地の賃料の増額請求をした事案であるが、判例（最判平成5・2・18判タ816号189頁、最判平成8・7・12民集50巻7号1876頁）は、賃借人が主観的に相当と認める金額を供託した場合に、これを原則として肯定した上で、相当性の判断要素として、従前の賃料を下回らねばよいと判示し、傍論で、賃借人が公租公課の額を知りながら、これを下回る金額を支払いまたは供託した場合には、その額が賃料として相当と認められない場合があると判示している。

【例題】は、家賃の減額請求のケースであるが、上記判決の相当性の判断基準を参照すれば、Yは主観的に相当と認める金額を供託すればよいことになるが、従前の賃料が相当性の判断要素となるから、甲ビル1Fの15％が利用できないことを考慮すると、従前の賃料月額40万円から15％分を差し引いた34万円

を上限として相当性を判断することになる。Yが供託した月額30万円の賃料は近傍の賃料と比較して不当に安いわけではないから、相当額といえそうである。

　しかし、30万円が相当額の賃料であるとしても、Xは賃料の受領を拒絶しているわけではなく、適正賃料の額を争っているに過ぎない。Yが減額請求権を行使した時点で、Xは賃貸借契約について解除の意思表示をして賃借物の明渡しを求めて賃料の受領を拒絶しているわけでもない。別段の定めがない限り、賃料債務は持参債務であり（484条1項。商法502条1号、516条に注意）、Yは相当な額の賃料支払いについてXの現在の営業所（営業所がない場合にあってはXの住所）において現実の提供をする必要がある（493条本文）。Yは弁済の提供をせずに供託しており、2023年4〜9月分の賃料債務180万円が弁済供託（494条1項1号）により消滅しているとする反論は失当と解される。

(c)　修繕義務と必要費の償還請求権を自働債権とする相殺

　ところで、賃借物が損壊し使用収益に支障が生じた場合、修繕義務の履行が賃貸借契約および取引上の社会通念に照らし不能である場合（412条の2第1項）を除き、賃借人が契約の目的に従って賃借物を使用収益できるように、賃貸人には必要な修繕をする義務がある（606条1項）。賃貸人の賃借物を使用収益させる義務は、賃貸借期間中も存続しているから、修繕義務は、使用収益させる義務から派生する義務である。また、2017年民法改正では、賃借物の修繕が必要である場合において、賃借人が賃貸人に修繕の必要を通知し、もしくはその旨を賃貸人が知ったにもかかわらず相当の期間内に修繕をしないとき、または急迫の事情があるときには、賃借人にも修繕する権限を認めている（607条の2）。修繕が賃借物の維持・保存に必要である場合に、賃借人は自ら修繕して賃貸借期間中に費用の償還請求権を行使することができるが（608条1項）、客観的にみれば賃借人の修繕行為は、他人の財産に干渉し処分する行為に該当することになる。そこで、2017年民法改正では、上記の要件に該当する場合に、賃借人に修繕をする権限があるとして賃借人の行為の正当性を認めている。

　【例題】では、Xに雨漏りの修繕義務があるが、雨漏りの応急工事は607条の2に該当することから、Yが自ら行った修繕は、Yの権限に基づく行為であり適法である。雨漏りの修繕は、賃借物の維持・保存に必要なものであるから、

そのためにYが支出した費用は必要費に該当する。したがって、Yは、Xに対して、Yが負担した雨漏りの修繕費180万円の償還を請求することができる（608条1項）。賃貸借契約継続中でも、費用を出捐した時点で直ちに必要費の支払いを求めることができるから、必要費の償還を求める権利の弁済期は到来し、相殺適状が発生している（必要費償還請求権の期間制限については622条が準用する600条1項に注意すること）。Yは、上記の必要費償還請求権を自働債権として、残賃料債権と相殺することによって、180万円の限度で賃料債務が消滅したと主張することができる。相殺の効果を主張するには、相殺の意思表示が必要であるが（506条1項）、【例題】では、2023年1月末にXに送付した内容証明郵便により、上記の意思表示をしている。

　もっとも、上記(a)(c)の主張が認められたとしても、Yにはなお136万円の未払賃料債務（2022年12月分〜2023年3月分）があることになり、上記主張のみでは、賃料債務全額の消滅を主張することができないことになる。そのため、Yからの反論①は、Xの主張を全部排斥可能な全部抗弁ではなく、その一部を排斥するにとどまる一部抗弁と位置づけられることとなる（相殺の抗弁との関係における審理判断の順序については、☞後述 Link Ⅱ−7）。

Deep Learning Ⅱ-12
修繕の必要が賃借人の責めに帰すべき事由によって発生した場合と賃貸人の修繕義務（千葉）

　2017年民法改正では、修繕の必要が賃借人の責めに帰すべき事由によって発生した場合に、賃貸人が修繕義務を負わないとする規定が新設されている。学説上は、これまで、上記の場合にも賃貸人の修繕義務を認めた上で、賃貸人から賃借人に対する損害賠償請求権との相殺を認める見解（我妻栄『債権各論 中巻1（民法講義V2)』〔岩波書店、1957年〕444頁など）が通説であった。本文で述べたように、修繕義務は賃借物を使用収益させる義務から派生する義務であり、賃借人の帰責性の有無にかかわらず、履行請求ができると解されてきたからである。しかし、上記の見解に対しては、賃借人に修繕請求を認めることは不当であるとして賃貸人の修繕義務を否定する見解（星野英一『借地・借家法』〔有斐閣、1969年〕621頁など）が有力に主張されていた。改正法は、有力説を支持し賃貸人の修繕義務の発生が障害さ

れる場合を認めた（606条1項ただし書）。このような場合には、賃借人は、賃借物の使用収益ができなくとも賃料が減額されないこと（611条1項の反対解釈）、賃貸借契約が終了した場合にも賃借人は原状回復義務を負っていること（621条）から、これらの規定と平仄をあわせ、賃貸人と賃借人との間の公平を図るために、2017年民法改正では606条1項ただし書を置いた。

　なお、理論的には、賃貸借契約における契約不適合による追完（修補）請求権に対応する権利として賃借人の修繕請求権を捉え、562条2項に準じて、これと同様の趣旨の規定をおいたと説明する見解がある（潮見佳男ほか編著『詳解 改正民法』〔商事法務、2018年〕470頁［吉政知広］）。しかし、本文で述べたように、賃貸借契約では賃貸借期間中、賃貸人には賃借物を使用収益させる債務があり、賃借人の修繕請求権は、賃貸人が上記義務を履行しない場合に賃借人に認められた履行請求権の1つである。賃借物の引渡後、賃貸人は使用収益させる債務を履行したとする期待を持つべき関係にはないから、賃借人の修繕請求権を追完請求権に対応する権利と考えるべきではないであろう。（☞第15章【図表1】）。　　　　　　　　　　　　　●

2. Yからの反論②
──修繕義務の先履行による履行拒絶権の抗弁

　賃貸借の期間中も賃貸借の目的に応じて賃借人が賃借物を使用収益できる状況にすることが賃貸人には求められており、修繕義務と賃料債務との間にも同時履行の関係が認められている（533条）。加えて、【例題】では、各期の賃料債務の前払いが約定されている。修繕義務が尽くされ賃借物を使用収益できることを前提に、各期の賃料債務の前払いをする関係にあることから、修繕義務は前払賃料債務に対して先履行の関係にあると解する余地がある。

　そこで、賃料債務について不履行があったとしても、Xが修繕義務を果たしていないことを理由に、YはXからの賃料請求に対して履行拒絶権があると反論することはできないだろうか。この点、判例は、修繕がされないことによって使用収益が著しく困難になったときには、賃料の全額の支払いを拒むことができると解している（最判昭和43・11・21民集22巻12号2741頁）。

　修繕義務は使用収益させる義務から派生する義務であることから、雨漏りの原因がKの施工不良によるものであったとしても（履行補助者の過失については、

☞**第14章❸2.**）、XはYに修繕義務を負っている。本件賃貸借の目的はレストラン営業であり、2022年10〜11月の間は雨漏りのためにレストラン営業ができなかったのであるから、Yの使用収益に著しい支障が生じている。しかし、Yによる雨漏りの応急修繕工事によって同年12月以降は営業を再開しており、なお使用できない甲ビル1Fの15％相当部分につきXの修繕義務の履行を促すために、賃料債務全部の拒絶を認めることができるかどうかについては議論が分かれることになろう。

　なお、賃料債務全額について履行拒絶権が認められる場合であっても、主たる請求である賃料支払請求については甲ビル1Fの雨漏りの修繕工事をしたときは未払賃料を支払えという判決をすることになる。附帯請求である賃料債務の不履行を原因とする損害賠償請求権（415条）については、上記反論が認められると、先履行の抗弁権が存在していることから、Yの債務不履行責任は発生しないことになる。したがって、附帯請求については請求棄却になる。

❹　甲ビル1F の明渡しを求める請求をめぐる攻防

1. 請求原因①──賃貸借契約の終了（催告解除）

(a)　請求原因と請求原因事実

　賃料不払いは、賃借人の債務不履行の典型であるが、賃貸借契約は継続的契約であり、解除の効果は将来に向かってしか発生しない。改正後も、改正前と同様、債務不履行を原因として賃貸借契約が解除される場合にも、解除権の発生要件を一般的に規定する541条本文や542条を適用した上で、解除の効果については620条および賃貸借の終了時における賃借人の原状回復義務を規定する621条によることになる。

　2017年民法改正では、客観的にみて債務の履行がなければ契約違反であり、債務の履行がないことについて債務者の責めに帰すべき事由があることは解除権の発生要件とはならない（このことは、415条1項本文とただし書という規定の構造から明らかである。）。また、履行が可能であることも解除権の発生要件とはならない。前述したように、改正法は、債務の履行ができるのに履行しない

契約の当事者を非難する制度としてではなく、債務の履行をしてもらえなかった債権者を契約の拘束力から解放することによって債権者が反対給付を免れる制度として、契約の解除制度を理解しているからである（詳しくは、潮見佳男『新債権総論Ⅰ』〔信山社、2017年〕557頁）。543条が、債務不履行が債権者の責めに帰すべき事由によって発生している場合に、解除をすることができないと規定しているのも、そのような債権者を契約の拘束力から解放すべきではないからである。

　賃貸人が、541条本文に基づいて賃貸借契約終了（催告解除）に基づき賃借物返還請求権があると主張するためには、❷2. で述べたように、①賃貸借契約が成立していること、②①に基づいて賃借物の引渡しが行われたことに加えて、終了原因として、③債務不履行を原因とする催告解除によって解除権が発生したこと（541条本文）、および、解除の意思表示をしたこと（540条）、remedy 構成によれば、さらに④賃借物の返還がないことを主張する必要がある。

　催告解除によって解除権が発生したというためには、（ア）当事者の一方がその債務を履行しないこと、（イ）債権者が債務の履行を求める旨の催告をしたこと、（ウ）催告後相当の期間が経過したこと、以上の要件を充足する必要があり、解除の効果を主張する者がこれらの要件について主張・立証責任を負担することになる。（イ）（ウ）について、条文の文言と異なり、相当の期間を定めて催告したことを解除権の発生要件としていないのは、何度催告しても相当の期間を定めて催告していないことを理由に解除権の発生を争う者を排除するためである。弁済期が到来していても催告をした上でなければ解除権が発生しないとするのは、債務の履行を促し契約の目的を達成するためであるから、催告後相当な期間が経過していれば、履行の機会を債務者に保障するのに十分であるからである（最判昭和29・12・21民集8巻12号2211頁など。通説）。

　【例題】では、「未払賃料480万円（2022年10月分〜2023年9月分）を2023年10月15日まで支払わないときには、契約を解除する」とする内容証明郵便をYに送付し、同年10月1日には、Yの本店に上記の内容証明郵便が届いている。

　したがって、Xが541条本文に基づいて解除権の発生を主張するためには、（ア）2022年10月分から2023年9月分までの賃料について各月の弁済期が経過したこと、（イ）2023年10月1日配達の内容証明郵便によってXはYに未払賃

料480万の支払いを催告したこと、（ウ）（イ）の催告から相当の期間が経過したこと、以上の事実を主張すればよいことになる。

　また、解除の意思表示について、【例題】では、「2023年10月15日まで支払わないときには、契約を解除する」として停止条件付解除の意思表示が行われている。「2023年10月15日までに支払わないこと」を停止条件として解除の意思表示をしたとすると、Yが10月15日までに延滞賃料債務を弁済していないことをXが主張・立証しなければ、解除の意思表示があったとはいえないことになる。そこで、判例・実務（司法研修所編『4訂紛争類型別の要件事実——民事訴訟における攻撃防御の構造』〔法曹会、2023年〕21頁など）は、上記の解除の意思表示を「催告と同時に、催告期間である2023年10月15日を支払期限とし、この期限が経過したら解除の意思表示をする」と合理的に解釈して、「催告期間である2023年10月15日が経過した」と主張すれば、解除の意思表示があったことになるものと解している。

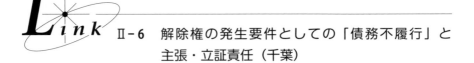

Link　Ⅱ-6　解除権の発生要件としての「債務不履行」と　　主張・立証責任（千葉）

　解除権の発生要件である「当事者の一方がその債務を履行しないこと」について、判例・実務では、上述したように、解除権の発生を基礎づけるために「履行期が経過したこと」を主張・立証すれば足り、「履行期に履行がないこと」まで主張する必要はないと解している（司法研修所編・前掲書12頁など）。これに対して、学説上は、「履行期に履行がない」点については債権者に主張責任があり、この点の立証責任については債務者が負担すると解すべきであるとする有力な見解（前田達明・中野貞一郎・松本博之など）がある。

　上記の見解の対立は、「債務不履行があった」という要件について、主張・立証責任の配分基準が対立しているというよりは、主張責任と立証責任を分離して捉えるべきかどうかという点にある。

　主張・立証責任の配分基準が常に一致すべきであるとする見解に立てば、解除権の発生要件についても、「債務の履行がない」ということは「弁済がない」というこ

とであり、弁済については債権の消滅の効果を主張する債務者の側に立証責任があること、また、「履行がない」という消極的事実の証明は困難であることから、主張責任についても立証責任と同様に、「履行期が経過したこと」を主張すれば足り、履行期に履行したことについては債務者の側に主張・立証責任があるものと解することになる。

これに対して、主張責任と立証責任の配分の基準が一致しない場合があることを認める見解に立てば、債務不履行を原因として解除権が発生すると主張する側に、履行期に履行がないことについての主張責任があり、債権者の側が「履行がない」という証明をすることは難しいから立証責任の公平な分配という観点から、「不履行」についての立証責任は債務者の側が負担すると解することになろう。

このように、不履行の主張・立証責任は、しばしば立証の難易等が根拠とされるが、**第13章 Link Ⅱ−1**で言及されているように、414条1項1号本文と492条を整合的に解釈するとなら、履行の有無が問題となる債務の内容と付遅滞時期（412条）は債権者が主張・立証責任を負い、不履行責任を阻却すべき弁済の提供については債務者に主張・立証責任を負うと解すれば足りるものと思われる。　　　　　　　　◆

(b) 請求原因①に対するＹからの反論
──軽微性の抗弁か背信性不存在の抗弁か

541条ただし書は、債務不履行が契約および取引上の社会通念に照らして軽微である場合には、解除権が発生しないと規定している。しかし、❸で検討したように、未払賃料債務の一部が消滅しているとしても、Ｙにはなお136万円の債務不履行がある。減額請求権行使後の適正賃料額が月額30万円であるとすると、上記の金額は、4か月半に相当する額であり、軽微な債務不履行とはいえない。

第15章で検討した第三者への賃借権の無断譲渡のケースにおいて、判例は、賃貸人に対する背信行為と認めるに足りない特段の事情があるときは、賃貸人は、信義則上、612条2項に基づく解除権の発生を主張できないとして解除権の発生を制限的に解釈してきた。判例・通説は、賃借人に債務不履行があって解除権が発生する場合にも、債務不履行行為に背信性がない特段の事情がある場合には、信義則上、541条に基づく解除権の発生が制限されると解して、信頼関係破壊の法理の適用場面を拡張してきた（最判昭和39・7・28民集18巻6号

1220頁）。

　学説の中には、改正法の下では、上記の背信性が存在しない場合を541条ただし書の「債務不履行が軽微である」とする要件の中で検討すべきであるとする見解もある（中田裕康『契約法』〔有斐閣、2017年〕427頁など）。しかし、本来、軽微性の要件は、賃料の不払いが１度だけであるような場合や少額が不足する弁済の場合、付随的な債務の不履行の場合（最判昭和36・11・21民集15巻10号2507頁）に、債務不履行がある点から直ちに契約解除権の発生を認めないために使われてきた。債務不履行があっても契約の目的を達成できないとまでは言えず、無催告解除は認められないが、不履行が軽微とはいえない段階があり、その際に、催告によって履行の機会を与えてもなお債務が履行されないときに、解除を認めるべき場合があることは、541条の改正過程でも意識されていた（潮見・前掲書559頁、中田・前掲書204頁、松岡久和ほか編『改正債権法コンメンタール』〔法律文化社、2020年〕643、649頁〔渡辺達徳〕など）。このような場合に催告解除が認められるかどうかは、当該契約および取引上の社会通念に照らして判断するほかない。不動産の賃貸借契約の場合には、これまで物的な信頼関係と人的な信頼関係の変化によって賃貸人が被る損失を総合的に評価して、債務不履行に背信性があると評価できない場合に解除権の発生を認めないと判断してきたのであり、これを上記の「軽微性」の要件の中に押し込めることは難しいように思われる（同旨、山野目章夫『民法概論４　債権各論』〔有斐閣、2020年〕198頁）。

　このように解すると、賃貸借契約の場合には、債務不履行を原因とする解除の場合にも、前回検討した賃借権の無断譲渡を原因とする解除の場合と同様、債務不履行があったとしても、債務不履行につき背信性がないといえる特段の事由がある場合には、541条本文の解除権の発生が信義則上制限されると解すべきである。賃料の支払いの状況と賃貸目的物の使用収益の状況などに着目して背信性がないかどうかを判断すべきことになる。信義則によって解除権を制限することになるから、改正法の下でも、賃借人の債務不履行には背信性がないと評価できる特段の事情についての主張・立証責任は、解除権の発生が制限されると主張する賃借人の側が負担すべきものと解される。

　【例題】では、建物の賃貸借契約であり、確かにＹは、2022年10月分から賃

料債務を弁済していないが、雨漏りが発生するまではＹには賃料債務の不履行がなかったこと、賃料を支払わなくなったのは、修繕してほしいとＸに再三交渉をしたのに、Ｘがこれに対して適切な対応を取らず、賃貸人側の非協力的行為があったためであること、Ｙは自ら修繕してまで賃貸借を継続したいという強い意思があること、Ｙは賃料の減額請求をした2023年4月分以降について月額30万円を供託しており、30万円が4月以降の適正賃料であることからすれば、今後賃料債務の不履行が継続するおそれが大きいとはいえないことが挙げられる。

　他方で、Ｘとしては、背信性不存在の評価障害事実として、前述したように、不払賃料額が現時点での適正賃料と比較してもかなりの金額であること、雨漏りの応急工事後営業を再開した2022年12月分以降、現在に至るまでＹは賃料を支払っていないことを主張することになろうか。

2. 請求原因②――賃貸借契約の終了（無催告解除）

(a) 請求原因と請求原因事実

　本件契約書には、Ｙが賃料を2か月滞納したときには、Ｘは無催告で契約を解除できるとする、いわゆる無催告解除特約条項がある。この条項自体は有効である（最判昭和40・7・2民集19巻5号1153頁）。

　しかしながら、判例（最判昭和43・11・21民集22巻12号2741頁）は、改正前も、無催告解除条項に基づいて契約を解除するためには、「契約を解除するにあたり無催告でも不合理とはいえない事情がある場合」に限定して無催告解除を認めてきた。判例上、「信頼関係破壊の法理」が機能する具体的な場面の1つとされ、賃借人が信頼関係を破壊したと評価できる事情がなければ、無催告解除はできないと解されてきた。

　542条1項は、無催告解除が認める場合を1号から4号まで例示するとともに、一般条項として、5号で、債権者が541条本文の催告をしても契約をした目的を達するに足りる履行がなされる見込みがないことが明らかであることを要件として、無催告で解除権が発生するものと規定している。

　無催告解除が認められる場合に機能する信頼関係破壊の法理は、賃貸借期間

中に、賃借人が賃貸人との間の信頼関係を裏切って契約関係の継続を著しく困難とさせる事情がある場合に、催告を要せずに契約解除を認める考え方である。したがって、542条1項5号の「契約をした目的を達するのに足りる履行がされる見込みがないこと」という要件の中で、上記の判例法理の考え方を踏襲して解釈することができるように思われる。改正法の下では、542条1項5号に基づいて、債務者に背信性があり、その程度が催告をしても契約目的を達成するに足る履行の見込みがないものと評価できる程度であるかどうかを検討すればよいものと解される（山野目・前掲書198頁は、541条だけでなく、542条の解釈にあたっても、信頼関係破壊の法理を同条1項5号の解釈に吸収することに反対し、賃貸借契約における債務不履行解除については信頼関係の破壊がある場合に解除できると解すべきであるとする）。

　改正法では、無催告解除の場合、「催告をしても契約をした目的を達するのに足りる履行がされる見込みがないことが明らかであるとき」に当たることという要件が、解除権を発生させる積極要件となっているから、この点についての主張・立証責任は、解除を主張する債権者の側にあることになる。したがって、無催告解除の場合に、信頼関係が破壊されていることについて賃貸人の側に主張・立証責任を負わせてきた判例法理は、改正後も踏襲されることになる。

　【例題】では、請求原因事実として、X・Y間で2か月以上賃料を遅滞した場合には無催告で解除できるという条項が約定されていること、Yが2か月以上賃料を遅滞していることに加え、信頼関係破壊の評価根拠事実として、Xは、Yが営業再開後も各期の債務の弁済期が経過しているにもかかわらず一度も賃料を支払わなかったことを主張し、Yに催告をしても契約をした目的を達するのに足りる履行がされる見込みがないこと、および、解除の意思表示をしたこと（◆1. (a)参照）を主張することになろう。

(b)　請求原因②に対するYからの反論
──信頼関係の破壊（背信性存在）の評価障害事実

　上記の主張に対して、Yは、信頼関係の破壊の評価障害事実を主張して、催告をしても契約目的を達成するのに足りる履行の見込みがないものと評価できる程度の背信性がないと反論することになる。具体的には、請求原因①に対す

るＹからの反論①（背信性不存在の評価根拠事実。◆1.(b)参照）と同様の事実が
主張されることになろう。

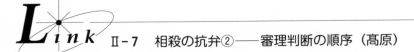

Ⅱ-7　相殺の抗弁②——審理判断の順序（髙原）

　一般に、相殺の抗弁は、他の抗弁の主張が全て排斥された後に最後に審理判断す
べきものとされる。その理由は、「主文に包含するもの」に当たらない判決理由中の
判断については既判力が及ばないから、どの抗弁を先に取り上げても支障がないが、
相殺の抗弁の自働債権の存否につき判断した内容には既判力が生じる（民訴114条2
項）からであるとされる。

　この理由は、**第13章 Link Ⅱ-2** で触れたように、相殺の受働債権の存否と自働債
権の存否とは生活関係上別個の紛争であるケースでは一定の説得力を有するもので
ある。もっとも、**本章**の事案のように、同一の賃貸借関係から受働債権や自働債権
が発生する場合にも当然に当てはまるのであろうか。

　相殺の抗弁の審理判断の順序に関する民事訴訟の原則論は、飽くまで抗弁提出者
の不利益を考慮したものである。**本章**の【例題】において、Ｙが応訴する最大の目
標は、甲ビル1F の明渡しを免れることにある。そのためには、相殺の抗弁によるも
のを含め、解除時における未払賃料債務額をできる限り少額に認定される必要があ
ることは、いうまでもない。少なくとも【例題】におけるＹの背信性なしの抗弁と
の関係では、他の賃料消滅・減額事由と一体をなすものとして審理判断されること
がＹの通常の期待と合致する（これを「合体抗弁」と称することがある）。裁判所と
しては、Ｙの甲ビル1F の明渡義務の存在を論理的前提とする留置権の抗弁（☞**3.**）
について審理判断する前に、相殺の抗弁を内包した背信性なしの抗弁に対する審理
判断をすべきものと考える。　　　　　　　　　　　　　　　　　　　　　　◆

3. 請求原因①②に共通するYの反論──留置権に基づく履行拒絶権の抗弁（295条）

　賃借物を改良しその価値を増加させることによって出捐される費用、すなわち、有益費の償還請求権は、賃貸借終了時点で発生する賃借物から生じる債権である。賃借人は、有益費の償還請求権（608条2項）を被担保債権として留置権（295条）があることを主張し、賃借物の引渡しを拒絶することができるとすれば、有効な反論となる。

　もっとも、上記の反論は、賃貸借契約の解除が認められて賃貸借契約が終了することを前提とした主張である。【例題】では、Yは賃貸借契約が継続されることを望んでいるから、上記反論は予備的抗弁となる。また、留置権は法定担保物権であるが、同時履行の抗弁権と同様、権利者の積極的な権利主張が必要である（権利抗弁。最判昭和27・11・27民集6巻10号1062頁）。

　留置権の抗弁が認められると、remedy構成によれば、「YはXに対し、○○○円の支払いを受けたときは、甲ビル1Fを明け渡せ。Xのその余の請求を棄却する」という条件付の将来給付判決（一部認容判決）をすることとなろう。賃貸物返還請求権が発生するには、賃借物の返還義務の履行がないことが必要となるからである。これに対して伝統的構成を前提にすれば、留置権の抗弁が認められると、Yは賃借物の返還を一時的に拒絶できることになるが、裁判所は、請求棄却とするのではなく、「Yは、Xに対し、○○○円の支払いを受けるのと引換えに、甲ビル1Fを明け渡せ。Xのその余の請求を棄却する」という引換給付判決（一部認容判決）をすることになる（最判昭和33・3・13民集12巻3号524頁は、上記の例と同趣旨の引換給付判決（一部認容判決）をした原判決を正当として是認している。）。

　営業の目的で建物を賃貸している場合、借家人が内装を変更し営業用の備品を設置することは、借家人の権原に基づいて認められるのが通常である。したがって、強い付合が認められる場合を除き、借家人が付属させた物は、建物所有権に吸収されず、付属させた物の所有権は借家人に帰属することになる（242条ただし書）。

　賃貸借契約に基づく賃借物の引渡し後に賃借人が賃借物に物を付属させた場

合、賃借人はその付属させた物を賃貸借契約の終了時に収去する義務があり（622条による599条１項本文の準用）、収去によって賃貸物に損傷が生じた場合には、賃借人に原状回復義務が発生することになる（621条）。【例題】では、賃貸借契約終了時に、Ｙが甲ビル1Fを原状に回復した上でＸに返還することが約定されている。そうすると、Ｙは付属させた設備等を全て収去して甲ビル1Fを原状に復した上でＸに返還すべきであり、Ｙはそもそも有益費の償還をＸに請求することはできないのだろうか。

【例題】では、Ｙは様々な設備を設置し内装を行っており、甲ビル1Fから分離しにくいものと分離できるものがある。

2017年民法改正では、賃借人に付属させた物の「収去権」を認める一方で、賃貸借契約が終了したときには、契約に基づく義務として賃借人には「収去義務」があるとしている（622条による599条２項および１項の準用）。ただし、分離が不可能か分離に過分の費用がかかる場合には、収去義務の履行は不能であり、賃借人に収去義務がないとする規定が置かれている（599条１項ただし書）。この規定は、412条の２第１項を基礎に明文化されたものである（筒井ほか・前掲書307頁）。

【例題】では、ＹはＸから、新しく竣工した甲ビル1F部分を、レストラン開業を目的として借り受けていることから、Ｙには、賃貸借契約に基づいて設備等を付属させる権限が認められているものと解される。したがって、Ｙが付属させた物は、242条ただし書によって甲ビルには付合せず、Ｙに付属させた物の所有権が帰属することになり、Ｙにはこれらの設備の収去権がある。一方、契約の終了による収去義務については、これらの設備を収去することが物理的に不能である場合に初めて、Ｙには収去義務がないものと解される。【例題】では、主な設備のうち、排気用ダクトがこれに当たるものと解される。

壁・天井のペンキについては甲ビルの構成部分となっているから（強い付合）、242条ただし書が適用される余地はなく、Ｘの建物所有権の一部でありＹにはそもそも収去権はない。もっとも、付合によりこれらの動産が建物に付合して貸主の所有に属する場合にも、借家人の収去義務は賃貸借契約上の義務であるから、貸主の所有権内容を構成する点から直ちに借主の収去義務が否定されるわけではない（筒井ほか・前掲書308頁）。しかし、分離に過分の費用がかかる

こと、つまり、経済的な不能の場合には、収去義務はないものと解される。

　賃借人が付属させた物のうち、賃借人に収去義務がない設備等については、もっぱら有益費償還請求権の有無を判断すべきことになる。もっとも、賃貸人に利得を押し付けることはできないから、有益費となるかどうかは、その物の通常の使用状況との関係で、付属させた物によって賃借物の客観的価値が増加していると評価できる場合に限られる。

　【例題】では、壁・天井のペンキの収去に可分の費用がかかるような場合には、Ｙに収去義務がない場合があるかもしれないが、経年劣化によって賃借物の客観的価値が増加しているとはいえない場合が多いことから、有益費の償還請求権は認めらないことが多いものと解される。

　一方、個室小上がりの畳と取り外しが可能な厨房設備・エアコン設備・入口自動ドアについては、建物に付合していないＹの所有物であり、Ｙには収去権があり、また、借家人として収去義務があるものと解される。もっとも、このような物も、建物の使用に客観的便益を与えている場合には造作となる（最判昭和29・3・11民集8巻3号672頁）。借地借家法33条は、この種の物件について、借家人に造作買取請求権を認めている。借家人が建物からこれらの動産を収去しても、他の建物には適合的ではないものであることが多く、造作の価値が著しく減少することから、借家人に造作買取請求権を認めて保護している（ただし、借地借家法37条で強行規定となっていない）。

　【例題】では、個室小上がりの畳や取り外しが可能な厨房設備は、Ｙが中華レストランの営業のために特に付加した設備であり、甲ビル1Fの造作には該当せず、Ｙが収去義務を負っている。一方、エアコン設備・入口自動ドアは、造作に該当するものと解されるが、判例によれば、建物買取請求権と同様（☞**第13章❹3.**）、債務不履行解除により賃貸借契約が終了したときは、造作買取請求権を行使できないものと解される。したがって、Ｙはエアコン設備・入口自動ドアについても収去義務を負うものと解される。ただし、エアコン設備・入口自動ドアが付属していることが、客観的にみて甲ビル1Fの価値の増加につながるといえる場合には、造作買取請求権を行使できないとしても、借家人はエアコン設備・入口自動ドアの所有権を放棄して（つまり、建物と別個独立の所有権の対象とならないものとして）、有益費の償還請求権を行使できると

解する余地があるように思われる。

　以上の検討からすると、Yは、入口自動ドア・エアコン設備の設置費用については有益費償還請求権を行使できる可能性があり、これを被担保債権として留置権を主張し、賃借物の引渡しを拒絶することができるものと解される。もっとも、留置権の行使によって賃借物の使用価値を収受することまで認められるわけではないから、Yが従前の利用を続ける限り、賃料相当額の支払いを免れることができるわけではない。賃料相当額を有益費償還請求権に充当すべきものと解される（297条）。

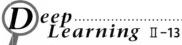

Deep Learning Ⅱ-13
賃貸借契約終了時における原状回復請求権と主張・立証責任 （千葉）

　2017年民法改正では、621条に契約終了を原因とする賃借人の原状回復義務の範囲について明文の規定が置かれた。賃借人が賃借物の引渡しを受けた後に賃借物に損傷が発生した場合、賃貸借期間の終了時点で、賃借人にはその損傷を原状に復すべき義務があるが、①賃借物の通常損耗や経年劣化が損傷に含まれないこと、また、②賃借人の責めに帰することができない事由によって損傷が発生した場合には、損傷を原状に復すべき必要がないことが明文化された。①は賃借物の通常損耗や経年劣化を見込んで賃料額が決定されていることを理由とする。②は、賃借人の責めに帰することができない事由による賃借物損傷の発生のリスクは、これを保険などによって予め回避可能な賃借物の所有者＝賃貸人に負担させておくことが合理的であると考えているからである。

　賃借人が賃借物を受け取った後に損傷が発生したことについては、原状回復請求権を主張する賃貸人が、主張・立証責任を負担することになる。通常損耗や経年劣化による損傷は、原状回復を要する損傷の範囲に含まれないから、原状回復を賃借人に請求するためには、賃借人が賃借物を受け取った後に損傷が発生したことに加えて、賃貸人は、賃借人負担とする特約があること、賃借人がその内容を認識していることをあわせて主張・立証することが必要になる（最判平成17・12・16判時1921号61頁参照）。一方、損傷の発生があっても、賃借人の責めに帰することができない事由によることを賃借人が主張・立証できれば、原状回復義務の発生が妨げられることになる。　●

Professional View Ⅱ-7

スケルトンと居抜き（川上）

　不動産関連紛争を取り扱う際に、「スケルトン」という言葉に接することがある。スケルトン（skelton）は「骸骨」のことであるが、不動産関連用語としては、建造物を支える骨組み、柱、梁、床などの構造躯体のことをいう。この構造躯体の状態、すなわちスケルトンの状態で賃貸借の目的物とすること、またはこのような賃貸形態を「スケルトン」、「スケルトン貸し」と呼んでいる。スケルトンの場合、借り受けた賃借人が、間取り・内装・設備などのインフィル（構造物以外のもの）を自由に仕上げることができるので、賃貸オフィスなどの商業施設物件に多い賃貸方式である。内装を施工した状態で引渡してしまうと、借家人が間取りや内装を変えたい場合、賃貸人の承諾を得る必要があり（承諾料を請求される場合もある）、改装の際に大量の廃棄物が出ることになるが、その廃棄物の削減ができるという利点がある。他方で、スケルトン貸しの場合、スケルトン返しとなっているのが通例であり、賃貸借の終了時の原状回復義務の範囲がインフィルを撤去した状態までとなる。そのため、施工方法や範囲に注意しないと想定外の多額の原状回復費用が発生し大きなトラブルとなる。実務的には、スケルトンの場合、原状回復義務の範囲を確認し、取り外しが著しく困難なインフィルの施工や什器備品の設置は行わないのが一般的である。

　また、不動産関連紛争では、「居抜き」という言葉に接することも多い。居抜きとは、旧借家人が施工、設置した内装、設備や什器備品、家具などがそのまま残されたままの状態で、新借家人に賃貸されることという。主に飲食店、旅館、店舗や工場などの営業用物件で多く見られる。新旧の借家人が同種の営業を行う場合、設備や内装をそのまま利用することで初期投資を抑えて、早期に営業が開始できるという利点がある（ラーメン店の後にラーメン店が入る、美容院の後に美容院が入る、歯科医院の後に歯科医院が入るなどはよく目にすることと思う）。居抜きの場合、建物に付合していない内装や什器備品は、旧借家人の所有物なので、旧借家人が明け渡す際に、賃貸人が原状回復義務を免除することを条件に、賃貸人に無償譲渡して、それを賃貸人が新借家人に建物と共に賃貸することになる。したがって、建物と設備の賃料が加算されて賃料が決められるのが一般である。初期投資を自己負担し固定費となる賃料を抑えるか、割高でも初期投資を抑え早期開業するかの経営判断となる。　■

118

●重要判例●

・最判昭和39・7・28民集18巻6号1220頁（借家につき賃料不払いがある場合に信頼関係の破壊の法理に基づいて解除ができないとしたケース）

・最判昭和27・4・25民集6巻4号451頁（借家人の用法遵守義務・善管注意義務の違反の程度が著しい場合に無催告解除を信頼関係の破壊の法理に基づいて認めたケース）

●演習問題●

【設問1】

　remedy 構成により履行請求権を債務不履行がある場合の救済手段の一つと理解する場合、XがYに対して各期の賃料の支払いを求める請求の訴訟物および請求原因を説明しなさい。また、上記の理解による場合、【例題】の下における請求原因事実は何か、具体的に明らかにしなさい。

【設問2】

　伝統的構成により履行請求権は債権の一権能であるとする場合（☞**第13章❷**）、XがYに対して各期の賃料の支払いを求める請求の訴訟物および請求原因を説明しなさい。また、上記の理解による場合、【例題】の下における請求原因事実は何か、具体的に明らかにしなさい。

【設問3】

　Yとしては甲ビル1階からの立ち退きを回避したい。Xからの甲ビル1階の明渡しを求める訴訟において、どのような反論を展開すればよいか説明しなさい。

【設問4】

　【例題】**事実8**の下線部のYの主張は、Xからの甲ビル1階の明渡請求に対する反論となるか。反論になるとすれば、なぜ反論となるか、説明しなさい。

【設問5】

　審理の結果、背信性なしの主張には理由がないが、留置権の主張には理

由があるという心証に至った場合、裁判所は、賃貸借終了に基づくＸの甲ビル１階の明渡しを求める請求に対し、どのような内容の本案判決をするか。

【関連資料】事業用建物賃貸借契約書

事業用賃貸借契約書（店舗）

　貸主X（以下「甲」という。）と借主Y（以下「乙」という。）は、この契約書により下記に表示する不動産に関する賃貸借契約を締結した。

記

（1）目的物件の表示

　　　建物　　名称　　　　○○○　1階

　　　所在地　（住居表示）　○○県N市○○町○番○号

　　　　　　　（登記簿）　　○○県N市○○町△番△号

　　　　　　構造　　　　　鉄骨鉄筋コンクリート造5階建

　　　　　　面積　　　　　○○.○m²

（2）事業内容　飲食店

（3）契約期間　2020年10月1日　から　2024年9月30日　まで（4年間）

　　　目的物件の引渡し時期　　2020年10月1日

（4）賃料等　賃料　　　　　　月額44万円（内消費税等4万円）

　　　管理・共益費　　　　　　月額5万5000円（内消費税等5000円）

　　　敷金　　　　　　　　　　200万円（賃料5ヶ月）

　　　賃料等の支払時期　　　　翌月分を毎月末日まで

　　　賃料等の支払方法　　　　振込

（5）その他の条件

　　　貸与する鍵　　　　No.1234567

　　　本　数　　　　　　5本

　本契約の締結を証するため、本契約書を2通作成し、貸主、借主が記名押印の上、各自1通を保有する。

2020年10月1日

　　　　　甲・貸主　　　　　　X　　　　　印

乙・借主　　　　　Y　　　印

契 約 条 項

第1条（契約の締結）

　貸主（以下「甲」という。）及び借主（以下「乙」という。）は、頭書（1）に記載する目的物件（以下「本物件」という。）について、頭書（2）の営業に供することを目的とする賃貸借契約（以下「本契約」という。）を以下のとおり締結した。

第2条（契約期間）

　契約期間及び本物件の引渡し時期は、頭書（3）記載のとおりとする。

2　甲及び乙は、協議の上、本契約を更新することができる。

第3条（賃料）

　乙は、頭書（4）の記載に従い、賃料を甲に支払わなければならない。

2　甲及び乙は、次の各号の一に該当する場合には協議の上、賃料を改定することができる。

　（1）土地又は建物に対する租税その他の負担の増減により、賃料が不相当となった場合

　（2）土地又は建物の価格の上昇又は低下その他の経済事情の変動により、賃料が不相当となった場合

　（3）近傍類似の建物の賃料の変動が生じ、賃料が不相当となった場合

3　1ヶ月に満たない期間の賃料は、1ヶ月を30日として日割り計算した額とする

第4条（共益費）

　乙は、本物件が存する建物・敷地の共用部分の維持管理に必要な光熱費、上下水道使用料、清掃費等（以下「維持管理費」という。）に充て

るため、共益費を頭書（4）の記載に従い甲に支払うものとする。

2　甲及び乙は、維持管理費の増減により共益費が不相当となったとき
は、協議の上、共益費を改定することができる。

3　1ヶ月に満たない期間の共益費は、1ヶ月を30日として日割り計算
した額とする。

第5条（負担の帰属）

甲は、本物件に係る公租公課を負担するものとする。

2　乙は、電気・ガス・水道・その他専用設備に係る使用料金を負担す
るものとする。

3　乙は、頭書（2）記載の営業目的に従い使用することにより、法令
上設備新設、改善等が必要となる場合には、これに要する費用を負担
するものとする。

第6条（敷金）

乙は、本契約から生じる債務の担保として、頭書（4）に記載する敷
金を甲に預け入れるものとする。

2　乙は、本物件を明け渡すまでの間、敷金をもって賃料、共益費その
他の債務と相殺をすることができない。

3　甲は、本物件の明渡しがあったときは、遅滞なく、賃料の滞納その
他の本契約から生じる乙の債務の不履行が存在する場合には当該債務
の額を差し引いたその残額を、無利息で、乙に返還しなければならな
い。

4　前項の規定により乙の債務額を差し引くときは、甲は、敷金の返還
とあわせて債務の額の内訳を明示しなければならない。

第7条（禁止又は制限される行為）

乙は、甲の書面による承諾を得ることなく、本物件の全部又は一部につ
き、賃借権を譲渡し、又は担保の用に供してはならない。

2　乙は、甲の書面による承諾を得ることなく、本物件の増築、改築、

移転、改造若しくは模様替又は本物件の敷地内における工作物の設置を行ってはならない。

3　乙は、甲の書面による承諾を得ることなく、頭書（2）の事業内容を変更してはならない。

4　前三項の場合で甲の承諾を得るときは、乙は、賃料の2ヶ月分に相当する承諾料を支払うものとする。

5　乙は、本物件の全部又は一部につき、転貸に供してはならない。

6　乙は敷金又は保証金の返還請求権を第三者に譲渡し、又はこれを担保の用に供してはならない。

7　乙は、本物件の使用に当たり、次の各号に掲げる行為を行ってはならない。

（1）銃砲、刀剣類又は爆発性、発火性を有する危険な物品等を製造又は保管すること

（2）大型の金庫、書庫その他の重量の大きな物品等を搬入し又は備え付けること

（3）騒音等の迷惑行為を行うこと

8　乙は、本物件又は建物の共用部分の使用に当たり、甲の書面による承諾を得ることなく、次の各号に掲げる行為を行ってはならない。

（1）階段・廊下等共用部分への物品の設置

（2）階段・廊下等共用部分への看板・ポスター等の広告物の掲示

第8条（乙の管理義務）

乙は、本物件を善良なる管理者の注意をもって使用する義務を負う。

2　乙は、特に本物件の火災発生防止に留意するものとする。

3　契約締結と同時に甲は、乙に対し入居に必要な本物件の鍵を貸与する。乙は、これらの鍵を善良なる管理者の注意をもって保管かつ使用しなければならない。万一紛失又は破損したときは、乙は、直ちに甲に連絡のうえ、甲が新たに設置した鍵の交付を受けるものとする。ただし、新たな鍵の設置費用は乙の負担とする。

4　乙は、鍵の追加設置、交換、複製を甲の承諾なく行ってはならない。

第9条（現状の変更）

　　乙が、本物件を頭書（2）の事業内容に従い使用する上で必要な模様替え、付属施設の設置等をする場合には、あらかじめ甲の承諾を得た上で甲の指示に従い施工するものとし、その費用は乙が負担するものとする。

　2　前項の工事により法令による設備の新規改善の必要が生じた場合、その費用は乙が負担するものとする。

第10条（契約期間中の修繕）

　　甲は、第3項の場合を除き、乙が本物件を使用するために必要な修繕を行わなければならない。ただし、乙の故意又は過失により必要となった修繕に要する費用は、乙が負担しなければならない。

　2　前項の規定に基づき甲が修繕を行う場合は、甲は、あらかじめその旨を乙に通知しなければならない。この場合において、乙は、正当な理由がある場合を除き、当該修繕の実施を拒否することができない。

　3　乙は、次の各号に掲げる修繕を行わなければならない。

　（1）電球、蛍光灯、ヒューズの取替え

　（2）その他費用が軽微な修繕

　4　本物件内に破損箇所が生じたとき、乙は、甲に速やかに届け出て確認を得るものとし、その届出が遅れて甲に損害が生じたときは、乙はこれを賠償する。

第11条（契約の解除）

　　甲は、乙が次の各号に該当した場合において、甲は催告をすることなく、本契約を解除することができる。

　（1）乙が賃料又は共益費の支払いを2ヶ月以上怠ったとき

　（2）乙の故意又は過失により必要となった修繕に要する費用の負担を怠ったとき

第12条（乙からの解約）

乙は、甲に対して３ヶ月前に解約の申入れを行うことにより、本契約を終了することができる。

2　前項の規定にかかわらず、乙は解約申入れの日から３ヶ月分の賃料（本契約の解約後の賃料相当額を含む。）を甲に支払うことにより、解約申入れの日から起算して３ヶ月を経過する日までの間、随時に本契約を終了することができる。

第13条（明渡し及び明渡時の修繕）

乙は、明渡し日を10日前までに甲に通知の上、本契約が終了する日までに本物件を明け渡さなければならない。

2　乙は、第11条の規定に基づき本契約が解除された場合にあっては、直ちに本物件を明け渡さなければならない。

3　乙は、明渡しの際、貸与を受けた本物件の鍵（複製した鍵があれば複製全部を含む。）を甲に返還しなければならない。

4　本契約終了時に本物件内に残置された乙の所有物があり、本物件を維持管理するために緊急やむを得ない事情があるときは、乙がその時点でこれを放棄したものとみなし、甲はこれを必要な範囲で任意に処分し、その処分に要した費用を乙に請求することができる。

5　本物件の明渡し時において、乙は、本物件内に乙が設置した造作・設備等を撤去し、本物件の変更箇所及び本物件に生じた汚損、損傷箇所をすべて修復して、本物件を引渡し当初の原状に復せしめなければならない。

6　乙が明渡しを遅延したときは、乙は、甲に対して、賃貸借契約が解除された日又は消滅した日の翌日から明渡し完了の日までの間の賃料の倍額に相当する損害金を支払わなければならない。

第14条（立入り）

甲は、本物件の防火、本物件の構造の保全その他の本物件の管理上特に必要があるときは、あらかじめ乙の承諾を得て、本物件に立ち入ることができる。

第15条（延滞損害金）

　乙は、本契約より生じる金銭債務の支払いを遅滞したときは、年（365日当たり）14.6％の割合による延滞損害金を支払うものとする。

第16条（契約の消滅）

　本契約は、天災、地変、火災その他甲乙双方の責めに帰さない事由により、本物件が滅失した場合、当然に消滅する。

第17条（協議）

　甲及び乙は、本契約書に定めがない事項及び本契約書の条項の解釈について疑義が生じた場合は、民法その他の法令及び慣行に従い、誠意をもって協議し、解決するものとする。

第18条（合意管轄裁判所）

　本契約に起因する紛争に関し、訴訟を提起する必要が生じたときは、本物件の所在地を管轄する地方裁判所又は簡易裁判所を第1審の専属的な合意管轄裁判所とする。

以上

第17章　賃貸借契約について学ぶ［応用編］

──適法転貸後に賃貸物の所有者が変更した事例を通じて

 ## 出題の趣旨

　第17章では、賃貸建物が賃貸人の承諾を得て適法に転貸された後に、賃借人＝転貸人の賃料不払いを契機に、賃貸人が建物の明渡しを求めた紛争事例を取り上げる。このような紛争で、賃借人だけでなく転借人がどのような反論を展開できるのかを検討する。併せて、転貸人から転借人に対する賃料請求を通じて、上記の紛争が生じている場合に、転貸借契約関係にどのような影響があるのかについても学ぶことにする。

　後述する【例題】では、賃借人・転借人に建物の明渡しを求めたのが、当初の賃貸人ではなく、適法転貸後に建物所有権者となった者である点に特徴がある。具体的には、建物を購入した買主が、その建物を賃貸し転貸を承諾した後に、建物の残売買代金債務の不履行を理由に、売主から建物等の売買契約を解除され、これによって、売主＝元の所有者が建物の所有権者となっている。このような応用的な事例を通じて、不動産賃借権の対抗力（605条・借地借家10条、同31条）、および、賃貸不動産の所有権の移転と賃貸人の地位の移転との関係（605条の２、605条の３）についても考えてみたい。

　なお、賃貸人の地位の移転に関しては、2017年（平成29）民法改正で以下の条文が新設されている。

　賃貸不動産が譲渡された場合、不動産所有権の移転に伴って、不動産の譲渡人と譲受人との合意のみで賃貸人の地位が移転することが明文で規定された（605条の３前段）。不動産の賃貸借の場合、賃貸人の地位の移転については賃借人の地位の移転（賃借権の譲渡）の場合とは異なり、契約の相手方、つまり賃

借人の承諾が不要である。不動産の所有者であれば誰でも賃貸物を使用収益さ
せる義務を履行することができること、また、譲受人に賃貸人の地位を承継さ
せたほうが賃借人にとっても不利益ではないことから、契約上の地位の移転に
関する一般的な規律（539条の2）とは異なり、賃借人の承諾を不要としている
（最判昭和46・4・23民集25巻3号388頁）。したがって、605条の3前段は、539
条の2の特則となる。

　さらに、不動産賃借権について対抗要件が具備されている場合（605条、借地
借家10条・同31条など）、賃貸不動産の譲受人は、賃借人による使用収益を拒絶
できないから、不動産の譲渡人と譲受人との間の不動産所有権を移転させる原
因行為があれば、賃貸人の地位を移転するという合意を別途する必要はなく、
賃貸不動産の所有権が移転すると、当然に賃貸人の地位が移転することになる
（605条の2第1項。最判昭和39・8・28民集18巻7号1354頁等）。したがって、賃
貸人の地位の移転との関係では、605条の2第1項は、不動産の譲渡人と譲受
人との合意を要しないとする点で、605条の3前段の特則となる。

　賃貸人の地位が移転すると、賃貸不動産の譲渡人は賃貸借契約から離脱する
ことになり、賃貸不動産の譲受人のみが賃貸人となるが（大判大正10・5・30
民録27輯1013頁）、この効果を賃借人に対して主張するためには、賃借権に対抗
力があるかどうかにかかわらず、譲受人は、当該賃貸不動産について所有権移
転の登記をしなければならない（605条の2第3項、605条の3後段。最判昭和
49・3・19民集28巻2号325頁）。

　なお、2017年民法改正では、以下の①・②の要件を充足する場合、不動産賃
借権に対抗力がある場合であっても、賃貸不動産の所有権移転によって、賃貸
人の地位が譲受人に当然承継されるとする効果を排除できるとしている。①不
動産の譲渡人と譲受人との間で賃貸人の地位を譲渡人に留保する合意がある場
合であって、かつ、②当該不動産を譲受人から譲渡人へ賃貸する合意がある場
合である（605条の2第2項前段）。すなわち、賃貸人の地位を譲渡人に留保す
る合意に加えて、譲受人を原賃貸人、譲渡人を原賃借人、賃借人を転借人とす
るのと類似した法律関係が発生する場合に限って、605条の2第2項前段で、
同条1項の効果について例外を認めるものとしたことになる。このように、賃
貸人の地位の移転を留保することによっても、転貸借関係が生じることになる

が、605条の２第２項は、債権の流動化・担保化との関係で新設された規定であり、紛争類型を異にすることから、**本章**では取り上げない（☞**応用民法Ⅳ**）。

❷　Xは誰に対していかなる請求権があると主張するか

　以下の【例題】は、XがY・Zを相手に建物の明渡しを求めて訴訟を提起するにあたって、Xから事件を受任した弁護士Lが、関係者からの聴取により、X・Y・Zの言い分をまとめたものである。

【例題】
【Xの言い分】
　１．私は、2021年２月１日に、Aに対し、所有していた築25年になる甲建物（以下、甲）とその敷地を2000万円で売りました。Aが住宅ローンを借り入れる関係で、契約締結時に1600万円、その２か月後である2021年４月１日に400万円を支払うという約定でした。契約締結時にAは私に1600万円を支払い、同年２月１日、Aを名義人とする所有権移転登記がなされ、また、Aに対して甲を引き渡しました。
　２．しかし、Aは、残代金400万円を約定の同年４月１日に支払うことができませんでした。私は、甲とその敷地を取り戻すことを弁護士Lに依頼し、これを受任したLは、私の代理人として、同年６月１日に、Aに対し、残代金の支払いを催告し、その後も残代金の支払いがなかったことから、同年７月１日に、Aとの間の売買契約を解除する旨の意思表示をしました。Aは、ローンの審査基準を満たさず、他からの借入れの目途が立たなかったことから、私から売買契約を解除されたことはやむを得ないと考え、登記に関する必要書類一式をLに交付し、甲とその敷地のA名義の所有権移転登記については前記の売買契約の解除を原因として2021年７月15日付で抹消登記手続が完了しました。
　３．甲にはZが居住しており、Aに問い合わせたところ、AはYに甲を2021年２月に貸し、さらに同年３月には、Zへの転貸を承諾したことがわ

かりました。なお、X・A間の売買契約のトラブルを知ったYは、2021年6月分以降の賃料をAにも私にも支払いませんでした。そこで、Lは、YとZに対し、2021年10月1日に甲の明渡しを求めましたが、YとZがこれに応じなかったことから、同年11月1日に、私は、YとZに対して甲の明渡しを求めて訴えを提起しました。

【Yの言い分】

1．私は家族を残して、転勤先に単身赴任し、賃貸アパートを借りて居住していました。同居していた妻の親が病気になり、1人娘である妻が看病をする必要があったためです。しかし、親の病状が安定してきたので、できれば家族を呼び寄せたいと思い、私は、Aから2021年2月15日に、甲を賃料月額8万円（月末払い）、期間は2年間、敷金20万円で借りることにし、同日、鍵を受け取りました。Aは私の知人で、甲をしばらく賃貸してからリホームして住もうと考えたようです。私は、賃貸借契約を締結する時点で、X・A間の売買代金のうち400万円が未払いであることは知っていましたが、家族で住むのに適当な広さがあり通勤に便利だったのでAから甲を借りることにしました。Aは、賃貸借契約を締結するに当たり、転貸とペットの飼育を禁じる旨を口頭で説明し、賃貸借契約書にもこの点が記載されていました。私は、妻と小学生の子1人を呼び寄せて同居する可能性があることを伝え、Aはこれを了解しました。

2．ところが、甲の近くに住む叔父Zが、私に甲を貸してほしいと言ってきました。Zは一戸建ての新居を建設予定だったのですが、地震の影響で、購入した土地ののり面が崩れ、土地自体の改良工事を行うことが必要となり、大幅に新居の建設が遅れることになったこと、現在住んでいる賃貸住宅はすでに解約の申入れを行っており、次の賃借人もすでに決まっていることから、新居の建設が完了するまでの期間、甲を貸してほしいとのことでした。

私は、当初は、自分自身が甲で生活したいことと、Aが転貸を嫌がっていたことから、Zの申出を拒みましたが、Zから執拗に求められ、結局、これに応じることにし、自分は従前の賃貸アパートに住み続けることとしました。ただし、私から申出があった場合に、Zが適当な物件を探すこと

でＺは了解してくれました。

　３．以上のような経緯で、私は、Ａから甲の引渡しを受けた３週間後に、ＡにＺの事情を説明し、甲をＺに貸すことの了承を求めたところ、ＡはＺの事情を了解してＺへの転貸について承諾してくれました。そこで、私は、2021年３月13日に、Ｚとの間で賃料月額８万円（月末払い）、賃貸期間は２年間、敷金を20万円とする契約を締結しました。同月14日に、私は、建物の引渡しを行った際に、Ｚから敷金20万円を受け取り、Ｚは妻と子２人（子はいずれも小学生）とともに甲での生活を始めました。

　４．同年５月末に、Ａから、Ｘとの間で甲などの残売買代金の支払いを巡ってトラブルが生じていることを聞かされました。このため、６月分以降の家賃の支払いを見合わせていたところ、同年７月に入って、突然Ｘの代理人Ｌが、Ａ・Ｘ間の売買契約は７月１日に解除されており、甲建物の所有者はＸであるとして、７月分以降の家賃をＸに支払うようにと言ってきました。私は、Ａ・Ｘ間の売買契約が本当に解除されているのか、甲の所有者がＡではなくＸであるのかわからなかったので、Ａにこの間の経緯を尋ねようと思っていたところ、2021年10月１日にはＬが甲の明渡しを求めてきました。あまりに一方的な話しであり、Ｚのこともあるので、明渡しを拒否しました。

【Ｚの言い分】

　１．私が甲をＹから借りた経緯と、Ｙとの間の賃貸借契約の内容は、Ｙの主張どおりです。なお、私は、甲をＹから借り受ける際に、Ａが甲等の購入代金のうち400万円をまだＸに支払っていない事実は知りませんでした。

　２．Ｌから甲の明渡しを求められた2021年10月１日まで、私はＡ・Ｘ間で残売買代金の支払いを巡ってトラブルが生じていることも、Ｙが６月分以降の家賃を支払っていなかったことも知りませんでした。私は、Ｘから甲の明渡しを求められたことから、2021年10月分以降の賃料についてはＹに支払いませんでした。

　Xは、YおよびZに対して甲の明渡しを求めている。X・Y間およびX・Z間には、直接の契約関係はないから、所有権に基づいて甲の明渡しを求める権利があるとして請求するのが、まずはオーソドックスな訴訟物の選択であろう。

　もっとも、Yが甲をAから借り受けて甲の引渡しを受けた後に、XはA・X間の売買契約の解除を原因として再び甲の所有者となっている。これに伴って、Xは賃貸人の地位を承継し（605条の2第1項）、甲の賃貸人としてYに賃料を請求し、Yの賃料債務の不履行を原因として賃貸借契約を解除してYに対して甲の明渡しを求めることもできそうである。一方、Zは、A・X間の売買契約が解除される前に、適法転借人となっており、Xは、適法転借人Zがいる賃貸借契約について、Aから賃貸人の地位を承継したことになる。そうすると、Xは、X・Y間の賃貸借契約終了（契約の解除）に基づき、転借人Zに対して、直接、賃貸目的物の明渡しを求める請求をすることもできそうである（613条1項）。

　甲の明渡しを求めるために、どのような訴訟物を選択するのは、Xの判断に任されていることから、以下では、YおよびZにして、甲の明渡請求を所有権に基づく返還を求める権利として構成する場合（❷）と、X・Y間の賃貸借終了に基づく613条1項1号本文による目的物返還を求める権利として債権的に構成する場合（❸）について、それぞれ、甲の明渡請求権が発生しているといえるかどうか、当該請求権の有無を巡ってどのような攻防が展開されることになるのかを検討してみよう（☞賃貸借契約における請求権競合について、**第15章 Link Ⅱ-4**）。

❸　所有権があると主張して甲の明渡しを求める構成

　Xが甲の所有者であるとして甲の明渡しを求める場合、現実に甲を占有しているのはZであるから、まずはZに対する請求を検討し、しかる後に、Yに対する請求について考えてみよう。

1.　Zに対する請求

　XからZに対する甲の明渡請求の訴訟物は、所有権に基づく返還請求権としての甲の明渡請求権となる。

　所有権が物に対する全面的排他的な支配権であることを基本とし、その所有権の内容の完全な実現が相手方の占有により妨げられている場合に、所有者は、占有者に対し、所有権の内容の完全な実現を可能にするために、所有権に基づいてその物の返還を請求することができる。しかし相手方が正当な占有権原を有する場合にはその請求ができない。実体法上、所有権に基づく返還請求権の発生要件としては、①その物を所有していること、②相手方がその物を占有していること、③相手方がその物に対する正当な占有権原を有していないことが必要である。上記の実体法上の要件について主張・立証責任の配分を考えると、③は権利の発生について消極的要件を定めていることになるから、上記請求権の発生障害要件となり、③については相手方が主張・立証責任を負担すべきことになる（☞**応用民法Ⅰ第1章 Link Ⅰ-1**）。Xとしては、Zとの関係では、所有権に基づく返還請求権の発生を基礎づけるためには、①自己が甲の所有者であることと、②Zが甲を占有していること、以上の要件に該当する具体的事実を主張すればよいことになる。

(a)　請求原因および請求原因事実

　【例題】では、Zは、Xが現在甲の所有者といえるのかどうかについて争っているが、権利自白が成立するとされるときは、争いのない「もと所有」および「そこからXに至るまでの所有権取得原因事実」を主張・立証すれば足りる

ことになる（☞**応用民法Ⅰ第1章❸(b)**）。**【例題】**では、X・A間の売買契約は解除されており、解除の効果をどのように考えるかによって、争いのない「もと所有」がいつの時点になるかが変わってくる。

　解除の効果を契約の効力の遡及的消滅と解する立場（契約の成立の時点まで遡って契約の効力が消滅するという考え方＝直接効果説）を徹底すれば、X・A間の売買契約が成立した時点までさかのぼって初めからXからAに甲の所有権が移転しなかったと解することもできる。

　【例題】では、ZはYから、YはAから、甲を賃借しているため、賃貸人であるAが甲の所有者であることを前提としなければ、Z自らの占有を正当化できない。したがって、Aの前主であるXが、X・A間で売買契約が締結された当時、甲の所有権者であったことも、Zは争わないだろう。このように考えると、この時点で権利自白が成立することが見込まれ、Xは、X・A間で売買契約が締結された2021年2月1日当時、Xが甲の所有者であったと主張すれば足りることになる（①の見解）。

　一方、解除の効果について直接効果説に立つにしても、解除されるまでは契約は有効である。したがって、契約の拘束力から債権者を解放し既履行の給付について原状回復を求められることを理論的に説明するために遡及効を認めているにすぎないと解することも可能である。このように解すると、解除によってA・X間の契約の効力は初めから生じなかったのではなく、一旦生じた契約の効力が解除によって消滅したにすぎず、争いのない「もと所有」は、X・A間で売買契約の解除の効果が発生した2021年7月1日当時、甲の所有権者がAであったと考える余地もある。このように解する場合、Xが甲の所有権者であることを主張するためには、上記の事実とともに、X・A間で売買契約が締結され、Aの売買代金の不払いを原因として催告解除されたことも、請求原因段階で併せて主張しなければならないことになる（②の見解）。

　しかし、そもそも解除の効力について直接効果説に立つのか間接効果説に立つのか見解の対立がある（間接効果説に立てば、契約解除によって契約の成立の時点から遡及し契約の効力を消滅させる必要はないと解することになるから、解除時にAが甲土地の所有権者であった点について権利自白が成立することが見込まれ、②の見解が支持されることになろう）。

　また、直接効果説を出発点としても、前述したように解除に伴う物権変動をどのように捉えるのかについても争いの余地がある。

　民事訴訟手続において、弁論主義の第2テーゼ（主要事実であって当事者間の争いのないものについては、裁判所は当然に判決の基礎にしなければならないとするルール）との関係で、所有権について権利自白を認めるのは——事実ではなく観念的な「権利」の存否に関する主張の一致が問題となるわけであるが——「所有権」という概念が一般人にも分かりやすい概念であるからである（☞応用民法Ⅰ第1章◆3.）。この点を踏まえると、②の見解は、一般の人に分かりやすいとはいえない。そこで、一般の人に分かりやすい、争いのない「もと所有」の時点として、手続法の観点から①の見解を選択することもできる。①の見解に立っても、Zからは、A・X間で売買契約が締結されたことによってXの所有権が喪失したとする反論がなされる。これに対して、Xからは、X・A間の売買契約の解除が再反論として展開されることになる。したがって、①と②の見解は攻撃防御の位置づけは異なるが、主張・立証責任の配分の点では変わりはなく、原告が、所有権が基づく返還請求権の発生を基礎づけるために、請求原因段階でどこまでの事実を主張・立証をしなければならないかという違いにすぎない。実務的には、請求原因段階でX・A間の売買契約の解除権の発生原因・解除権の行使まで主張するよりは、より単純に請求権の発生が基礎づけられる①の見解に立って主張することが多いものと思われる。

　そこで、以下では、所有権の権利自白については①の見解に従い、Xが現在、所有権者であることを主張するために、X・A間の売買契約が解除されたことまで請求原因段階で主張しなかったものとして論述することにする。

(b)　Zからの反論①
——Xが所有者であることに対する反論（545条1項ただし書）

　①の見解によれば、Zは、X・A間の売買契約の成立によりXは甲の所有権を喪失した（Xは甲の所有者でなくなった）と反論することになる（売買契約に基づく所有権喪失の抗弁）。これに対して、Xからは、X・A間の売買契約を解除したことが主張されることになる（売買契約解除の再抗弁）。所有要件をめぐる攻防に焦点を絞ると、Zの反論の核心は、上記の主張を前提に、Xの現在の

甲所有を否定するために更にどのような反論ができるのかという点にある。

　直接効果説に立つと、Aの残売買代金債務の不履行を原因とするX・A間の売買契約の解除（541条本文）によって、売買契約の効力は生じなかったことになり、甲の所有権者はXであったこととなる。

　第三者の権利が害されるのは、直接効果説（判例・通説）に立つと、解除された契約から生じた法律効果を基礎として解除までに新たな法律関係を独立して取得した場合に限られる。したがって、有効な契約を前提に新たな法律関係を取得したとして保護に値するのは、契約解除前の第三者に限られる。そこで、直接効果説によれば、545条1項ただし書は、契約の解除によって、上記の第三者の権利を害することはできないことを規定していると解している。また、解除による契約の遡及的消滅の効果を第三者に対抗できないとすれば、第三者を保護ためには十分であるはずである。第三者にとっては、契約当事者間で解除によって契約の遡及的消滅の効果が認められたとしても（その結果、当該契約を原因行為として所有権が移転していた場合には、契約の当事間では、所有権が移転しないことになったとしても）、第三者との間では解除された契約が有効であることを前提にしてもよいことになるからである（その結果、当該契約を原因行為として所有権が移転していたことを前提にしてよい）。

　判例は、545条1項ただし書の第三者として保護するためには、第三者が登記を具備する必要があると解している（判例・通説）。契約の解除によって本来保護されるべき債権者を犠牲にして、第三者の保護を図るのであるから、解除権を行使した債権者の利益の実現を阻んでもよいほど保護に値する第三者である必要があるからである。そこで、学説は、この登記は「対抗要件」としての登記ではなく、「権利保護資格要件」としての登記であると解している。このように解すると、賃借権の登記以外のものであっても、借地上の建物につき登記を具備した借地人や建物の引渡を受けた借家人も、保護に値する第三者としての資格があるといえることになる。

　【例題】の場合、Zは自己が545条1項の第三者であるとして、XはZに対して、X・A間の売買契約の解除の効果を対抗できないと主張するであろうが、そのためには、①X・A間の売買契約の解除前にYがAとの間で甲を目的物とする賃貸借契約を締結し、②Yが同賃貸借契約に基づきAから甲の引渡しを受

け、③ZがYとの間で甲を目的物とする転貸借契約を締結し、④Aが③を承諾し、⑤Zが③に基づいてYから甲の引渡しを受けたことを主張することが考えられる。しかし、Zは、Yが賃借権を有することを前提に甲をYから転借した者にすぎず、X・A間の売買契約が有効に成立したことを基礎に賃貸借契約を締結した者ではないことになる。Zは、解除されたA・X間の売買契約に基づいて新たな法律関係を有する者とはいえたとしても、独立した法律関係を有する者とはいえないことになるからである。したがって、上記①〜⑤の事実が全て認められたとしても、Zは545条1項ただし書の第三者とはいえず、この主張は失当であることになる（Yが545条1項ただし書の第三者であるという主張の当否については、☞後述**2. (b)**）。

Deep Learning II-14
間接効果説に基づく545条1項の理解と第三者保護（千葉）

　直接効果説が解除の効果に遡及効を認めるのは、未履行債務の消滅、既履行債務について原状回復請求権を理論的に説明するためにすぎないとして、間接効果説は直接効果説を批判している。すでに解除権者である債権者によってなされた給付について返還を求めるためには、法律上の原因がないことが必要であり、この点を理論的に説明するために、直接効果説は契約が成立した時点まで遡って契約の効力が生じないと解しているに過ぎない（しかも、取消しと解除の違いを説明するために、取消しは遡及的無効であるが、解除は遡及的に契約の効力を消滅させることと定義している）。しかし、545条1項本文は、明文で債務者に原状回復義務があることを規定しているのであるから、解除にわざわざ遡及効を認める必要がないと、間接効果説は主張している。

　間接効果説（四宮和夫・広中俊雄・近江幸治・平野裕之など）に立てば、545条1項ただし書が、第三者の権利を害することができないと規定しているのは、契約の解除によって解除時から契約の効力がなくなったことによって、一旦契約によって移転した所有権が原状回復義務の履行により元の権利者に復帰したとしても、第三者は有効な契約に基づいて所有権を取得したことを主張できることを注意的に定めたものであると解することになる。この結果、間接効果説では、解除権者と第三者との関係は、権利者から物権を取得した者同士の関係になるので、解除の前後を問わず、177条の第三者の関係に立つことになり、解除権者は、対抗要件を具備しない

限り、所有権の復帰を第三者に対抗できないことになる。第三者は、対抗要件の抗弁ないし対抗要件具備による所有権喪失の抗弁を解除権者に対して主張できる関係になる。●

(c)　Zからの反論②（適法転借権に基づく占有権原）とXからの再反論

　Zの転借権はY・Z間の賃貸借契約に基づいて発生しており、A（賃貸人の地位の移転によりX）・Y間の原賃貸借契約と別個の契約である。Xとの関係でZに占有権原があると主張するためには、原賃貸借契約と転貸借契約との関係をどのように捉えるかが問題となる。

　転借権は、転貸人＝原賃貸借契約の賃借人（以下、原賃借人という）が賃借物を使用収益できる権利があることを基礎に、原賃貸借契約における原賃借人の使用収益権原の範囲内で、転借人が原賃借人から独立して賃貸物を使用収益することができる権利である。したがって、転借権に基づいて、転借人が原賃貸人に対して占有権原があると主張するためには、①原賃貸借契約が締結されたこと、②①の契約に基づいて賃借物の引渡しがあったことに加えて、③転貸借契約が締結されたこと、④③の契約に基づいて賃借物の引渡しを受けたこと、⑤原賃貸借契約の賃貸人（以下、原賃貸人という）が転貸について承諾をしたことが必要である（612条1項）。

　ところで、2017年民法改正により新設された605条の2第1項は、605条、借地借家法10条、同法31条その他の法令の規定による賃貸借の対抗要件を備えた場合において、その不動産が譲渡されたときは、その不動産の賃貸人たる地位はその譲受人に移転すると規定する。

　【例題】のように、解除によって、契約を原因として移転した不動産の所有権につき復帰的物権変動がある場合に、605条の2第1項が直接適用されるかは疑義があるが、同条の趣旨は、賃借権に対抗力がある場合には、賃貸物である不動産の所有権が移転すると、新たな所有者が賃貸人の地位を取得するという点にあるから、賃貸目的不動産の所有権が解除により変動したときであっても当てはまると考えてよいであろう。そうすると、Zとしては、前述(b)で主張された①〜⑤の事実に加えて、A・Xの売買契約の解除によって甲の賃貸人たる地位をXがAから承継したといえば、ZはXとの関係で適法転借人であると

して占有権原があるという主張を構成することが可能である。前述のように、X・A間の売買契約による所有権喪失の抗弁、X・A間の売買契約の解除による再抗弁を前提として、Zが545条1項ただし書の第三者であるとする主張は失当であるとしても、Xに承継された原賃貸借契約の適法な転借人であると構成するのであれば、Xからの請求に対して、Zには占有権原があるとするという反論を基礎づけることができるものと解される。

　Zが、545条1項ただし書の第三者であることを主張するために前述した①〜⑤の事実を主張していた場合に、2021年2月1日当時Xが甲を所有していたことと相まって、占有権原（適法な転貸借）があるとする反論として構成することができることから、裁判所としては、X・Z双方に主張を検討するよう促すなどすることが求められるものといえよう（いわゆる法的観点指摘義務の問題）。

　Zに占有権原があるとする反論に対して、Xは、Yの賃料債務の不履行を原因としてX・Y間の賃貸借契約を解除したので原賃貸借契約は終了したという再反論をしている。原賃貸借契約と転貸借契約は、契約の当事者を異にする別個の契約であるから、原賃貸借契約の解除が、当然に転貸借契約の効果に影響を及ぼすわけではない。しかし、転借権は、原賃借人に賃借権があることを基礎に、原賃貸人に対する関係で占有権原が認められているにすぎないから、原賃借人の債務不履行によって原賃貸借契約が解除された場合には、原賃貸人は転借人の占有権原が失われたと主張することができる（613条3項ただし書参照）。

　これに対して、Zは、Yの賃料不払いによりX・Y間の原賃貸借契約が解除されたとしても、Yには背信行為と認めるに足りない特段の事情が存在するとして、解除の効果の発生をXは主張できないと反論することになる（☞後述❹1.(c)）。

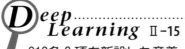

Deep Learning Ⅱ-15
613条3項を新設した意義 （千葉）

　適法転貸の場合、原賃貸借契約と転貸借契約は契約の当事者を異にする別個の契約であり、原賃貸人と転借人との間に契約関係があるわけではない。契約の相対効の原則に従えば、原賃貸人は転借人に対して原賃貸借契約上の権利を主張すること

はできないことになる。しかし、実際に賃貸物を使用収益しているのは転借人であることから、原賃貸人の権利を保護するために、原賃貸人から転借人に対する直接の請求権が認められている（613条1項）。転借人は原賃借契約に基づく原賃借人の債務の範囲を限度として、転貸借契約に基づく賃料債務や賃借物返還義務などを原賃貸人に直接履行する義務を負うことになる。

　また、2017年民法改正では、適法転貸の場合に、原賃貸借契約を合意解除したことを転借人に対抗することはできないとする判例法理（最判昭和62・3・24判時1258号61頁、大判昭和9・3・7民集13巻278頁）が明文化された（613条3項）。転貸に承諾を与えた原賃貸人と賃借物を転貸した原賃借人が合意して原賃貸借契約を解除することは、適法に賃借物に使用収益できる権利を有する適法転借人を不当に害するおそれがあるからである。原賃貸借契約が終了すると、原賃借人は賃借物を使用収益する権限がなくなり、転貸借契約上、原賃借人＝転貸人は転借人に目的物を使用収益させることができなくなる（履行不能）。

　613条3項本文は、原賃貸借契約の合意解除によって原賃借人＝転貸人が賃借物を使用収益する権限がなくなる場合であっても、転貸借契約上、転貸人は転借人に目的物を使用収益する権限があることを原賃貸人に対して主張できるとする例外を認めたことになる。

　ただし、613条3項ただし書は、合意解除の当時、原賃貸人が原賃借人の債務不履行を原因として解除権を有する場合には、この限りではないとする。転借権が、転貸人＝原賃借人の使用収益権に基づいている以上、原賃借人の債務不履行を原因として原賃貸人に解除権が認められる場合には、転借人の権原が失われてもやむを得ないからである。結局、613条3項ただし書は、613条3項本文で認められた効果が例外的であることを確認したことになる。●

2. Yに対する請求

　Yは、X・Aで売買契約が締結された後に、Aから甲を借り受けており、その後に、X・A間の売買契約が解除されていることから、Yに対しても、Xは、所有権に基づく甲の返還請求権を訴訟物として選択することが多いであろう。

(a)　請求原因および請求原因事実

　Xの現所有と権利自白の成立見込時期については、Zに対する訴訟について

論じたところと同様である（☞1.(a)）。これに対して、Yは乙とは異なり甲を直接占有していない。しかし、YはZとの間で賃貸借契約を締結しており、YはZの占有を介して甲を代理占有していることになる（181条）Zに対する訴訟について論じたとおり、所有権に基づく返還請求権の相手方は物の所持者（直接占有者）に限らないと解されているから、占有態様に争いがないとされる限り、「Yは甲を占有している」という抽象的な事実で足りる。もっとも、口頭弁論終結までにはYの占有態様は具体的に明らかになっているはずであり、例えば、「Aは、2021年2月15日当時、甲土地を占有していた。Aは、同日、Yに対し甲を賃料月額8万円等の約定で賃貸し、同日甲をYに引き渡した。Yは、2021年3月13日、Zに対し、甲を賃料月額8万円等の約定で賃貸し、同日甲をZに引き渡し、もってZは甲を占有している」のように示せば、Yの占有が間接占有であることが明確になる。（直接占有していないYに対する上記の請求権に基づく強制執行の方法については、民執170条参照）。

(b)　Yからの反論①
── Xが所有者であることに対する反論（545条1項ただし書）

Zの場合と同様、Yは、X・A間の売買契約の成立によってXは所有権を喪失した（Xは甲の所有者でなくなった）と反論することになる（売買契約に基づく所有権喪失の抗弁）。これに対して、Xからは、X・A間の売買契約が解除されたことが主張されることになる（売買契約解除の再抗弁）。そこで、YはXが所有権者であるとする主張に対して、Yが545条1項ただし書の第三者に当たるとして、XはYに対して所有者であるとはいえないと反論することになる（545条1項ただし書の第三者の定義および545条1項ただし書の第三者であることによって発生する効果については、☞1.(b)）。

【例題】では、Yは545条1項ただし書の第三者であることを主張するために、①X・A間の売買契約の解除前に、YがAとの間で賃貸借契約を締結したことに加えて、②①の契約に基づいて建物の引渡しがあったことを主張すればよいことになる。借地借家法31条によれば、甲の引渡しを受けたYの賃借権には対抗力があることになるから、Yは、解除権を行使したXの利益の実現を阻んでもよいほど保護に値する第三者であると主張することができるからである。

　なお、債務者に債務不履行があったとしても、契約解除という手段を選択するかどうか、また、いつ解除するのかは、債権者次第である。したがって、545条1項ただし書では第三者の善意・悪意の区別がなされていない。【例題】では、Aの売買代金債務の不履行について、Yが知っていた事実が記述されているが、当事者からこの事実が主張されたとしても、この点は、545条1項ただし書の効果の発生に影響を与えないことになる。

　前述したように（☞1.(b)）、545条1項ただし書に基づいて「第三者」であると主張しても、X・A間の売買契約の解除という効果自体が覆されるわけではない。したがって、Xの所有権喪失の効果が復活するわけでもない。545条1項ただし書の第三者であるとするYからの上記の反論は、YのXに対する売買契約に基づくX所有権喪失の抗弁→XのYに対する売買契約の解除の再抗弁という攻撃・防御方法との関係では、これらの主張を前提に、Xによる解除の主張が認められたとしても、XはYとの間では売買契約の解除の効果を対抗できないとして、Xが甲の所有権者であることをYに対して主張できないという効果が主張できるだけである（したがって、再々抗弁にはならない）。545条1項ただし書に基づいて「第三者」であるとする反論は、YによるX所有権喪失の抗弁→Xによる売買契約の解除の再抗弁という攻撃・防御方法との関係では、上記の攻撃・防御方法を前提に、Xによる解除の効果が認めれる場合に、Yによって予備的に主張される反論ということになる。

(c)　Yからの反論②──Yの占有権原の抗弁

　Xが現在、甲の所有者であることを争うだけでなく、Xが所有者であるとしても（つまり、X・A間に売買契約が成立し、当該契約がその後解除されたとしても）、Yには、甲を占有する正当な権原があると反論することも考えられる。

　不動産賃借権の対抗力とは、賃借人が、賃貸不動産の譲受人など賃貸借契約の当事者以外の第三者に対しても、賃借権を主張できるということを意味する。

　【例題】の場合、Xは、A・Y間の賃貸借契約の成立前の所有者であることから、A・X間の売買契約が解除されると、契約の効力が遡及的に消滅し、Aは甲の所有者ではなくなるだけであって、XはAから所有権を取得した者に当たらないのではないかという疑問が生じるかもしれない。しかし、すでに述べ

たように、解除されるまで契約は有効であり、直接効果説もAに1度も所有権が移転しなかったとまで解しているわけではない。他方で、Yは、Aが甲の所有者であったときに甲を借り受けて引渡しを受けたのであるから保護に値する。したがって、A・X間の売買契約の解除を原因として賃貸不動産の所有権を取得したXも、借地借家法31条の「その後その建物について物権を取得した者」に含まれるものと解すべきである。

　このように、不動産賃借権は居住や営業の基盤となっていることから保護すべきであるが、不動産賃借権に対抗力が認められる場合であっても、対抗できるのは賃貸借契約に基づいて発生する「賃借権」である。不動産賃借権であるというだけで物権と同様の効力が認められるわけではなく、対抗要件を具備した場合に初めて（605条、借地借家10条、31条など）、当該不動産について物権を取得した者に対して、賃借人にも物権に匹敵する占有権原が認められているにすぎない（司法研修所編『民事訴訟における要件事実　第2巻』〔法曹会、1992年〕43頁、山本敬三『民法講義Ⅳ-1─契約』〔有斐閣、2005年〕492頁）。

　このように解すると、YがXに対して自己固有の占有権原（賃借権）があると反論するためには、①A・Y間で賃貸借契約が締結されたことに加えて、②①の契約に基づいてYがAから甲の引渡しを受けたこと（借地借家31条）、さらに、③物権取得者Xが対抗要件を具備する前に、Yの賃借権の対抗要件が具備されたことを主張・立証しなければならないことになる。したがって、Yは、Xの所有権取得についての対抗要件となるA・X間の所有権移転登記抹消登記に先立って、賃借人Yへ甲が引き渡されたことも主張・立証しなければならないことになる。

Link　Ⅱ-8　Xが所有者と主張できないとする反論とYに占有権原があるとする反論の関係（千葉）

　Yは本文で述べたように、2つの反論ができるとしても、Yの占有権原の抗弁は、以下の理由から、実際の裁判では審理での攻防の対象とならなくなるものと解される。Yが545条1項ただし書の第三者に該当するとしてXが所有権であるとYに主張でき

ないとする反論では、①Ａ・Ｙ間の賃貸借契約の締結と、②①の契約に基づく甲の引渡しを主張すれば、所有権に基づく返還請求権の発生を障害できることになる。これに対して、ＹにＸとの関係で正当な占有権原があるとする反論は、①②に加えて、③Ｘが対抗要件を具備する前に、Ｙの賃借権の対抗要件が具備されたことを主張しなければならない。したがって、前者の反論は、①②を満たす事実を主張するだけで請求を棄却することができることになり、①②③を満たす事実を主張するをしなければならない後者の反論は過剰主張となるからである（要件事実論でいわゆる「ａ＋ｂ」の関係とよばれている問題である）。　　　　　　　　　　　　　◆

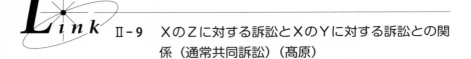

$Link$　Ⅱ-9　ＸのＺに対する訴訟とＸのＹに対する訴訟との関係（通常共同訴訟）（髙原）

　本シリーズの中では、原告が複数の被告に対して訴えを提起する事例に既に接してきているが、便宜上、**本章**において説明を加える。

　本章の【**例題**】では、Ｘは、ＹとＺとを共同被告として訴えを提起している。【**例題**】を実体法的に検討する場合、Ｘ・Ｙ間の法律関係、Ｘ・Ｚ間の法律関係ごとに分けて検討していくことになるが、訴訟においても、これに対応する形で、ＸのＹに対する訴訟とＸのＺに対する訴訟とを観念できる。共同訴訟は、Ｘ・Ｙ間の訴訟とＸ・Ｚ間の訴訟が束ねられた形態とみるのが原則である（民訴39条）。必要的共同訴訟との対比で、通常共同訴訟と呼ばれる。通常共同訴訟においては、例えば、共同訴訟人Ｚが自白したとしても、その効力はＸ・Ｙ間の訴訟には及ばない。これをＹの立場からみると、Ｘ・Ｚ間の訴訟の当事者ではないＹのした訴訟行為の効力がＹに不利益に拡張されることがないことを意味する（他方で、Ｚとしては、共同訴訟人Ｙの主張は当然に自己のＸに対する主張として裁判所に顧慮してもらえるわけではないということになる。）。

　【**例題**】における解説を読み進めていくと、Ｘ・Ｚ間の訴訟における最大の争点はＺ自身の占有権原であり、Ｘ・Ｙ間の訴訟ではＹ自身の占有権原であってＺの占有権原ではないことが分かるであろう。今までの各章では、共同訴訟人の主張が重なる場面が多かったが、民事訴訟における二当事者対立原則（☞**第１章 Link Ⅰ-2**）を出発点に関係者の法律関係を分析していくと、**本章**のように、主張・立証の構造が分岐していくこともしばしばあるのである。　　　　　　　　　　　　　◆

❹　賃貸借契約が終了したとして甲の明渡しを求める構成

　Xからの甲の明渡しを求める権利を債権的に構成すると、Yに対する請求の訴訟物は、賃貸借契約の終了に基づく目的物の返還がないこと（履行遅滞）を原因とする賃借物返還請求権としての甲の明渡請求権、Zに対する請求の訴訟物は、613条に基づく直接請求権としての甲の明渡請求権となる。

1. Yに対する請求

(a)　請求原因と請求原因事実

　すでに検討したように（☞第16章❷2.）、賃貸借契約の終了に基づいて目的物の返還がないことを原因として賃借物返還請求権が発生しているというためには、①X・Yに賃貸借契約が成立したこと、②①の契約に基づいてYに甲の引渡しがあったこと、③①の契約につき終了原因があること、remedy構成に立てば、さらに④目的物の返還がないことが必要となる。

　【例題】では、賃借人の賃料債務の不履行を理由とする催告解除が賃貸借契約の終了原因となっているが、(ア)当事者の一方がその債務を履行しないこと、(イ)債権者が債務の履行を求める旨の催告をしたこと、(ウ)催告後相当の期間が経過したこと（以上、541条）、(エ)解除の意思表示（540条１項）をしたこと、以上の要件に該当する事実を主張する必要がある。賃借人は、賃貸借契約の終了時に賃貸人に賃借物を返還する債務を負っているから（601条）、前述した所有権に基づく構成とは異なり、賃借人に現実の占有があるかどうかは問題とならない。

　【例題】について、①の要件との関係で、X・Y間に賃貸借契約があるというためには、甲の所有権移転に伴って賃貸人の地位がAからXに移転していることを主張する必要がある。賃貸人の地位が移転すると、賃貸借契約の効力を維持したまま、賃貸人が交代することになり、賃貸不動産の譲渡人Aは賃貸借契約から離脱し、賃貸不動産の譲受人Xのみが賃貸人となる。契約から発生する債権・債務（主たる債権債務関係だけでなく、付随的な債権債務も含む）、契約

上の地位に伴う権利（解除権・取消権など）も譲渡人Ａから譲受人Ｘに移転することになる。

　前述したように（☞❶）、契約上の地位の移転については、契約上の地位を移転する旨の合意と契約の相手方の承諾を要するというのが基本であるが（539条の2参照）、賃貸人の地位の移転の場合には賃借人の承諾は不要である（605条の3本文）。さらに、賃借権に対抗力がある場合には、賃貸人の地位を移転する合意も不要であり、賃貸不動産の所有権の移転があれば足りる（605条の2第1項）。

　【例題】では、Ａ・Ｙ間の賃貸借契約に基づいて甲の引渡しがあったから、Ｙの賃借権には対抗力がある（借地借家31条）。したがって、ＡからＸに不動産所有権の移転があったことを主張すれば、賃貸人の地位がＡからＸに移転し、Ａが賃貸借契約から離脱してＸのみが賃貸人となる。ＡからＸへの不動産所有権の移転は、Ａ・Ｘ間の売買契約の解除によって生じている。したがって、①の要件については、Ａ・Ｘ間で売買契約が締結されたこと、および、Ａの残売買代金の不払いを原因として催告解除したことを主張しなければならない。具体的には、Ａ・Ｙ間の賃貸借契約の成立について、（ア）2021年2月15日に、Ａを賃貸人、Ｙを賃借人として、甲を賃料月額8万円（月末払い）、期間2年間で借り受け、契約を終了時に返還する旨の契約が締結されたこと、ＡからＸへ甲の所有権が移転したというために、（イ）ⅰ）2021年2月1日、ＡはＸに対して、甲とその敷地を2000万円で売却する契約を締結したこと、ⅱ）Ａは残売買代金400万円の支払期限である2021年4月1日を経過したこと、ⅲ）2021年6月1日に400万円の支払いにつき催告したこと、ⅳ）相当の期間を経過したこと、ⅴ）2021年7月1日に、ＸはＡに対して上記契約につき解除の意思表示をしたことを主張しなければならない。加えて、売買代金債務の不履行を原因として解除権の発生を主張するためには、相手方からの同時履行の抗弁権を予め封じておく必要があるから、ＸがＡに甲とその敷地を引き渡したことも主張しなければならない（売買契約の解除については、☞**応用民法Ⅰ第4章❷(b)**）。

⑹　**Ｙからの反論①（対抗要件の抗弁）とＸからの再反論（登記具備の再抗弁）**

　賃貸不動産の譲受人は、賃借権に対抗力があるかどうかにかかわらず、賃貸

不動産について所有権の移転に関する登記をしなければ、賃貸人の地位が移転していることを賃借人に対抗できない（605条の2第3項、605条の3後段。最判昭和49・3・19民集28巻2号325頁）。

　改正前は、賃借権に対抗力がある場合、不動産の利用に限定してではあるが、賃貸不動産の譲受人と賃借人は対抗関係に立つとして（つまり、賃借人を177条の「第三者」に該当し、利用権原の優先劣後は登記の先後によるべきであるとして）、譲受人は賃貸不動産の所有権の移転に関する登記をしなければ、賃借人に対抗できないと解してきた。

　しかし、2017年民法改正後は、賃借権に対抗力があるかどうかにかかわらず、賃貸人として権利行使する際に、譲受人に賃貸不動産の所有権移転に関する登記を求めている。賃借人に、賃貸人が賃貸不動産の譲渡人なのか譲受人なのかが明らかでないというリスクを負担させるべきではないと考えているからである。そうだとすると、2017年民法改正後は、これまで有力説が主張してきたように、賃貸人であることを賃借人に主張する資格があることを明らかにするために、譲受人に登記を求めているにすぎないことになる。

　したがって、2017年民法改正後は、譲受人が当該不動産の所有権について移転の登記をすれば、605条の2第3項および605条の3後段によって賃貸不動産の譲受人は、賃貸人としての資格があることを「賃借人」に主張できることになる。一方、賃貸不動産につき「物権変動があったことを主張する者」と対抗力のある賃借権者との関係については、605条に基づいて規律すれば十分であるものと解される。

　【例題】では、Yは賃借人であるから、605条の2第3項に基づき、Xは甲の所有権について登記を具備していなければ、賃貸人であることをYに対抗できないことになる。したがって、Yは所有権の移転について登記をするまでは、Xを賃貸人として認めないと反論することが可能である（対抗要件の抗弁）。

　これに対して、Xからは再反論として、A・X間の所有権移転登記の抹消登記がなされていると主張されることになる（登記具備の再抗弁）。したがって、Yからの上記の反論は可能であるが、Xの登記具備の再抗弁によって、Xの請求を退けることはできないことになる。

⒞　Yからの反論②（背信性の不存在の抗弁）とXからの再反論

　そこで、Yからの反論として重要となるのは、③の賃貸借契約につき終了原因があるとするXの主張に対して、賃貸人Xとの関係でYの賃料不払いには背信行為と認めるに足りない特段の事情が存在するとして、解除の効果の発生をXが主張できないとする反論である。

　「背信性の不存在」を主張するためには、具体的事実を主張するにあたって、「背信性」の評価を判断するメルクマール（不存在の判断基準となる要素）をどのように考えるのかについて論述しておく必要がある。**第16章**で詳しく論述したように（☞**第16章❹1.⒝**）、建物の賃貸借の場合には、賃借人による賃料の支払状況と賃貸物件の使用状況が、賃借人の背信行為の有無を判断する際に重要な判断要素となる。

　【例題】で催告解除の原因となっているのは、6月分からの賃料の未払いである。Yは、①5月末にX・A間で売買代金の未払いを巡ってトラブルが発生したことを知るまでは、家賃を支払ってきたこと、②Aの売買代金債務の不履行を原因として売買契約が解除されたのは2021年7月1日であり、既発生の賃料債務については、個別の債権譲渡がない限り、譲受人に移転しないというのが判例の見解であるから（最判平成3・10・1判時1404号79頁参照）、YのXに対する未払賃料は7月分以降にすぎないこと、以上の事実について主張することが重要である。

　このほか、**【例題】**では、転貸借禁止特約があるが、AがZへの転貸を承諾していることから、無断転貸を解除原因とすることはできないが、③Zへの転貸によってYに利得があるわけではないこと、④Y・Z間の家族構成は近似していることから、Zが利用していても現実の使用状況に変わりがないことも、背信行為がないとする主張を補強する事実となろう。

　これに対して、Xは、①Yが賃貸借契約の締結に際して、Aに残売買代金債務はあることを知っており、加えて、②5月末にAがXに残売買代金の未払いを原因としてトラブルが発生していることを知った上で6月分以降の賃料を支払わず、他方で、Zからは転借料を受け取ってきたことを背信性不存在の評価障害事実として主張することになろうか。

$\mathcal{D}$eep
$\mathcal{L}$earning Ⅱ-16
賃貸人の地位の移転と敷金の返還および費用の償還（千葉）

　賃貸借契約に基づく賃借人の債務を担保する敷金契約についても、賃貸借契約に付随する契約であるから、賃貸人の地位が移転すると、譲受人に移転することになる（605条の2第4項、605条の3後段）。

　賃貸不動産の譲渡前に、賃貸人に未払賃料等がある場合に、判例（最判昭和44・7・17民集23巻8号1610頁など）は、譲受人によって承継される敷金返還債務の範囲について、敷金による充当後の残額だけが譲受人に承継されると解してきた。したがって、【例題】では、YのAに対する6月分の賃料未払分については敷金20万円から充当されることになり、敷金残額12万円がAからXに承継されていることになる。もっとも、実務では、譲渡人・譲受人・賃借人の合意により敷金全額を承継させることも少なくないようである（筒井健夫＝村松秀樹編著『一問一答　民法（債権関係）改正』〔商事法務、2018年〕318頁）。

　賃貸人の地位が移転する前に賃借人によって費用が投下されている場合についても、費用償還請求権は、賃貸物から生じる権利であるから、賃借物の所有者である譲受人が費用償還義務を負担することになり（605条の2第4項、605条の3後段）、これまでの判例（有益費について最判昭和46・2・19民集25巻1号135頁）の考え方が明文化されている。　　●

2. Zに対する請求

　Xが、X・Y間の賃貸借契約の解除を原因として、転借人Zに対して、613条1項に基づいて、直接甲の明渡請求権があるというためには、Yに対する請求の請求原因①X・Y間に賃貸借契約が成立していること、②①の契約に基づいてYに甲の引渡しがあったこと、③①の契約につき終了原因があること、④③があるにもかかわらず、目的物の返還がないこと、以上の請求原因に該当する事実（☞❹1.(a)）に加えて、適法に転貸されていることが必要である。したがって、⑤Y・Z間に転貸借契約が成立していること、⑥⑤の契約に基づいてZへ甲の引渡しがあったこと、⑥AがZへの転貸を承諾していることが必要になる。

　これに対して、Zは、Yからの反論②と同様の反論ができる。すなわち、Y

の賃料不払いは賃貸人Ｘとの関係で背信行為と認めるに足りない特段の事情が存在するとして、Ｘは解除の効果の発生を主張できないと反論できることになる。一方、Ｙからの反論①（対抗要件の抗弁）については、権利抗弁となることから、Ｙが反論している場合には、Ｚはそれを援用できることになる。

❺ 補論──転貸借契約に基づく転借料請求の可否

　Ｚは、Ｘから甲の明渡しを求められたため、2021年10月分以降の賃料をＹに支払わなかった。Ｙから家賃の支払いを請求された場合に、Ｚはこれに応じなければならないだろうか。

　転貸借契約と原賃貸借契約は別個の契約であるから、原賃貸借契約が債務不履行を原因として解除されたとしても、それだけで当然に転貸借契約が終了するわけではない。ＹからＺに対する賃料請求については、原賃貸借契約が賃料不払いを原因として解除された後も、転貸人が転貸借契約に基づいて転借料の支払請求権があるかどうかが争点となり、原賃貸借契約が終了する場合における転貸借契約の帰趨が正面から問われることになる。

　この点、最判平成９・２・25民集51巻２号398頁は、「賃貸借契約が転貸人の債務不履行を理由とする解除により終了した場合において、賃貸人が転借人に対して直接目的物の返還を請求したときは……転貸人が賃貸人との間で再び賃貸借契約を締結するなどして、転借人が賃貸人に転借権を対抗し得る状態を回復することは、もはや期待し得ないものというほかはなく、転貸人の転借人に対する債務は、社会通念及び取引観念に照らして履行不能というべきである」として、賃貸人の承諾のある転貸借は、原則として、賃貸人が転借人に対して目的物の返還を請求した時に、転貸人の転借人に対する債務の履行不能により終了すると解している。

　転貸人が、自らの債務不履行により原賃貸借契約を解除され、転借人が転借権を賃貸人に対抗できない事態を招くことは、転貸借契約上、転貸人が転借人に対して負担する賃借物を使用収益させる債務の履行ができないことを意味する。もっとも、履行不能にしたのは転貸人であるから、転借人による解除の意思表示があるまでは、転借人が賃貸物件を用益している限り、転貸借契約は終

了しないと解する余地もある。

　原賃貸借契約の解除によって転貸借契約が終了しないとしても、原賃貸借契約の解除によって、転借人は原賃貸人から不法占拠を理由に、賃料相当額の損害賠償の請求ないしは使用利益につき不当利得の返還を請求されることになるから、転借人は、原賃貸人から請求された賃料相当額につき、転貸人に対して履行不能を原因とする損害賠償請求権を行使し、これと転借料債務との相殺を主張すればよいとも考えられる。

　しかし、転借人が原賃貸人から賃貸物件の明渡請求を受けた場合には、原賃借人が原賃貸人に賃借権を主張できる状態を回復することは、もはや期待できないことが多い。また、賃料支払債務と賃貸物件を使用収益させる債務の対価的な牽連性からして、転貸人の使用収益させる債務が履行不能となっている以上、転貸人は転借人に対して転借料を請求できないと解するほうが簡便である（616条の2参照）。そこで、学説上は、転貸人の使用収益させる債務が履行不能となったときは、転借人による転貸借契約の解除を待たずに転貸借契約が終了するという解除不要説が有力であった（我妻栄『債権各論中巻1』〔岩波書店、1957年〕464頁など）。前掲最判平成9・2・25が、上記解除不要説を支持した理由はこの点にあるものといえる。

　もっとも、転貸人の使用収益させる債務の履行不能時をいつの時点と解するのかについては、見解が対立している。すなわち、①原賃貸人から転借人に対して目的物の返還請求がなされた時点、②転借人が事実上目的物を使用収益ができなくなった時点、③原賃貸借契約の解除時と解する見解などが主張されている。

　上記判決は①説を支持している。本来、転借人が、転貸借契約に基づいて賃貸物件を使用収益している以上は、転貸人に対する転借料の支払いを免れるべきではないはずである。他方で、原賃貸人から明渡請求を受けた時点以降、転借人は悪意占有者として原賃貸人に使用利益を返還しなければならなくなる（190条）。したがって、上記時点をもって、転貸人が転借人に対してもはや賃貸物件を使用収益させる債務が履行不能になっていると解さなければ、転借人は原賃貸人と転貸人の双方に二重払いのリスクを負うことになる。転貸人が破産した場合を考えると、①説は、実質的にみても妥当な結論を導くものといえる。

　もっとも、上記の点から、①説を採用すべきであるとすれば、原賃貸借契約が債務不履行解除された事実を転借人が知っていた場合には、原賃貸借契約の解除時、転借人が上記事実を知らないまま明渡請求訴訟が提起されて敗訴した場合には、訴え提起時（189条2項参照）を履行不能時＝転貸借契約の終了時と解する余地は、なお残されているものと解される。転借人はいずれの場合にも上記時点で悪意の占有者となり、二重払いのリスクを回避できなくなるからである。

　【例題】では、2021年7月1日のX・A間の売買契約の解除を原因として、同年7月15日付でAを名義人とする所有権移転登記の抹消登記が完了している。したがって、解除の効果が生じた7月1日時点からXは賃貸人であるとYに対して主張できることになる。Xは、2021年10月1日に訴訟外でYおよびZに甲の明渡しを請求し、同年11月1日に両者に明渡請求訴訟を提起している。したがって、上記判決によれば、X・Y間の原賃貸借契約が債務不履行により解除された場合には、Yからの同年10月分以降の賃料請求に対して、Zは同年10月1日時点で転貸借契約が終了したことを理由に請求を拒めることになる。Zとしては、X・Y間の賃貸借契約の解除の成否如何によって、賃料ないし賃料相当額を誰に支払うべきかが変わってくることになるから、債権者不確知を理由に弁済供託をしておくべきであろう（494条2項）。

●重要判例●
・最判昭和39・8・28民集18巻7号1354頁（賃貸家屋を第三者に譲渡した場合と賃貸人の地位の承継）
・最判昭和44・7・17民集23巻8号1610頁（賃貸人の地位の移転による敷金の承継と敷金返還債務の額）
・最判昭和46・4・23民集25巻3号388頁（契約上の地位の移転）
・最判昭和49・3・19民集28巻2号325頁（賃貸人たる地位の移転の主張）
・最判平成9・2・25民集51巻2号398頁（債務不履行による賃貸借契約の解除と承諾がある転貸借の帰趨）

●演習問題●

【設問1】

　【例題】において、Xが、YおよびZを被告として訴えを提起したのはなぜか。考えられる理由を説明しなさい。

【設問2】

　【例題】の【Xの言い分】事実3に記載されている訴えについて、訴状に、所有権に基づき、Yに対する請求の趣旨として「Yは、Xに対し、甲から退去してその敷地を明け渡せ」と記載されていたものとする。XのYに対する請求に係る訴訟物は何か、説明しなさい（複数ある場合はその全てにつき説明すること）。

【設問3】

　Zとしては甲からの立ち退きを回避したい。Xからの甲の明渡しを求める訴訟において、どのような反論を展開すればよいか説明しなさい。

第18章 請負契約について学ぶ［基礎編］

——建設請負契約における契約不適合の事例を通じて

 出題の趣旨

　第18章と**第19章**では請負契約について学ぶ。**本章**では、請負契約の典型的なケースである建設請負契約を素材に、請負契約における請負人の仕事完成義務と注文者の報酬支払義務について考えてみることにしたい。建物等の製作を目的とする建設請負契約については、民間（七会）連合約款（http://www.gcccc.jp/contract/common.html）が利用されることが多く、これも2017年（平成29）民法改正に伴って2020年4月から約款内容が改訂されている。

　2017年民法改正では、注文者が受ける利益の割合に応じた報酬の支払いに関する規定（634条）が新設された（委任について648条3項、雇用について624条の2に同様の規定があるが、請負契約の場合と委任契約の場合の上記規定の考え方の違いについては、☞**第20章❷2.**）。注文者の責めに帰することができない事由によって仕事が完成しなかったとき、または、仕事の完成前に請負契約が解除された場合に、請負人がすでにした仕事の結果のうち可分な部分の給付によって、注文者が利益を受けたときには、その部分を仕事の完成とみなし、その部分について報酬支払請求権が発生することになる（詳細については、☞**第19章❸3.**）。

　一方、請負契約に関する担保責任の規定（改正前634条・同635条）は削除され、売買契約の契約不適合責任の規定が準用されることになった（559条）。契約不適合責任に関連して、請負の箇所に規定されているのは、請負人の契約不適合責任の制限規定（636条）と契約不適合の通知に関する期間制限規定（637条）のみである。したがって、改正後は、役務提供型の契約である請負契約と財産権移転型の契約である売買契約の違いを意識しながら、562条以下の契約不適

合責任に関する規定を請負契約の場合にどのように準用するのかが課題となる。

　また、後述する【例題】では、注文者と請負人との間にトラブルが発生した後に、請負報酬債権が譲渡されており、同時履行の抗弁権（533条）や相殺の抗弁（505条）が、権利主体の変更によってどのような影響があるのかも併せて検討する。特に、相殺については、2017年民法改正では、債権譲渡があっても一定の要件の下で相殺の合理的な期待を保護するために、469条の規定が新設されたことに注意する必要がある。

❷　Xはどのような請求権があると主張するか

　後述するＸ・Ｙ間の訴訟で、当事者が主張した事実のうち、争いのない事実および証拠等によって認定された事実は以下のとおりである。

【例題】

　1．　Ｙ会社（以下、Ｙ）は、運動と食事の両面からシニア層に健康サービスを提供するシニア向けのクラブを開業することにした。そこで、Ｙはクラブハウスを新築することとし、クラブハウスの設計・施工・監理（以下、本件工事）をＡ会社（以下、Ａ）に５億円で発注することにし、2020年12月１日に、以下の内容で、本件工事の請負契約（以下、本件請負契約）を締結した。

　工事期間については、2021年２月から同年10月末日までとし、完成日から30日以内にＹにクラブハウスを引き渡すこと、請負報酬の支払方法については、契約締結時に5000万円、2021年８月末日に5000万円、完成引渡し後１か月以内に４億円を支払うこと、工事代金の支払いを遅滞したときは、１日につき遅滞額の1000分の１に相当する金額を支払うこと、その他の事項については、民間（七会）連合約款によることが約定されていた（ただし、「相手方の書面による承諾を得なければ、この契約から生ずる権利又は義務を、第三者に譲渡すること又は承継させることはできない」とする同約款６条は除外）。Ｙは、本件請負契約に基づいて、請負報酬の一部として、2020

年12月１日および2021年８月31日にそれぞれ5000万円をＡに支払った。

２．本件工事の設計にあたって、Ｙは、Ａに対して、建設予定地区で今後30年以内に震度６の地震が発生する確率が80％と予測されていることから、震度７の地震に耐える建物であること、東南海地震が発生した場合、建設予定地区には最大3mの津波の到達が予測されることから、５階に事務所を配置することを求めた。また、１階に駐車場とシニア向けの豊富なメニューを提供するレストラン、２階にテニス施設、３階にスイミングプール、４階にダンススタジオ・トレーニングルーム・シャワー施設・サウナ室等を配置するように希望した。

３．Ａは、2021年11月10日までに、本件工事につき最終工程までの工事が完了した。同月17日に、Ｙは、Ａの求めに応じて、工程表に基づいて作業が完了しているかどうかの検査に立ち会ったところ、シャワー施設の一部に施工ミスがあったことから、この修補をＡに求めた。Ｙは、Ａがシャワー施設の補修をしたことを確認した上で、同月22日に、本件工事の完了確認書をＡに交付した。同月25日に、Ｙは、Ａからクラブハウス（以下、甲）の鍵の引渡しを受け、直ちに各種トレーニングマシンの設置・備品の搬入を始め、同年12月23日には開業のためのすべての準備が整った。

４．Ｙは、当初の計画どおり、2022年１月10日から甲でシニアクラブの営業を開始した。しかし、同月25日に、２階部分に漏水が発生したことから、ＹはＡに原因調査を依頼したところ、３階プールの床下の部分のコンクリートに幅0.4mmのクラックがあり、そこから漏水していることが判明した。Ａは、耐震補強に加え、構造計算などの設計上の問題はないが、３階にプールが設置されていることから、水密コンクリートを使用するべきであるのに、施工コストの関係で普通コンクリートを使用したこと、２階にテニスコートを設置したため柱が少なく３階の床下部分にかかる重量が分散せず、３階床下のコンクリートにひずみが生じたことが複合して、３階の床下の部分にクラックが生じ漏水に至った可能性が高いことを報告した。また、３階プールの床下の部分のクラックを拡大させないためには、２階部分に新たに支柱を設置する工事に加え、３階の床下の部分の補修工事とプール下の防水工事のやり直しが必要であり、工事費用は5000万円程

度、工期は2か月程度とのことであった。

　Yは、2022年1月20日に、漏水はAの施工上の問題によるものとして、Aに対して、補修工事の費用はAの負担とすること、工事中の2か月間の休業に伴う営業利益の損失分として1000万円の支払いを求めるとともに、残請負報酬額4億円の支払いを拒んだ。

　5．Yは、Aからの回答を待っていたところ、2022年2月1日に、Aから2022年1月31日付の以下の内容証明郵便を受け取った。

　「弊社は、建築および土木工事の設計、請負等を行ってきましたが、今般、土木部門に会社の経営資源を集中することにいたしました。つきましては、建築請負を専業とするX社に、弊社の貴社に対する残請負報酬支払債権4億円を譲渡しました」。

　Xは、2020年4月30日に、Yに対して3億円を期間1年、利息年2％で貸し付けたが、2022年1月30日に、元金利の代物弁済としてAのYに対する請負報酬債権4億円を譲り受けていた。

　6．Yは、建物の補修工事についてAとの間で交渉を重ねたが、Aは、Yが耐震性を強く求めながら、3階にプールの設置を要望したことが漏水の原因であるとして、補修工事費用全額をAが負担することに難色を示し、工事費用の負担を巡って折り合いがつかなかった。Yは、できるだけ早く補修工事をしたほうがよいと判断して、別の業者に工事を請け負わせ、2022年4月22日にAの責任者と面談した際に、補修に代えて補修工事費用5000万円と休業補償1000万円の損害賠償を求める文書を手渡した。

　7．一方、XはYに何度か残請負報酬代金の支払いを求めたが、YからはAとの間で補修工事について調整中という返事が返ってくるだけであった。そこで、Xは、2022年4月1日に、Yに対して、請負代金合計5億円から支払済みの1億円を差し引いた残請負代金4億円およびこれに対する2022年1月26日から支払済みまでの約定利率1日につき1000分の1の割合による遅延損害金の支払いを求めて訴え（以下、本件訴訟）を提起した。これに対して、Yは、第3回の口頭弁論期日（2022年7月1日）で、損害賠償請求権6000万円を自働債権として請負報酬債権4億円と相殺する旨の意思表示をした。

1. 報酬の支払いを求める請求

(a) Ｘはどのような権利を主張するか（訴訟物）

　本件訴訟の原告は、請負人Ａから報酬債権を譲り受けたＸである。債権譲渡は「債権」という財産権を移転することであるから、【例題】に即していえば、債権譲渡とは、Ａ・Ｙ間の請負契約に基づくＡのＹに対する報酬債権の同一性を維持したまま、Ａ・Ｘ間の合意に基づいてＡからＸに上記債権を移転することになる。また、remedy 構成によれば、Ｘは上記報酬債権の支払いがないとして、注文者にその履行を求めている（履行請求権を行使している）ことから、Ｘの請求の訴訟物は、Ａ・Ｙ間の請負契約に基づく報酬の支払いがないこと（履行遅滞）を原因とする報酬支払請求権となる。なお、ＸからＹに対する請求の訴訟物をただ「請負報酬支払請求権」と記述すると、Ｘ・Ｙ間に請負契約があり、Ｘがこの契約に基づいてＹに対して報酬支払請求権があるということになるので、注意が必要である。

(b) どのような要件を充足すると請求権があるといえるのか（請求原因）

　上記の報酬支払請求権があるというためには、①ＡからＹに対して報酬債権が発生したこと、および、②Ｘがこの報酬債権を取得し、③①に基づく報酬支払いがないことが必要である。伝統的構成では①と②で足りるが、remedy 構成では、履行請求権は債務不履行時に認められる救済手段の１つであるから、③が必要である（☞**第13章❷2.**）。後述するように、remedy 構成のほうが、契約時に発生する請負債権と報酬支払請求権の関係を整理しやすいと思われる。

ⅰ）報酬「債権」の発生と報酬支払「請求権」の発生

　請負契約は、契約当事者の一方が、「仕事を完成すること」を約し、相手方が「報酬を支払うこと」を約することによって効力を生じるから、諾成契約であり、契約が成立すればその時点で、注文者には仕事完成を求める権利（請負人からすれば仕事完成義務）が、請負人には報酬債権（注文者からすれば報酬支払債務）が発生するものと解される（632条。大判昭和５・10・28民集９巻1055頁。

したがって、契約が成立すれば、請負人の報酬債権は強制執行における差押命令や転付命令の対象になる）。632条は、同時に、「仕事の結果」に対して報酬を支払うと規定していることから、具体的に請負人が注文者に報酬の支払を求めることできるのは、「仕事の結果」が生じた時点である（☞後掲【図表１】）。

　このように、632条は、「仕事の完成」、つまり仕事完成義務が履行されることと「仕事の結果」という言葉を使い分けている。仮に、仕事の結果が生じたことと仕事完成義務が履行されたことを同義に解すると、【例題】のように、仕事完成義務を履行したかどうかについて契約当事者間にトラブルがある場合、トラブルが解決しない限り、仕事の目的物を注文者に引き渡しても、請負人は報酬の支払いを受けられないことになってしまい、請負人は投下した資本の回収が難しくなるからである。

　そこで、2017年民法改正後も、請負契約では、報酬支払請求権に対して先履行の関係にあるのは「仕事完成義務」ではなく、「仕事の結果」であると解すべきである。何をして「仕事の結果」が生じたと解すべきかは、当事者が合意した請負契約の内容によることになるが、抽象的にいえば、当該契約の内容に基づいて報酬支払請求権の発生を認めるに足るレベルまで履行水準が高まっていると評価できることと解される。

　報酬支払請求権の発生する時点を上記のように解したとしても、契約内容に照らした履行がなければ、請負人の仕事完成義務については債務不履行があるものと解される（その場合に、請負人にどのような責任があるのかについては、☞❸2.(a)）

　また、【例題】のように、仕事の目的物の引渡しを要する場合には、目的物と報酬の支払いは同時履行の関係にある（633条）。このため、報酬支払請求権の発生を基礎づけるために、請負契約が成立したことを主張すると、同時履行の抗弁権の存在によって、報酬支払債務について債務不履行があっても目的物の引渡しがあるまでは報酬の支払いをしないことにつき違法性が阻却されることになり、remedy構成によれば、報酬支払請求権の発生が障害されることになる。したがって、契約に基づき、請負人が注文者に対して目的物引渡債務について弁済ないしその提供をしたことを請求原因段階で主張しておくことが必要になる（いわゆる同時履行の抗弁権の存在効果によるせり上がり）。

Deep Learning Ⅱ-17
予定工程終了説（「一応の完成」）の取扱い（千葉）

　山本豊編『新注釈民法（14）』（有斐閣、2018年）141頁［笠井修］、笠井修『建設工事契約法』（有斐閣、2023年）135頁、司法研修所編『4訂紛争類型別の要件事実──民事訴訟における攻撃防御の構造』（法曹会、2023年）197頁によれば、予定された工程を終了して仕事について「一応の完成」に達した時点で報酬支払請求権を行使できると解しており（予定工程終了時説という）、学説上もこの点に異論はなかったと整理されている。

　しかし、従来の判例は建設請負に関するものが多く、近時、ソフトウェアの開発を目的とする契約などで請負契約がしばしば利用されていることも含めて考えると、請負契約一般について、予定工程終了（「一応の完成」）という考え方を使って、報酬支払請求権が発生する時期を画定することは難しいものと解される。また、建設請負契約に限定しても、予定工程を終了したことは、「仕事の結果」が生じていると評価するための1つの資料にすぎない（【例題】について☞後述(c)）。契約内容に基づき、設計図書、見積書、工程表等と施工内容とを照合して、報酬支払請求権の発生を認めてもよいほどの履行状況に到達しているかをどうかで判断しているものと解される。その意味では、「仕事の結果」が生じているという要件は、規範的な概念であるといってよいかもしれない（規範的要件であるとすると、評価根拠事実と評価障害事実を総合的に評価して「仕事の結果」が生じているといえるかどうかを判断すべきことになる）。

　むしろ、これまで予定工程終了時説が主張されてきた意義は、仕事完成義務が完全に履行される前に、請負人に報酬支払請求権の行使を認める点にあるものと解される（同旨、山本編・前掲書［笠井］142頁）。「一応の完成」と「仕事完成義務」の関係があいまいでわかりにくいこと、632条の冒頭規定と予定工程終了（「一応の完成」）という概念がどのように結びつくのかが明らかではないことから、本書では、本文で述べたように、632条の文言に即して、「仕事完成義務を履行したこと」と「仕事の結果が生じたこと」を区別することにした。●

ⅱ）　報酬債権の取得原因

　AはYに対する請負報酬債権をXに移転するために、債権譲渡の原因行為の
ほかに、債権譲渡をするという合意（債権譲渡契約）を別にする必要はない。
判例・通説は、物権変動の場合に、いわゆる物権行為独自性説を否定するのと
同様、債権譲渡の場合にも、原因行為である債権行為があれば債権譲渡の効果
が発生するものと解している。したがって、【例題】では、Xが請負報酬債権
を取得した原因行為であるA・X間の「代物弁済契約」の成立を主張すれば、
A・Y間の請負契約に基づく請負報酬債権をXが取得したといえる。

　2017年民法改正前は、代物弁済について要物契約説（判例）と諾成契約説
（通説）が対立していたが、2017年民法改正では諾成契約説によることになっ
た（482条）。したがって、①本来の債務が発生したこと、および、②本来の債
務の弁済に代えて代物を給付「する」旨の合意をしたこと（代物弁済契約を締
結したこと）で足りる（☞**応用民法Ⅰ第8章 Deep Learning Ⅰ-19**）。【例題】では、
請負報酬債権についてAからXへの債権譲渡の効果の発生を主張すれば足りる
から、債務者対抗要件（467条1項）を具備した点についての主張は不要である。

　なお、【例題】の場合とは異なり、代物弁済によってXのAに対する元利金
債権（本来の債務）の消滅という効果の発生をまで主張するためには、弁済者
が本来の債務の弁済に代えて他の給付を「した」ことが必要となるから、Aか
らの元利金債務の弁済に代えて、Yに対する報酬債権を取得したことを主張す
るためには、Xが債務者対抗要件（467条1項）を具備したことまで主張しなけ
ればならない。

(c)　どのような事実を主張すればよいか（請求原因事実）

　以上の検討から、【例題】では、主たる請求である請負報酬支払請求権が発
生し行使が可能であることを基礎づけるためには、①A・Y間で請負契約を締
結したことだけでなく、②「仕事の結果」が生じていると評価できること、か
つ、remedy構成によれば、③Yによる報酬の支払いがないことを主張すれば
よいことになる。②については、Aは、2021年11月10日までに最終工程まで一
応工事が終了したが、同月17日の検査でシャワー施設の一部が発注どおりの仕
様ではないとYがクレームをつけているから、すくなくとも、この時点では、

なお、契約当事者は報酬支払請求権を認めるに足るレベルまでの履行水準に達しているとは考えていないものと解される。【例題】の場合には、上記クレームを処理し、Aが工事完了書をYに交付した事実を主張すればよいものと解される。

加えて、remedy 構成によれば、A・Y間の請負契約では、仕事の目的物であるクラブハウスをYがAに引き渡す必要があることから、2021年11月25日に甲を引き渡したことも主張する必要がある（司法研修所編・前掲書196頁および199頁は、2017年民法改正後も履行請求権を伝統的な見解に従って理解し、契約に基づいて本来的に債権者が取得する権利と解しているから（☞**第13章❷2.（c）**）、請負報酬支払請求訴訟においても、目的物の引渡しを請求原因段階で主張する必要はないと解している。）。

なお、建設請負では、しばしば着工時、棟上げ時、引渡し時に報酬を分割して支払う特約があり、【例題】でも報酬を3回に分けて支払う特約条項がある。【例題】の場合、請負人がすでにした仕事の結果のうち可分な部分の給付として、報酬支払時期の特約はなされたのかは明らかではない。しかし、契約締結時に支払われた5000万円については、建物の完成前の前払いの趣旨であることは明らかであり、注文者が請負人に信用を供与したものと考えるべきである。一方、残報酬分4億円は「完成引渡し後」1か月以内に支払うことが約定されており、注文者に残報酬分の支払いを上記の時期まで猶予する趣旨であるものと解される。

以上の検討結果をまとめると、4億円の残請負報酬支払請求権があるというためには、ア）Aは2020年12月1日、Yとの間で、クラブハウスの設計・施工（以下、本件工事という）を代金5億円で請け負い、契約締結時に5000万円、2021年8月末月に5000万円、完成引渡し後1ヶ月以内に4億円を支払うことを約した。（本件請負契約の成立）。イ）本件工事の予定工程を全て完了させ、工程表に基づいて作業が完了しているかどうかの検査を行い、Yから求められたシャワー施設の補修工事を実施し、同月22日に本件工事完了書をAがYに交付した（「仕事の結果」が生じているといえる評価根拠事実）。remedy 構成を採用すれば、さらにウ）同月25日に、甲をAに引き渡した。エ）甲の引渡後1ヶ月が経過したが、4億円の支払いがない。以上の事実を主張すればよいものと解さ

れる。

　一方、請負報酬債権の取得原因である代物弁済については、ア）Ｘは、2020年4月30日に、Ｙに対し、3億円を弁済期2021年4月30日、利息年2％の約定で貸し付けた。イ）Ｘ・Ｙは、2022年1月30日に、ア）の元利金債権の弁済としてＡのＹに対する請負報酬債権4億円を譲り受けることを合意した。以上の事実を主張すればよいものと解される。

 rofessional View II-8

「仕事の結果」（632条）についての主張・立証（川上）

　remedy 構成に立てば、請負契約に基づく報酬支払請求権の実体法上の要件は、本文で述べたとおり、①請負契約の成立、②「仕事の結果」が生じていること、③報酬支払債務の不履行である。

　実際の訴状では、②について、単に「契約で約した仕事を完成した。」（条文の文言では「結果」を出したとなるのであろうが、通例、「完成」と表現している）とだけ記載することも多い。この原告の主張に対し、被告が争わず、「認める」と答弁すれば、裁判上の自白が成立する。一方、被告が仕事の結果に争いがあるとして、「結果」の事実を否認すれば、原告は「結果」について、契約の趣旨に照らして、どのような「結果」が契約の内容であったのか、その「結果」を出していることを具体的に主張することになる。

　このような当事者の主張のやりとりが、口頭弁論の終結時点で当事者の主張として整理されて裁判所が判断することになる。この当事者の主張のやりとりを整理するために行われるのが、民事訴訟法の「争点及び証拠の審理手続」である。この手続の中では、当事者の主張が積み重ねられることで主張がふるい落とされたり、法的位置づけが整理される。

　民事裁判手続は、原告がそのように主張するのであれば被告はこのような反論をする、被告がそう反論するのであれば原告はその反論と自らの主張を補強するという当事者の対話の中で審理が進んでいく動的なものである。実際の民事裁判手続では、最初からブロック・ダイヤグラムのような精緻に整理された主張がなされているわけではなく、当事者の主張のぶつかり合いと出し入れというダイナミックな展開中で争点が形成されていく。ブロック・ダイヤグラムは、弁護士からすれば、当事者の主張・立証が出尽くした口頭弁論終結時点での総括である。証拠関係に照らして、

複数存在しうる選択肢中から、自己に有利な結果を導くブロック・ダイヤグラムを如何に作成するかという動的な側面があることを忘れてはならない。　■

2. | 遅延損害金の支払いを求める請求

　【例題】では、附帯請求として、Xは、特約条項に基づいて遅延損害金の支払いを求める請求をしている。本件特約条項は損害賠償額の予定であり（420条3項）、債務不履行（履行遅滞）に基づく損害賠償請求権（415条1項）が訴訟物となるが、請負報酬債権は金銭の給付を目的とするもの（金銭債権）であり、419条2項は、債権者において損害の発生とその額について立証する必要はないと規定する。Xとしては、特約条項を主張して約定利率が法定利率を超えることを明らかにすることになる（419条1項ただし書）。

　すでに述べたように、本件契約では、完成引渡し後1か月以内に残報酬分4億円を支払うものとされているから、履行遅滞であるというためには、Xは、「仕事の結果」だけでなく、報酬支払いに関する上記特約条項に基づいて、甲の引渡しおよび引渡し後1か月が経過したことを主張することが必要となる。

　なお、【例題】の場合とは異なり上記特約条項がない場合、主たる請求の請求原因において、請負契約の成立が明らかになると、目的物の引渡義務と報酬支払債務との間には同時履行の関係があるから（633条）、報酬支払請求に対して注文者には履行拒絶権があることが明らかとなり（同時履行の抗弁権の存在効果）、履行遅滞に基づく損害賠償請求権の発生を基礎づけることができなくなる。したがって、報酬支払債務の不履行を原因として遅延損害金の支払いを求める場合には、伝統的構成に立っても、附帯請求との関係で、結局、「目的物の引渡し」を請求原因段階で主張しておくことが必要となる（売買代金債務の不履行を原因とする遅延損害金の請求について、☞**第13章❷2.(c)**）。

❸　Xからの請求をめぐる攻防

1.｜Yからの反論①──対抗要件の抗弁

　Xは、AのYに対する請負報酬債権の譲受人ということになる。譲受人Xに対して第三債務者Yはどのような反論ができるだろうか。

　譲受人は、債務者対抗要件を具備するまで、債権者であると第三債務者に主張できないことから（467条1項）、Yとしては、債権譲渡について債務者対抗要件を具備するまでは、Xを債権者とは認めないと反論することが考えられる。

　もっとも、【例題】では、譲渡人AからYに債権譲渡通知をし、同通知がYに到達していることから、Xは債務者対抗要件を具備したことを主張・立証すれば（再抗弁）、Yによる上記反論は容易に覆る。

2.｜Yからの反論②──契約不適合に基づく抗弁

　債権譲渡があっても、債務者は、対抗要件具備時までに債権者＝譲渡人に対して生じた事由をもって譲受人に対抗できる（468条1項）。債権譲渡は、債権の譲渡人と譲受人との合意のみによって債権を移転することができるが、債権譲渡によって当該債権の債務者（第三債務者）が不利益を受けるべきではないからである。

　【例題】では、Xが譲受債権である報酬債権について対抗要件を具備したのは、2022年2月1日であり、この時点までにYがAに対して生じた事由をもって、Xに対抗できることになる。

　Yは、建物の品質からいって、仕事の結果が生じたといえるほどの履行状態には達成していないとして、上記評価を障害する事実（3階プールの床下の部分のコンクリートに幅0.4mmのクラックがあり、そこから漏水していること）を主張して報酬支払請求権の発生自体を障害することも考えられる。しかし、YはAの報酬支払請求権の発生が認められることを前提に、Aに対して建物の品質について契約違反があるとして、修補請求（補修工事費用5,000万円）および損

害賠償請求（休業補償1000万円）を求めており（**事実4**）、その後、補修に代えて甲の瑕疵を原因として6000万円の損害賠償を求めている（**事実6**）。そこで、以下では、Aがこれらの債務を履行していないことをもって、YがXに対抗できるかどうかを検討することにしたい。

Professional View Ⅱ-9

幅0.4mm のクラックの評価 （川上）

コンクリート基礎のひび割れがある場合に、建物の品質に瑕疵があったといえるかどうかを判断する際に、以下の2つの基準値が参考になる。

1つは、「住宅の品質確保の促進等に関する法律」（品確法）の基準である。同法70条の住宅紛争処理の規定を受けて、国土交通省告示1653号がひび割れ幅に関する技術的基準を定めている。この基準では、「ひび割れ幅」と「構造上の瑕疵が存在する可能性」を関連付けられていて、基礎のひび割れが、①幅0.3mm 未満の場合には瑕疵が存在する可能性が「低い」、②幅0.3mm 以上0.5mm 未満の場合には瑕疵が存在する可能性が「一定程度存在する」、③幅0.5mm 以上または錆汁を伴う場合は瑕疵が存在する可能性が「高い」と定めている。この基準に照らせば、【例題】での幅0.4mm のクラックの存在は、一定程度の瑕疵がある可能性を基礎づける事実と評価することができる。

もう1つは、日本建築学会の基準として公表している「鉄筋コンクリート造建築物の収縮ひび割れ制御設計・施工指針（案）・同解説」に記載されている基準値である。この基準では、評価項目を「劣化抵抗性」と「漏水抵抗性」に分類した上で、さらに劣化抵抗性を「屋内側」と「屋外側」に分けて定めている。劣化抵抗性については、許容ひび割れ幅は、屋内で0.3mm 以下、屋内で0.5mm 以下とされ、漏水抵抗性では0.15mm 以下と、劣化抵抗性と比べて厳しい基準値が設定されている。この基準に照らせば、設例での幅0.4mm は、屋内であること、プールの床下で漏水の危険があることに鑑みれば、劣化抵抗性および漏水抵抗性のいずれも許容値を超えている事実と評価される。

いずれの基準値で見るべきかにより、幅0.4mm のクラックの評価が大きく異なることになり、原告・被告間で、「幅0.4mm」の評価を巡って厳しい攻防が予想される争点である。

(a)　債務不履行責任か契約不適合責任か

　建物の品質について契約違反があるとして主張されている上記の修補請求権および損害賠償請求権は、債務不履行を原因として、本件契約に基づき仕事完成義務の履行を求める権利と415条に基づく損害賠償請求権があると主張していると解すべきだろうか。それとも、品質に関する契約不適合を原因として562条に基づき追完（補修）請求権および564条に基づき損害賠償請求権を主張していると解すべきだろうか。

　2017年民法改正前は、前述した「仕事の結果」が生じた時点から報酬支払請求権を行使できるだけでなく、この時点から債務不履行責任の特則として瑕疵担保責任の規定の適用があると解する見解が多かった。しかし、2017年民法改正では、契約不適合責任をすでに自らの債務の履行を完了したという合理的な期待をもつ債務者を保護するとともに、引き渡された物が契約内容に適合しないという状態を除去するために債務不履行責任を追及しようとする債権者の権利との間の調整を図るための制度として位置づけている。したがって、契約不適合責任は、目的物の引渡し時以降に仕事完成義務が完全には履行されていない場合に、債権者にどのような救済手段が認められるかを明らかにした制度と解すべきである（☞森田宏樹「売買における契約責任——契約不適合に基づく担保責任の意義」瀬川信久ほか編『民事責任法のフロンティア』〔有斐閣、2019年〕273、287頁）。

　2017年民法改正によって、請負人の担保責任に関する改正前634条は削除され、559条に基づいて562条以下の契約不適合に関する規定が準用されることになったが、役務提供型の契約である請負契約と財産権の一回的な移転を目的とする売買契約との間には、契約内容に違いがある。また、請負契約の内容は多様であり、請負人が契約に基づいて目的物の引渡義務を負っている場合と負っていない場合がある。前述したように、報酬支払請求権が発生する時期を「仕事の結果が生じた」時と解すると、請負人が契約に基づいて目的物の引渡義務を負っている場合には、「仕事の結果が生じた」時から目的物の引渡し時までの間、契約不適合責任の適用があるのかどうか（具体的には、仕事完成義務の不履行を原因として、買主によって行使できる権利が契約不適合責任に基づいて主張できる権利に制限されるのか、また、買主の権利行使期間が制限されるのか）を巡

って見解が対立することになる。

【例題】のような建設請負契約の場合、物の製作だけでなく製作した目的物の引渡しも契約の内容となるから、契約不適合責任の規定が適用されるのは、売買契約の場合と同様、目的物の引渡し時点以降と解すべきであろう。

たとえ引き渡された目的物に契約内容との不適合があり仕事完成義務に違反する点があったとしても、仕事の結果が生じ注文者に目的物を引き渡した場合、請負契約上の債務の履行を完了したとする請負人の期待にはやはり合理性があり、請負人の上記期待を保護する必要があるといえるからである。これに対して、仕事の結果が生じた後目的物の引渡し時までの間に、仕事の品質などについて契約内容に適合していないことが判明した場合には、請負人が仕事完成義務を履行したと考える合理的期待があるとはいえないはずであり、引渡し前までは、仕事完成義務の不履行を原因として一般法としての債務不履行責任を負うべきものと解される。したがって、仕事の目的物の引渡しを要する請負契約の場合、2017年民法改正の下では、「仕事の結果が生じたと評価できる程度の履行状態に達した」という概念が重要となるのは、前述した報酬支払請求権の発生時期との関係にとどまり、契約不適合責任の適用の有無は、目的物の引渡し時の前後で判断すべきものと解される（☞下記【図表1】）。

【図表1】 remedy 構成を前提とした請負契約の成立によって発生する債権と各請求権の関係（請負目的物について引渡を要する場合）

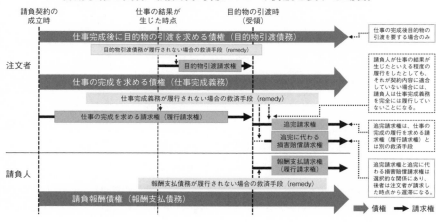

【例題】では、AからYに甲が引き渡された2021年11月25日以降は、YはA
に契約不適合責任を原因として権利を行使することになり、YはAに対して追
完（修補）請求権（562条）および損害賠償請求権（564条、415条1項）を主張
したものと解される。

　なお、請負契約の内容が、仕事の目的物の引渡しを要しない場合には、「仕
事の結果が生じた」時点＝「当該契約において報酬支払請求権を認めるに足る
レベルまで履行水準が高まっている」時点を基準に、債務不履行責任と契約不
適合責任の適用範囲を画するとともに、この時点で報酬支払債請求権が発生す
るものと解される。このように、請負契約の場合には、提供される役務の内容
によって契約不適合責任がいつから発生するのかも、契約内容に適合している
かどうかの判断基準も異なることになるが、2017年民法改正は、債務の発生原
因および取引上の社会通念に照らして契約内容を解釈することを求めており、
契約内容に応じた解釈が、2017年民法改正の考え方に沿うものと考える。

(b)　追完（修補）請求権の有無

　請負契約について契約不適合責任に基づく権利が発生しているというために
は、目的物の品質等についてどのような内容の仕事をすることが契約で合意さ
れたかを明らかにし、それが明らかでない場合には、当該請負契約締結当時の
取引観念に照らして目的物についてどのような品質・性能を有することが予定
されていたのかを判断基準として、目的物の引渡しの時点（引渡しを要しない
場合には仕事の結果が生じたと評価できる時点）で、実際に行われた仕事が上記
の基準に適合的でないこと、および、不適合を通知したことにつき、注文者が
主張・立証責任を負うことになる（☞第13章❹1.(a)）。

【例題】の場合、漏水の直接の原因は、3階プール床下部分の損傷であり、
建物部分の品質に詳細な約定があったわけではないが、①シニア層向けクラブ
ハウスとして利用できるような品質の建物であること、②震度7の地震に耐え
る強度をもった建物であること、③最大3mの津波の到達度との関係で5階
に事務所を設置することが、A・Y間の契約内容となっていたのであり、これ
らが適合性の判断基準となる。これに照らせば、3階プール床下部分の損傷に
よって漏水が発生していることは、①に適合していないものと解される（☞前

述**本章 Professinal View Ⅱ-9**）。

　もっとも、３階にスイミングプール、２階にテニスコートの設置を希望したのはＹであるから、プール満水時の重量と２階部分に柱が少ないことが３階プール床下部分の損傷の要因になったとすれば、Ｘからは、636条に基づいてＹの「指図」によって契約不適合が生じたとする再反論が主張される可能性がある。

　636条本文は、注文者の提供した材料または指図によって契約不適合が生じている場合に、請負人の契約不適合責任を免責している。しかし、請負人は自己の責任と裁量に基づいて役務の提供を行うことができるのであるから、請負人の免責を認めるためには、請負人の独立した判断が排除されているような場合である必要がある。このような場合であっても、請負人は、材料や注文者の指図が不適切であることを知りながらこれを告げない場合には、免責されない（同条ただし書）。したがって、【例題】の場合、636条に基づいてＡの免責を主張するためには、設計・施工上、Ａの裁量に基づいて役務の提供を行うことが排除されていたと主張できるかどうかによる。

(c)　追完（修補）に代わる損害賠償請求権の有無

　2017年民法改正前は、請負における瑕疵担保責任について、修補請求とともに損害賠償請求をするのか、修補に代えて損害賠償請求権を行使するのかは、注文者の選択に任されていた（改正前634条２項）。

　2017年民法改正では、契約不適合責任は債務不履行責任の特則として規定され、契約不適合責任に基づく効果として415条に基づく損害賠償請求権の行使を妨げないと規定されているから（564条）、追完に代わる損害賠償請求権が認められるかどうかは、415条の解釈問題となる。学説上は、追完に代わる損害賠償請求権を、①415条１項の債務の本旨に従って履行をしないことによって生じた損害賠償請求権の一態様であると考える見解と、②415条２項の「債務の履行に代わる損害賠償請求権」に当たるとする見解が対立している（☞潮見佳男『新契約各論Ⅱ』〔信山社、2021年〕230頁）。415条２項は債務不履行を原因として填補賠償請求権ができる場合を限定的に列挙しているとすると、後者の見解では、同条２項各号の要件に該当しなければ、追完に代わる損害賠償請求

はできないことになる。

　415条2項1号・2号は、無催告解除権の発生要件を満たしている場合（542条1項・2項）、同3号は、解除の意思表示がなくても、債務不履行によって契約解除権が発生している場合に、履行に代わる損害賠償請求ができることを規定しており、解除権の行使があるかどうかにかかわらず、解除権の発生時点で履行に代わる損害賠償請求ができることを定めている（この結果、2017年民法改正では、履行請求権と履行に代わる損害賠償請求権が併存する場合があることになり、契約の解除の意思表示がない限り、履行請求権が金銭債権の場合には、履行に代わる損害賠償請求権と対当額で相殺するという問題が生じることになる）。

　このように、415条2項は、解除権が発生する場合に、履行に代わる損害賠償請求権（塡補賠償請求権）が認められることを明らかにした規定であり、解除権の発生を前提にしているわけではない追完（修補）に代わる損害賠償請求権について、その発生要件を415条2項に基づいて規律すべきではないものと解される。契約不適合責任に基づく追完（修補）に代わる損害賠償請求権は、債務の履行がなされたという債権者の合理的期待を一方で保護し、債権者・債務者間の利害を調整するための手段であり、564条によれば、追完請求や代金減額請求ができる場合であっても、415条に基づく損害賠償請求権の行使は妨げられないのであるから、追完に代わる損害賠償請求権は415条1項に基づく損害賠償請求権の一態様と解すべきである（筒井健夫＝村松秀樹編著『一問一答民法（債権関係）改正』〔商事法務、2018年〕341頁、森田・前掲論文285頁など）。

　追完（修補）に代わる損害賠償請求権は、第三者に修補をさせ、その費用分について請負報酬債権を減額させる点にその実際的な機能がある。そこで、代金減額請求権に先立って追完請求権を優先させる2017年民法改正の考え方を念頭に、原則として追完請求権が追完に代わる損害賠償請求権に優先すると解する見解がある（森田修「請負・寄託」判時2423号〔2019年〕132頁、潮見・前掲書235頁、田中洋「改正民法における『追完に代わる損害賠償』（5・完）」NBL1198号39頁など）。

　請負契約の場合、請負人との間で修補について一定の交渉がなされることが通常であろうから、まずは追完が催告される場合が多いものと思われるが、【例題】のように、補修工事を早急に実施したい場合や補修工事を引き続き請

負人に行わせることについて注文者に危惧があるようなときには、563条2項に該当する場合を除き、追完を催告しなければ追完に代えて損害賠償請求ができないと解すべきではないだろう。

　追完（修補）に代わる損害賠償請求権も契約不適合責任に基づく権利であるが、上記のように解すると、追完とともに損害賠償請求をするのか、追完に代わる損害賠償請求をするのかが明らかでないと、請負人はどのような債務の履行を行えば契約上、自ら債務の履行を完了したことになるかがわからない。したがって、2017年民法改正前と同様、注文者による選択の意思表示が必要であり、追完に代わる損害賠償請求権は期限の定めのない債務であるから、履行の請求時点で遅滞に陥るものと解される（412条3項。☞前掲**本章**【図表1】）。

　【例題】では、当初は追完とともに損害賠償を請求していたが、2022年4月22日の時点で、YはAに対して追完（修補）に代わる損害賠償を請求しており、この時点で選択の意思表示があったことになり、この時点で追完に代わる損害賠償請求権が発生するものと解される。

(d)　468条1項に基づく対抗の効果

　AからXに報酬債権の譲渡があっても、Yは、対抗要件具備までに、上記のような契約不適合に基づく権利をAに対して主張できる場合には、その事由をXに対抗できることになる（468条1項）。しかし、なぜ、上記の主張がXからの請求に対するYの有効な反論となるのだろうか。

　請負契約は、契約の当事者の一方が仕事の完成を約し、他方が仕事の結果に対して報酬を支払うことを約する契約であるから双務契約である。したがって、契約成立の時点で発生する仕事完成義務と報酬支払債務との間には対価的な関係があり、両債務間には、履行上の牽連性が認められることになる。

　しかし、【例題】のように、建物の建設とその引渡しを請負契約の内容とする場合には、「仕事の結果」が生じた時点で報酬支払請求権が発生する（☞**❷1.(a)**）。また、請負契約では、533条以外に、633条を設けて、目的物の引渡義務と報酬支払義務との間に同時履行の関係を認めている。仕事の完成だけでなく完成した物の引渡しも仕事完成義務に含まれると解すると（通説）、533条に基づいて、どのような債務の履行を一方的に求めることが契約当事者間で公平

とはいえないことになるのかは、必ずしも明らかではない。

　物の引渡しを要する場合、報酬支払請求権の発生時点を「仕事の結果」が生じた時点と解すると、①「仕事の結果」が報酬支払義務との関係で「先履行」になり、請負人には、②「仕事の結果」が生じた後に目的物の引渡義務があることになる。そこで、①との関係で、目的物の引渡義務と報酬支払義務とが「同時履行」の関係に立つことを明らかにするために、633条の規定が置かれているものと解すべきである（通説が、仕事完成義務の中に目的物の引渡義務も包含されると解するのは、目的物引渡義務に報酬支払債務との同時履行関係を拡張するためにすぎないものと考えるべきだろう。本書では、目的物の引渡を要しない請負もあることから、請負人の債務を仕事完成義務と目的物の引渡義務に分け、両者の関係を考えることにした。☞前掲**本章【図表1】**）。一方、633条ただし書が、物の引渡しを要しない場合に624条1項を準用し、仕事の終了時点（「仕事の結果」が生じた時点）を報酬支払請求ができる時期と規定しているのは、①の点を明らかにするためである。

　2017年民法改正で、改正前571条は削除されたが、前述したように契約不適合責任は債務不履行責任の特則であるから、契約不適合責任に基づく権利と報酬債権との間にも533条に基づいて同時履行関係が維持されることになる（同旨、司法研修所編・前掲書199頁）。

　契約不適合責任に基づく権利である追完（修補）請求権は、契約内容に適合しない履行がなされている場合に目的物引渡し後に認められる権利であり、remedy構成に立てば、仕事の完成を求める請求権（履行請求権）とは別の権利である。しかし、仕事完成義務と報酬支払義務との間には履行上の牽連性があり、仕事完成義務が履行されない場合の救済手段である追完請求権と報酬債権との間にも履行上の牽連性が維持されることになる（☞前掲**本章【図表1】**）。したがって、追完（修補）がなされるまでは、報酬の支払いを拒絶することができ、remedy構成に立てば修補がなされない限り報酬支払請求はできないものと解される。

　もっとも、追完（修補）義務の不履行を原因として残請負代金「全額」4億円について支払いの拒絶ができるかどうかはなお問題となるが、同時履行関係を認める目的は、仕事完成債務の現実的な履行を求めることにあるとして、報

酬全額について履行拒絶権を認める見解が多い（ただし、契約の不適合の程度や契約当事者間の交渉の程度に鑑み、全額の支払いを拒絶することが信義則に反する場合には、同時履行の抗弁権に基づき履行拒絶権が認められない場合がある。最判平成9・2・14民集51巻2号337頁））。

したがって、Yは、468条1項に基づいて、Aが補強・補修工事をするまでは、Xに対して請負報酬支払義務の履行を拒絶することができるものと解される。また、報酬支払義務につき履行遅滞を原因として損害賠償が請求されているが、Yには報酬支払義務の履行遅滞につき「Yには責めに帰すべき事由がない」ことになり（415条1項ただし書）、附帯請求についても請求棄却を求めることができることになる。

【例題】では、Yは、当初、追完（修補）を請求していたが、その後、Aに対して追完に代えて損害賠償を請求している。

533条は、債務の履行に代わる損害賠償義務についても、相手方の債務との間に履行上の牽連性を拡張していことから（533条本文かっこ書き）、この趣旨からすれば、追完（修補）に代わる損害賠償請求権と報酬債権との間にも、履行上の牽連関係を認めるべきでものと解される。しかし、追完に代わる損害賠償請求権と報酬支払債権はともに金銭債権である。

したがって、両者の間に履行上の牽連性を認めるのは、延期的抗弁を認め両債務の現実的な履行の実現を担保するためではない。注文者に追完（修補）に代わる損害賠償請求権があるかぎり、注文者に報酬支払債務について履行遅滞の責任が生じないとするものにすぎない。

このように解すると、YがXに対してAの仕事完成義務の不履行を原因として追完に代わる損害賠償請求権があることをもって対抗できるとする反論は、追完（修補）請求権がある場合とは異なり、報酬支払請求権の発生を全部阻止する意味はなく、もっぱら報酬支払債務につき履行遅滞とならないとして、附帯請求である遅延損害賠償請求権の発生を障害するにとどまるものと解される。

なお、債務の履行に代わる損害賠償請求権についても、代金債権など反対債権が金銭債権の場合には、同時履行関係が認められる。この場合にも、同時履行関係にあるとする趣旨は、一方の債務につき履行ないし履行の提供があるまで反対債権につき全額の履行拒絶権を認めるものではなく、反対債権について

履行がなされないとしても付遅滞にならないことを規定するものに過ぎないものと解される。

3. | Yからの反論③——相殺の抗弁

　2017年民法改正後は代金減額請求権が法定されたことから（563条1項、2項、559条）、同請求権の行使によって代金減額の効果を主張することになるとする見解もあるが（山本豊編『新注釈民法(14)』〔有斐閣、2018年〕175頁〔笠井修〕）、代金減額請求権は形成権であるから、行使の時点で請求内容が確定していることが必要であり、また行使した時点で効果が発生することになるから、残報酬支払債務がある場合、代金減額請求をした時点から注文者は履行遅滞に陥ることになる。

　後述するように、追完（修補）に代わる損害賠償請求権を自働債権として報酬債権と相殺する場合には、後述するように、判例は、相殺の意思表示の時点から注文者は残報酬債務につき履行遅滞の責任を負うものと解しているから、実務的には、残請負報酬支払債権の額が大きい場合には、減額請求権によらないで、損害賠償請求権を行使し損害額がほぼ確定した段階で、追完（修補）に代わる損害賠償請求権を自働債権として相殺の意思表示を行う従来の取扱いが、今後も維持される可能性が高いように思われる。

　【例題】でも、Yは報酬の減額を請求していない。Yは、瑕疵工事を原因としてAに対して追完（修補）に代わる損害賠償を請求し、これを自働債権として報酬債権の譲受人であるXに対して口頭弁論期日で相殺の意思表示をし、請求の一部棄却を求めている。

(a)　譲渡された受働債権（請負報酬債権）との相殺の可否

　もっとも、【例題】では、両債権は、X・Y間に対立した債権があるわけではないことから、YがXに相殺の抗弁を主張するためには、相殺適状の要件（505条1項）を充たし、相殺の意思表示（506条1項）があったことだけでなく、469条の要件も充足していることが必要となる。

　債権譲渡と相殺については、最判昭和50・12・8民集29巻11号1864頁がある

が、受働債権の譲受人が、譲渡人である会社の取締役兼従業員である場合に、第三債務者は譲渡人である会社に対する債権を自働債権として譲受債権との相殺をもって譲受人に対抗できるとした。学説上は、債権譲渡の場合にも、差押えの場合と同様に、無制限説をとったものではないとして上記判例の射程を限定的に解し、相殺の抗弁が改正前468条2項の抗弁（現行468条1項）にならないとする見解が多かった。

　しかし、2017年民法改正では、債権譲渡について譲受人が対抗要件を具備する前に、債務者が譲渡人に対して取得していた債権がある場合、この債権を自働債権とする相殺をもって譲受人にも対抗できるとする規定が新設された（469条1項）。「差押えと相殺」に関して形成されてきた判例理論（無制限説）を2017年民法改正でも維持した上、「債権譲渡と相殺」の場合にも、債務者の相殺に対する合理的な期待を債権譲渡によって奪うべきではないと考えていることになる。また、2017年民法改正は、譲受人が譲受債権につき対抗要件を具備した後に、債務者が譲渡人に対して取得した債権であっても、①その債権が対抗要件具備時前の原因に基づいて生じた債権である場合か、②自働債権と受働債権の発生原因が同一の契約に基づいて生じている場合か、いずれかの場合には、対抗できるものとした（同条2項）。

　【例題】の場合、**事実1**および**事実3**によれば、受働債権である報酬債権の弁済期については完成・引渡後1か月以内との特約があり、遅くとも2021年11月25日までには仕事が完成して本件建物が引き渡されていることから、同年12月25日には報酬債権の弁済期は到来したことになる。

　契約不適合責任の規定が適用されるのは、◆**2. (a)**で述べたように、建物の引渡後と解すべきであるから、2021年11月25日に建物が引き渡された時点で、追完請求権は発生することになり、同日から請求できることになる。追完（修補）に代わる損害賠償請求権については、前述**(c)**で検討したように、2022年4月22日の時点でYからAに追完に代わる損害賠償請求権を選択する意思表示がなされているから、この時点で請求できるものと解される。

　一方、債権譲渡についてXが対抗要件を具備したのは、2022年2月1日である。本件訴訟でYは、追完に代わる損害賠償請求権を自働債権として、報酬債権4億円との相殺を主張していることから、469条1項によっては、相殺の効

果をＸに対抗することはできない。しかし、追完（修補）に代わる損害賠償請求権は、Ａ・Ｙ間の請負契約の契約不適合を原因とする権利であるから、対抗要件具備時前の原因に基づいて生じたことになり、Ｙは469条２項に基づいて、相殺を対抗できることになる。したがって、対当額の範囲で、報酬債務が消滅していると反論することができるものと解される。

⒝　Ｘからの再反論──抗弁権付債権との相殺

民法505条１項ただし書によれば、債務の性質が相殺を許さない場合には、相殺は認められない。したがって、抗弁権が付着した債権との相殺は許されないものと解されている。抗弁権付きの債権について相殺が認められると、現実的な履行を強制することができなくなり、抗弁権が認められている意義が失われるからである。前述したように（☞2.⒟）、報酬債務と仕事完成義務との間に履行上の牽連性があることから、報酬債務と追完（修補）に代わる損害賠償請求権との間にも履行の牽連性が認められることになり、両債権は抗弁権付きの債権である。

改正前571条でも、担保責任に基づく請求権と代金債権との間には同時履行の抗弁権が認められていたが、以下の理由から、瑕疵担保責任の効果として認められていた損害賠償請求権を自働債権とする売買代金債権との相殺は、一般的に認められてきた（最判平成９・２・14民集51巻２号337頁）。すなわち、①両債権の間では現実の履行がなされなければならないという要請がないこと、②相殺の実質は注文者に代金減額を認める点にあること、③相手方である請負人に抗弁権喪失による不利益はないことなどが、その理由となる。

したがって、2017年民法改正後も、上記の理由が認められる限り、抗弁権付きの債権であっても相殺はできるものと解される（同旨、司法研修所編・前掲書204頁）。

なお、最判最判平成18・４・14民集60巻４号1497頁、最判令和２・９・11民集74巻６号1683頁は、注文者からの相殺だけでなく、請負人からの相殺も認めている。報酬支払債務と仕事完成義務（引渡しを要する場合には目的物の引渡義務も含む）の関係を2.⒟で検討したように解すると、注文者の側だけに片面的に履行拒絶権が認める意味があることになるが、注文者も追完に代わる損害賠

償請求権や追完とともに損害賠償請求権を行使する場合には、上記①〜③を理由にする以上、請負報酬支払請求権を行使する者からの相殺も認めないわけにはいかないものと解される。

❹ 請求の当否

1. 請負報酬の請求

　これまでの検討結果を整理すると、AのYに対する請負報酬支払請求権は発生しているが、469条2項に基づき、YはAに対する追完（修補）に代わる損害賠償請求権を自働債権とする相殺をXに対抗することができ、追完（修補）に代わる損害賠償額の限度で報酬支払請求権の前提となる残報酬債務が消滅するものと解される（☞**第13章 Link Ⅱ−3**。相殺によって対当額の限度で消滅するのは、本来「債権」である。remedy構成に立てば、追完に代わる損害賠償請求権は「仕事の完成を求める債権」が目的物の引渡後〔目的物の引渡を要しない場合には仕事の結果が生じた後〕に実現していない場合に認められる救済手段にすぎないが、「仕事の完成を求める権利」を金銭化し、完成されないことによって生じる損害とともに賠償請求ができるとした特殊な請求権として、報酬債権との相殺ができるものと解される）。

　契約不適合に基づく追完（修補）に代わる損害賠償請求権は、415条1項に基づく損害賠償請求権の特則であるから、損害賠償の範囲については416条に基づいて検討すべきことになる。2017年民法改正前は、請負契約に関する瑕疵担保責任は目的物に限定されて認められていたことから、【例題】のように、目的物の品質に関する契約不適合から派生して、補修工事のための休業補償分の損害賠償ができるかについては見解の対立があった。しかし、2017年民法改正では、損害賠償請求権一般の問題に解消されることになり、416条に基づいて損害賠償の範囲を論ずれば足りることになった。

　【例題】の場合、補修工事によって2階・3階のスポーツ施設が使用できないことから、2か月間の休業による営業利益の損失（消極的損害）については、416条1項の通常損害に該当するものと解される（営業損害については、☞**第14**

章 Professional View Ⅱ－4）。その限度で、補修工事相当額（積極的損害）ととも
もに、追完に代わる損害賠償請求ができることなり、相殺に供することができ
るものと解される。

2. 履行遅滞に基づく損害賠償の請求

　附帯請求との関係では、残額の請負報酬支払債務について、いつから履行遅
滞となるかが問題となるが、相殺の効果は原則として相殺適状時に遡及する
（506条2項）。【例題】の場合には、両債権の弁済期が到来したのは、追完（修
補）に代わる損害賠償請求がなされた2022年4月22日の時点であり、この時点
で相殺適状にあったことになり、両債権は対当額で消滅し、残請負報酬支払請
求権の額が確定することになる。しかし、請負契約では、補修工事分の損害額
の確定は簡単ではない。また、相殺の意思表示をするまでは請負報酬債権と追
完（修補）に代わる損害賠償請求権との間にも同時履行の関係が認められる。
そこで、判例（最判平成9・2・14民集51巻2号337頁、最判平成9・7・15民集
51巻6号2581頁、最判平成18・4・14民集60巻4号1497頁）は、相殺の意思表示が
あるまでは、履行遅滞の責任が発生していないことを理由として、相殺の意思
表示の翌日から遅滞に陥ると解している。改正後も、請負契約については、上
記判決の考え方が踏襲されるものと思われる。【例題】では、第3回の口頭弁
論期日（2022年7月1日）でYは相殺の意思表示をしているから、Yは、同年
7月2日以降、相殺後の残報酬分に対する遅延損害金を支払う必要があること
になる。

180

●重要判例●
・最判昭和50・12・8民集29巻11号1864頁（債権譲渡と相殺）
・最判平成9・2・14民集51巻2号337頁（請負契約における修補に代わる損害賠償債権と報酬債権の同時履行）
・最判平成18・4・14民集60巻4号1497頁（請負人からの相殺）

●演習問題●

【設問1】

　remedy構成により履行請求権を債務不履行がある場合の救済手段の一つと理解する場合、XがYに対して報酬の支払いを求める請求の訴訟物および請求原因を説明しなさい。また、上記の理解による場合、【例題】の下における請求原因事実は何か、具体的に明らかにしなさい。

【設問2】

　伝統的構成により履行請求権は債権の一権能であるとする場合（☞第13章❷）XがYに対して報酬の支払いを求める請求の訴訟物および請求原因を説明しなさい。また、上記の理解による場合、【例題】の下における請求原因事実は何か、具体的に明らかにしなさい。

【設問3】

　【例題】事実3の下線部の事実を主張することは、A・Y間の請負契約に基づく報酬支払請求権について、どのような法的な意義を有するか説明しなさい。

【設問4】

　Xの請求に対するYの反論としてはどのような反論が考えられるか。また、その当否について検討しなさい。

第19章　請負契約について学ぶ［発展編］

—— 建設中の建物が滅失・損傷した紛争事例を素材として

❶　出題の趣旨

　第18章に引き続き、建物の建設請負契約をとりあげる。**本章**では、仕事の目的物の引渡し前に、完成建物および完成前の工事の出来形部分が滅失または損傷した事案を素材としており、また、滅失または損傷が注文者・請負人双方の責めに帰することができない自然災害（洪水）によって発生している点で、**第18章**の紛争事例とは異なる。

　後述する【**例題**】では、請負人が依頼された工事の一部が下請けに出されており、また、洪水によって建設中の建物（建前）の損傷後に、注文者が請負人との間の契約を解除し、別の建設業者に工事を続行させ、建物を完成している。

　後述のとおり、当初の請負契約の注文者・請負人は、建物を完成させるために、それぞれ当初の契約当事者と異なる第三者との間で請負契約を締結している。そのため、災害発生前に建造された建前や完成建物の所有権が誰に帰属するのか、これらの物が滅失・損傷した場合に、誰が再築の費用を負担するのか、また、当初の請負人・下請負人は滅失・損傷した既設部分について請負報酬相当額の支払いを請求できるのかが問題となる。

　この点、2017（平成29）年民法改正では、仕事が完成しない段階でも、請負人による既設部分の給付によって注文者が受ける利益の割合に応じて、仕事の完成を擬制して報酬の支払いを認める制度（634条）をおいた。このため、建設の中止に伴う注文者と請負人との間の利害の調整規定が導入されたことによって、紛争解決の在り方にどのような影響があるのかを検討することが必要になる。

　また、2017年民法改正では危険負担制度が大きく変わった。特定物に関する物権の設定または移転を双務契約の目的とする場合に債権者危険負担主義を採用していた改正前534条1項および改正前535条（停止条件付双務契約における危険負担）の規定は廃止された。もっとも、536条2項（改正前536条2項）の規定は残された結果、契約上の債務が履行不能となる場合について、536条（債務者の危険負担等）と解除制度が併存することになった。

　また、536条1項の効果についても、「債権者は、反対給付を受ける権利を有しない」という改正前536条2項の規定（反対債務の当然消滅構成）から、「債権者は、反対給付の履行を拒むことができる」という規定（履行拒絶権構成）に改められた。しかし、同時に、履行拒絶権構成を採用する536条1項のいわば特則が規定されることになった。賃貸借契約については、継続的な契約であるという特性に応じて、賃借物の使用収益ができない場合にそれに応じて賃料支払債務の発生が障害されることを認め（611条・616条の2）、役務提供型の契約については特則が定められている（624条の2、634条、648条の2第2項など）。

　なお、2017年民法改正では、売買契約の目的物について引渡しを要する場合に、引渡し後（種類物の場合には特定後目的物が買主に引き渡された後、債権者に受領遅滞・受領不能があった場合には債務者の履行の提供後）の目的物の滅失・損傷に伴う危険については、買主（目的物引渡債権を有する債権者）が負担するものと規定され（567条）、この規定が有償契約一般に準用されている（559条）。

❷　請負人は誰に対してどのような請求権があると主張するのか

　以下の【例題】は、後述する各訴訟で主張された事実を整理したものである。

【例題】

　1．不動産業を営むＡ会社（以下、Ａという）は、ニュータウンの建設に際して、所有する甲土地を甲₁～甲₄に分筆し、私道を整備した上で、2021年6月10日に、建設業を営むＢ会社（以下、Ｂという）との間で、甲₁

〜甲₄の各土地を敷地として、重量鉄骨造3階建ての建売住宅乙₁〜乙₄を各棟4000万円で建設し、2021年11月10日までに全棟の引渡しを完了する旨の請負契約（以下、本件契約）を締結した。本件契約については、民間（七会）連合約款に基づくことにしたが、報酬の支払いについては、契約日に10％、その後は各棟の作業の進捗状況に応じて、着工日に30％、各棟の棟上げ完了時点に40％を支払い、全棟の引渡しが完了した時点で残りの報酬20％を一括して支払うこと、Aに帰責事由がある場合を除き、Bは本件契約を解除できないことなどが約定されていた。

2．Bは、必要な資材を自ら調達し、2021年6月17日に、建物の建設に着手した。一方、Aは、本件契約に従い、Bに対し、4棟分の報酬の一部として、同年6月10日（契約日）に1600万円、同月17日（着工日）に4800万円をそれぞれ支払った。

3．なお、Bは、工期に間に合わせるために、乙₁・乙₂の建設をCに下請けに出すことについて書面によってAから承諾を得、乙₃・乙₄の建設についてはB自ら行うことにした。B・C間の下請契約では、請負報酬は各3600万円とする約定はあったが、報酬の支払い時期や建前の所有権の帰属について特別な約定はなかった。Cは、建設に必要な資材を自ら調達し、A・B間の請負契約で定められた仕様に従い建物を建設していた。

4．工程表の80％程度の作業を終えた時点で、記録的な豪雨が長期間続き、2021年9月7日未明の河川の洪水によって建設中の乙₁〜乙₄が損壊した。乙₁は、60％が建設済みであったが半壊し、乙₂は、建物が完成し引渡しをするだけになっていたが、基礎部分（見積書の工事代金400万円）を残して完成建物が全壊、乙₃は、棟上げが完了し周壁の建設作業を残すだけであったが、基礎部分（同上）を残して建築した部分が全壊、また、乙₄は、棟上げした建造部分が流されただけでなく、敷地甲₄を成形し整地しなければ建物を再築することができない状況であった。

5．Aは、乙₁〜乙₃の建売住宅についてすでに売買契約を締結し、手付（557条）を受領していたことから、Bに対して工事の迅速な再開を求める書面を送った。一方、Cは、洪水発生前までに施工した工事について相当の報酬を支払うようにBに求め、支払いに応じない場合には、工事を

再開しないとBに伝えた。

　6．Aは、Bによる工期内での建物の完成は無理であると判断して、事態を打開するために、2021年10月1日に、Bに対して、本件契約を解除する旨の意思表示をした。乙$_4$の建設は中止することにしたが、乙$_1$～乙$_3$の建設については、D会社（以下、D）に3棟の残工事を1億円（乙$_1$：2800万円、乙$_2$・乙$_3$：各3600万円）で請け負わせた。Dは、乙$_1$については、損傷部分を修復した上で建設工事を完成させ、乙$_2$・乙$_3$については、基礎工事部分には影響がなかったことから、これを利用して建物を再築した。当初の工期よりは1か月遅れとなったが、AはDから乙$_1$～乙$_3$の引渡しを受けた。

　7．これに対して、Bは、洪水が発生した2021年9月7日以前に、乙$_1$はまだ棟上げ完了前であったが、その他は棟上げを完了していたことから、すでに棟上げ時に40％の報酬を受け取っていた乙$_2$を除き、乙$_3$・乙$_4$について請負報酬の40％に当たる合計3200万円の支払いをAに求めて訴えを提起した。一方、Cは、Bに対して、乙$_1$については出来形部分に応じた報酬2400万円の支払いを、建物が完成していた乙$_2$については報酬3600万円の支払いを求めた。また、Aに対しては、AがDに再築させたことによってCは乙$_1$・乙$_2$の建設作業による出来形部分を失ったとして、損傷部分を除く残存価値相当額（乙$_1$については1200万円、乙$_2$については基礎工事部分として400万円）の支払いを求めて、訴えを提起した。

1. 請負契約の個数——重層的な請負を念頭に

　本件契約においては、乙$_1$～乙$_4$の4棟の建物の建設を目的とする請負契約がA・B間で締結されている。建設される建物＝仕事の目的物が複数あることを重視するならば、A・B間には4個の請負契約があると考えることとなろう。このうち、乙$_1$・乙$_2$の建設については、Aの書面による承諾を得て、B・C間で下請契約が締結されている。上記のように考えるならば、B・C間にも2個の請負契約があることになる（以下では、便宜上、A・B間の請負契約で乙$_1$の

建設を目的とするものを「乙₁請負契約」といい、B・C間の請負契約で乙₁の建設を目的とするものを「乙₁下請負契約」のようにいう。乙₂〜乙₄についても同様。また、【例題】に即していえば、A・B間の請負契約を元請契約、B・C間の請負契約を下請契約、Bを元請人、Cを下請人と呼ぶ場合がある）。

なお、建設業法では、元請負人が中間マージンだけを搾取することを防止するため一括下請は禁止されている。しかし、公共工事や共同住宅の新築工事など多数の者が利用する施設または工作物に関する重要な建設工事で、政令で定める以外の建設工事の場合には、注文者の書面による承諾があれば、一括下請ができる（建設22条3項、民間〔七会〕連合約款5条）。したがって、下請契約が締結されている乙₁・乙₂の建設は、建設業法や約款条項に触れる工事ではないことになる。

2. 完成建物および建前と敷地所有権との関係

建物は敷地に固定されて利用されるから、土地の定着物である（86条1項）。しかし、わが国では、建物は敷地と独立した不動産所有権の客体として扱われている。また、所有権の効力が及ぶ範囲を明確にするために、民法は、有体物、つまり、空間の一部を占める外界の物質に限定することによって所有権の客体を画定し、その物の価値全体を把握できるようにしている。したがって、建物の場合にも、外界を遮断する最低限の構造を備えた時点、具体的には、棟上げ後、周壁が設置された時点で、建物は土地とは独立した不動産所有権の客体になるものと解されている（大判昭和10・10・1民集14巻1671頁）。これに対して、建物として独立した不動産所有権の客体となる前の段階の建築物を「建前」と呼んでいる。

また、建前の段階では土地に材料が順次付着していくことになるが、判例（最判昭和54・1・25民集33巻1号26頁など）・通説は、建物と土地が別個の不動産であることから、建前の段階でも建設した部分は土地に付合しないとする考え方（非付合説）を採用してきた。

建物となる時点までに建設した部分が土地に順次付合するという見解（付合説）に立つと、請負人に権限がない限り、建前は土地の所有者に帰属すること

になる（242条）。しかし、このように解すると、材料を加工して建物の建設作業が進行することによって、ある時点までは土地所有権の一部であったものが、ある時点で土地とは独立した不動産所有権の客体として建物所有権が発生すると説明せざるを得ない。これでは、建物が土地とは独立した不動産所有権の客体となることを建設作業という事実行為によって認めることになってしまう。

もっとも、付合説の中には、請負契約に基づいて、請負人は建物建設のために敷地に材料を付合させる「権原」があるとして、242条ただし書を適用し、建前の段階から土地所有権に付合しないとする見解もある。しかし、下請がなされる場合や、借地上に建物を建設する場合など、注文者に敷地所有権が帰属していない場合には、上記見解に立っても説明が難しい。そこで、判例・通説は、建前は建物となるべきものであることから、完成建物だけでなく建前についても土地には付合しないと解している。

非付合説に立つと、【例題】では、洪水発生前の時点では、乙₂については建物所有権が、その他は建前を客体とする動産所有権があることになる。しかし、後述するように、非付合説に立っても、これらの所有権が請負人によって原始取得され引渡しによって注文者が承継取得するのか、それとも、注文者が原始取得するのかについては、見解が分かれている。

3. 誰が誰に何を求めているか

【例題】では、洪水の発生時点までの乙₁〜乙₄建設作業の進捗状況、洪水による損壊の程度、下請けの利用状況、注文者から元請負人への報酬の支払い状況には違いがある。

Bは、Aに対して、乙₃・乙₄はそれぞれ洪水が発生する前に棟上げが完成していたとして、乙₃請負契約および乙₄請負契約に基づいて報酬の40％に当たる２棟分の報酬合計3200万円の支払いを求めている（乙₃と乙₄の建物ごとに乙₃請負契約と乙₄請負契約が締結されたものと考えると、1600万円の報酬支払請求権の訴訟物が２個あることとなる。）。

一方、Cは、Bに対しては、乙₁下請負契約および乙₂下請負契約に基づいて、乙₁の出来形部分に応じた報酬、建物が完成していた乙₂については報酬全額

の支払いを求めている（乙$_1$下請負契約と乙$_2$下請負契約それぞれの契約に基づく報酬支払請求権が訴訟物となる）。Aに対しては、Cが施工した建設工事部分を利用してAが乙$_1$の建物所有権および乙$_2$の建物所有権を取得したことを原因として、Cによる施工分につき不当利得があったとして返還を求めているものと解される（利得や損失は不動産ごとに考えるとすると、2個の不当利得返還請求権を訴訟物としていることとなる。）。

　このように、紛争当事者が3人おり、各当事者間に請求が複数あることから、各請求について検討する前に、便宜上、remedy構成に基づいた各請求の訴訟物を示しておく（☞【図表1】参照）。

【図表1】remedy構成に基づく原告BおよびCからの請求の訴訟物一覧

原告	被告	訴訟物
B	A	①乙$_3$および乙$_4$各請負契約に基づく報酬の不払い（履行遅滞）を原因とする報酬支払請求権
		（予備的に）
		②乙$_3$および乙$_4$各請負契約に基づき注文者Aが受ける利益の割合の割合に応じた報酬の不払い（履行遅滞）を原因とする報酬支払請求権（割合的報酬支払請求権）
C	B	③乙$_1$および乙$_2$下請負契約に基づく報酬の不払い（履行遅滞）を原因とする報酬支払請求権
		（予備的に）
		④乙$_1$および乙$_2$下請負契約に基づき注文者Bが受ける利益の割合に応じた報酬の不払い（履行遅滞）を原因とする報酬支払請求権（割合的報酬支払請求権）
		（更に予備的に）
		⑤不当利得返還請求権 （乙$_1$および乙$_2$元請負契約に基づき、BがAに対して割合的報酬債権を取得したことを不当利得とする）
C	A	⑥不当利得返還請求権 （Aによる乙$_1$および乙$_2$建物所有権取得を原因とする乙$_1$および乙$_2$の出来高を取得したことを不当利得とする）

❸ 請負人Bからの注文者Aに対する請求をめぐる攻防
——完成前に損壊した建前と報酬支払請求権

1. 訴訟物・請求原因

　請負契約は諾成契約であるから（632条参照）、報酬債権は契約成立時点で発生する。しかし、請負契約の場合は、「仕事の結果」に対して報酬を支払うことになるから、仕事の結果が生じた時点で報酬の支払いがない場合に初めて報酬支払請求権が発生する（☞**第18章❷1.(a)(b) i**）。

　しかし、【例題】では、本件契約に関する報酬の支払い時期を3期に分ける特約がされており、契約日に10％、その後は各棟の工事の進捗状況に伴い、各棟の着工日に30％、各棟の棟上げ完了時点に40％を支払い、全棟の引渡しが完了した時点で残りの報酬20％を一括して支払うことが約定されている。本件契約によって、A・B間に4個の請負契約が成立し、請負代金の支払いについてそれぞれ上記約定によるものと解するとしても、上記特約は、仕事の結果が生じたといえる履行状況と比較すると、仕事がどの程度行われたのかに応じて報酬が支払われているわけではなく、建物が完成するまでのどの時期にいくら報酬の前払いをするのを約定したにすぎない。本来であれば、仕事の結果が生じたといえる履行状況になった時点で報酬の支払いを受けることになるから、契約日の10％、着工日に30％は、仕事の結果が生じる前に報酬を支払うことを約していることになり、その意味では、注文者が請負人に対して与信したものといえる。また、棟上げ完了時点で全体の請負代金の80％が支払われることになり、各建物の建設工事の結果とこの金額が相応しているかどうかは明らかではない。したがって、約定された3期の弁済期ごとに、仕事の結果に応じて報酬の支払いが特約されたものとは言えない。全棟の引渡し完了時点で、全棟の残報酬20％を一括して支払うとする特約があるとしても、報酬債権は乙₃請負契約および乙₄請負契約に基づきそれぞれ1個発生するものと解される。

　以上の分析結果からすると、乙₃請負契約および乙₄請負契約に基づくBからの報酬の支払い請求の訴訟物は、いずれも各請負契約に基づく報酬支払いが

ないこと（履行遅滞）を原因とする報酬支払請求権であり、全報酬額の40％に当たる金額を求めているから、Bからの請求は一部請求になるものと解される。

　上記の請求権があるというためには、Bは、①請負契約の成立（Aとの間で、乙₃および乙₄の建物の完成を目的してそれぞれ4000万円で請け負うことを約したこと）、②報酬の支払いについて特約条項があること（契約日に10％、その後は着工日に30％、棟上げ完了時点で40％を支払うものとし、4棟分全部の引渡しが完了した時点で、残りの報酬20％については4棟分を一括して支払うこと）が約定されたこと、③乙₃および乙₄の建物について棟上げが完了したこと、remedy 構成によれば、さらに④②に基づく報酬の支払いがないことを主張すれば、仕事の完成前であっても、乙₃契約および乙₄契約に基づいて各1600万円の報酬支払請求権があることを基礎づけることができるものと解される（同旨、司法研修所編『4訂紛争類型別の要件事実──民事訴訟における攻撃防御の構造』〔法曹会、2023年〕197頁）。

2. 注文者Aからの反論──請負契約の任意解除（641条）

　これに対して、Aは本件契約を解除しており、これによってBとの間の4個の請負契約はいずれも遡及的に消滅し、報酬支払請求権の発生が障害されたと反論する。

　請負契約は仕事の完成を目的としており、注文者にとって不要となった目的物を請負人があえて完成し報酬を請求することは注文者に酷であることから、請負契約の場合には、請負人が仕事を完成しない間は、注文者はいつでも契約を解除できるとする規定が置かれている（641条）。注文者による任意解除権の範囲を仕事が完成しない間に限定したのは、すでに仕事が完成しているのに、請負人に原状回復義務を負わせることは不経済であるからである。

　上記趣旨からすれば、641条で注文者に任意解除権が認められるのは、632条との関係では、請負人に報酬支払請求権あると認められるまでと解されることから、641条の「仕事を完成しない」間とは、仕事完成義務の履行が完了する前までではなくて、仕事の「結果」が生じたと評価できる程度の履行状態に達した」といえる時点までであると解すべきである。

　任意解除されると、請負人は仕事を完成する義務がなくなる反面、報酬債権も消滅し、報酬支払請求権を取得する余地もなくなるが、請負人には、すでに支出した費用と仕事を完成したならば得られたであろう利益を損害賠償として注文者に請求することが認められている。しかし、損害額の算定は容易でないことから、損害賠償額の提供は、任意解除権の発生要件ではないものと解されている（大判明治37・10・1民録10輯1201頁。中田裕康『契約法』〔有斐閣、2017年〕517頁）。したがって、641条に基づいて解除の効果をＡが主張するためには、解除の意思表示をしたことを主張すればよいものと解され、これに対して、請負人は仕事の「結果」が生じたと評価できる程度の履行状態に達していたことを主張して解除の効果の発生を阻止することになるものと解される。

3. Ｂからの新たな請求──割合的報酬支払請求権（634条）

　もっとも、判例（大判昭和7・4・30民集11巻780頁、最判昭和56・2・17判時996号61頁）は、工事内容が可分であり、当事者が既設部分の給付に関して利益を有するときは、特段の事情がない限り、注文者が未施工部分について契約を解除することができるにとどまると解してきた。

　しかし、2017年民法改正では、上記判決のような一部解除論によるのではなく、注文者の責めに帰することができない事由によって仕事を完成することができなくなった場合（634条1号）、および、仕事完成前に請負契約が解除された場合（同条2号）には、請負人が既にした仕事の結果のうち可分な部分の給付によって注文者が利益を受けているときは、その部分を仕事の完成とみなし、注文者が受ける利益の割合に応じて、請負人は注文者に報酬の支払いを請求できるとする規定を新設した（634条）。2017年民法改正では、634条1号および2号に該当する場合には、既履行分の仕事によって注文者が利益を受けている限度で、元の契約との関係で仕事の「結果」が生じたとはいえないとしても、仕事の完成を擬制し（仕事の一部については完成したものとみなして）、別途、割合的報酬支払請求権が発生することになる。新設された634条に基づく割合的報酬支払請求権は、仕事の完成に対する報酬の支払いというよりは、注文者が不当利得している限度で清算させるための制度と理解すべきであろう。

　前述のとおり、Ｂは、634条に基づいて基礎部分の限度で仕事が完成したものとみなし、その限度で割合的報酬支払請求権があると主張することになるので、割合的報酬支払請求権の根拠は、元の請負契約に基づく報酬債権に基づいているわけではないことになる。したがって、当初の請負契約に基づく請負報酬支払請求権の場合とは、訴訟物を異にすることになり、訴えを変更することになろう（予備的に請求の趣旨および原因を追加することになる。もっとも、司法研修所編『４訂紛争類型別の要件事実――民事訴訟における攻撃防御の構造』〔法曹会、2023年〕210頁は、634条が「その部分」を仕事の完成とみなし、割合的報酬支払請求権を元の報酬債権が縮減したものと理解しているようであり、割合的報酬支払請求権をもとの報酬支払請求権と異ならないものと解している）。

　634条に基づいて割合的報酬支払請求権が発生したというために、請負人は、①請負契約の成立のほか、②634条１号ないし２号に該当する事実があること、③既にした仕事の結果のうち可分な部分の給付によって注文者が利益を受けていることが、まずは必要である。

　634条の文言からすれば、仕事の一部完成を擬制したにすぎず、報酬を求められるのは「注文者が受ける利益の割合に応じ」た部分であって、請負人が行った既設工事部分に対応する報酬ないし報酬に費用を加算した金額の支払いが当然に認められているわけではない。したがって、①〜③に加えて、④「注文者が受ける利益の割合が相当であるといえる額であること」さらに remedy 構成によれば⑤上記報酬の支払いがないことを主張・立証することが必要になる。

　【例題】の場合、②については、Ａによる任意解除（634条２号）、③については、ＡはＢによって建設された乙₃建物の基礎工事部分をそのまま利用してＤに建物を再築させていることから、Ａは利益を得たと主張することができ、その限度で仕事の完成が擬制され、Ｂの報酬債権があるものと解される。また、④については、Ａが取得した完成建物の基礎工事部分の価値を評価するのか（出来高割合を評価しそれを工事代金に乗じるのか）、Ａが１棟4000万円で建設するところ、残工事を3600万円でＤに請け負わせているから、その差額部分をＡの利得と主張することが考えられるが、いずれの方式でもよいのかは、今後の実務の判断を待つしかない。

　もっとも、乙₃請負契約では、着工時までにすでに報酬の40％（1600万円）

が支払われている。Aは乙₃建物の基礎工事部分によって利益を受けたことを否認することができそうであり、【例題】の場合にはBのAに対する634条1号に基づく割合的報酬支払請求権の発生を認めることはできないものと解される。

　一方、乙₄請負契約については、建前も敷地も流失しており、敷地を成形しないかぎり、建物を完成することができない。Bがした工事によって建前や敷地造成の結果についてAの利得がない以上、634条に基づく割合的報酬支払請求権の発生を認めることはできない。むしろ、Aの任意解除によって、Bの報酬債権は遡及的に消滅するから、受領済みの報酬の40%（1600万円）相当額を保持すべき法律上の原因を失うこととなる。Bは、実体法上、すでに受領した報酬40%を返還しなければならないものと解される。

𝒟eep Learning Ⅱ-18
注文者が契約を解除しなかった場合——解除と536条 （千葉）

　【例題】では、目的物の滅失・損傷につき注文者に帰責事由があるわけではないから、民法上は、請負人は契約を解除できない。ただし、民間（七会）連合約款では、不可抗力のため受注者が工事を施工できないときには、受注者に工事の中止権（32条1項d）を認めており、中止期間が工期の1/4以上になったとき、または、2か月以上になったときには、受注者に契約の無催告解除を認めている（上記約款32条の3第1項a）。しかし、【例題】では、上記規定が排除されている。仮にAが本件契約を解除しなかった場合にはどうなるのだろうか。

　乙₄契約については、本文で述べたように、Aは、536条1項に基づいて、乙₄の敷地が流失して建物を再築できないことを主張してBの仕事完成義務は履行不能となっていることを主張すれば、報酬の支払いを拒絶することができる。しかし、2017年民法改正法では、契約を解除しない限り、報酬債権は消滅しないから、Aは、報酬支払特約条項に基づいてBに契約時および着工時点で報酬の一部として支払った1600万円の返還を求めることができないという結論になりそうである。2017年民法改正では、解除制度と536条を併存させ、536条の効果として履行拒絶構成を採用しているが、これに伴って、理論的には新たな問題が生じていることになる。

　一方、乙₃の建設は可能であり、完成建物・建前の損傷が生じても、請負契約が解除されていない以上、Bはなお仕事完成義務を免れないことになる。Bが建物を完成するために増加費用が生じたとしても、追加費用をAに請求することはできない。

仕事の完成につきBが遅延した場合、遅延の原因は自然災害であるから、Bには仕事完成義務の遅滞について帰責事由はないことになり、415条1項ただし書によってBはAに対して損害賠償義務を負わないものと解される。Aが解除しないままBではなくDに再築させた場合、目的物の滅失・損傷の原因について注文者に帰責事由があるわけではないから、634条1号に該当する可能性があり、Aが解除していない場合でも、Bには割合的報酬支払請求権が認められることになるものと解される。

❹　下請負人Cからの請負人Bに対する請求をめぐる攻防

1. Bに対する乙₂下請負契約の不履行に基づく報酬支払請求権をめぐる攻防

　請負契約の目的は仕事の完成にあり、請負人の仕事完成義務は結果債務である。請負人がどのように仕事を完成するのかについては、請負人に任されており、請負人自ら労務を提供することは必ずしも必要ではない。A・B間の元請契約との関係では、CはBの履行代行者と解されるから、Cが建設した工事は、Aとの関係では、Bによる給付となる。

　A・B間の元請契約の任意解除によっても、洪水によって流失しなかった乙₂建物の基礎工事部分については、乙₃の場合と同様、634条によって仕事が完成したものとみなされ、BからAに対する割合的報酬債権の発生が認められることになる（ただし、Aは、乙₂請負契約の報酬内金として、Bにその80％（3200万円）の支払いをしていることから、相応の報酬をBに支払ったので、Bの給付によっては乙₂建物の基礎工事分から利益を受けていることを否認することが可能であり、BからAに対する割合的報酬請求が認められない可能性がある）。

　A・B間の乙₂請負契約とB・C間の乙₂下請負契約は契約当事者を異にする別個の契約であるから、Aによって乙₂請負契約が641条により任意解除されたからといって、当然に乙₂下請負契約の効力に影響があるわけではない。しかし、乙₂請負契約が任意解除された以上、Cが甲₂を敷地として乙₂を再築することはできない。

634条は、注文者の責めに帰することができない事由によって仕事が完成できなくなった場合（同条1号）と、仕事が完成する前に請負契約が解除された場合（同条2号）に、請負人に割合的報酬債権を認めており、請負契約が解除されても、仕事自体の完成はなお可能である場合も考慮して、2017年民法改正では、請負人が引き受けた仕事の完成が中途で不能となった場合に、既にした仕事について割合的報酬債権を認めている（筒井健夫＝村松秀樹編著『一問一答民法（債権関係）改正』〔商事法務、2018年〕339頁）。したがって、注文者の元請契約の解除によって、下請人が下請契約の履行としての工事を続行できなくなった場合にも、634条1号に基づき下請人Cから元請人Bに対する割合的報酬債権が認められるものと解される。

仕事完成義務の履行が不能である場合に、注文者の帰責事由によって不能となったことを主張・立証すると、請負人は報酬全額の支払いを求めることができること（536条2項）から、634条1号の「注文者の責めに帰することができない事由によって仕事を完成することができなかったとき」という要件は、536条2項が適用にならない限り、仕事完成義務の履行不能によって割合的報酬支払請求が認められることを明らかにするために定められているものと解される（同旨、筒井＝村松・前掲書339頁）。

【例題】の場合、前述したように、Cが乙₂下請負契約の履行として行った基礎工事の結果によって、Bは、634条2号により、Aに対して元請契約に基づいて割合的報酬債権が発生していることを主張できることになる。一方、B・C間の下請契約においては、634条後段1号に基づいて仕事が一部完成したとみなされ、割合的報酬債権が発生することになる。Cが行った同じ給付、すなわち、基礎工事の結果によって、Bは、Aに対する割合的報酬債権を取得する関係になることから、Cに対する関係でBが利得したのは、上記割合的報酬債権であると解するべきである。

上記の構成によれば、Bが無資力であるかどうかを問わず、Cは直接、Aに対してBのAに対する割合的な報酬債権に基づいて報酬の支払いを請求できることになる。ただし、【例題】の場合、CからAに対する直接請求は、BからAに対する割合的報酬債権に基づいているから、前述したように、Aは相応の報酬をすでにBに支払ったことを主張し、Bによる給付によってAは利益を受

けていないとする反論がAからCになされることになろう。

Deep Learning Ⅱ-19
請負契約における引渡し前の完成建物の滅失と危険の負担　（千葉）

　乙₂の場合、Cは完成建物をBに引き渡す前に、建物が損壊している。仮に、完成建物が引渡し前に全部滅失すると、請負人が目的物滅失の危険を負担すると解すべきだろうか。

　請負契約では、**第18章**で検討したように、仕事の結果に対して報酬を支払うものとされ、仕事の結果が生じたといえる履行水準に達すれば、報酬支払請求権を行使することはできるものと解されるが、完成建物が滅失すると仕事完成義務を履行したとはいえず、請負人は再築の費用を負担しなければならないことになる。請負人の仕事完成義務が不履行であることは、仕事完成前の滅失か仕事完成後引渡し前の滅失かによって違いはないものと解されている（内田貴『民法Ⅱ　債権各論〔第3版〕』〔東京大学出版会、2011年〕282頁）。しかし、目的物の引渡しまで目的物の滅失のリスクと再度の仕事の完成費用の負担を全部請負人に負担させる上記見解に対しては批判がある。仕事の完成後、引渡しを要する請負契約の場合、仕事の完成時点以降、目的物の引渡しまでの間にはタイムラグがあることから、仕事完成義務の内容を履行のプロセスに応じて解釈し、仕事完成義務について履行可能かどうかを判断するべきであるとする有力な見解がある（我妻栄『債権各論　中巻二（民法講義 V3）』〔岩波書店、1962年〕625頁、中田・前掲書506頁）。

　この有力な見解によれば、請負契約の主要な目的は仕事の完成にあることから、仕事完成後引渡し前に完成した仕事が滅失した場合には、仕事完成義務自体が履行不能になると解すべきであるとする。仕事完成義務が履行不能となっている以上、注文者は仕事完成を再度求めることはできず（412条の2）、他方で、当事者双方の責めに帰することができない事由によって履行不能となった場合には、請負人が報酬の支払いを求めても、注文者には履行拒絶権があることになる（536条1項）。ただし、引渡し前に製作した物の所有権が注文者に帰属する場合には、完成した仕事を引き渡した後に目的物が滅失した場合と同様、注文者が目的物滅失の危険を負担すべきものと解している（567条1項）。●

　では、乙₁の場合はどうか。乙₂の場合とは異なり、乙₁については建前が半

壊し、仕事の工程や仕事の数量を物理的に分割できない可能性がある。

　確かに、請負契約では、仕事の完成にむけた一定期間にわたる段階的な積み重ねによって請負人の仕事完成義務が履行されることになるが、634条は、請負人による段階的な役務の提供に応じた割合的報酬を認めているわけではない。

　請負人が仕事の完成にむけて役務を提供できない場合に、何らの対価を支払わずに注文者が一定の価値を持つ出来形部分を利得することの不都合や、解除によって原状回復義務に基づいて請負人が出来形部分を除去しなければならない不都合を回避するために、634条は仕事の一部完成があったものとみなして割合的報酬債権を認め、すでに請負人によってなされた仕事の結果を注文者の利得に応じて清算させているものと解すべきである。

　このように634条の制度趣旨を解すると、①部分的な既設部分のみでも本来の契約目的との関係で一定の用途に応えると評価できる場合、②部分的な既設部分のみでは、本来の契約との関係では目的（ないしその一部）を達成することができないとしても、既設工事に追加工事を施すことによって、本来の契約目的が実現できる場合には、当該給付に応じて注文者が利得したと解すべきである（同旨、山本豊編『新注釈民法(14)』〔有斐閣、2018年〕202頁［笠井修］）。

　【例題】では、Dが、Cのした工事を補修して追加工事を行って乙$_1$を完成し、これがAに引き渡されているのであるから、上記②に該当し、Cによる工事は、Aとの関係ではBによる工事となるから、既設工事の残存部分の給付によってAはなお利得しており、BからAに対して割合的報酬債権が認められるものと解される。また、乙$_2$の場合と同様、乙$_1$についても、Cの既設工事の残存部分の給付によってBは利得しており、BからAに対する割合的報酬債権の限度で、CはBに対して割合的報酬債権があるものと解される。

2. CのAに対する未完成建物の価値相当額の金員支払いを求める権利

(a) 訴訟物の選択

　直接の契約関係がないAに対して、Cが未完成建物の残存価値相当額の支払いを請求するためには、大きく分けて、以下の3つの構成が考えられる。①C

に帰属していた未完成建物の所有権が喪失し、これによってAが利得したこと
を原因とする不当利得返還請求権（703条・704条）、ないしは、Cに帰属してい
た未完成建物などの所有権がAの建物所有権に付合ないし加工によって喪失し
たことを原因として償金請求権（248条）があるとする構成（なお、248条は、付
合・加工の規定があることが、不当利得返還請求権の要件である「法律上の原因が
ない」とする要件の充足を妨げないことを明らかにするための規定である）、②Cか
らBへの給付と、BからAへの給付との間に関連性があることに着目して、C
からAに不当利得返還請求権（いわゆる転用物訴権）を認める構成、③Cから
Bに対する報酬債権等を被保全債権として、BからAに対する634条に基づく
割合的報酬支払請求権を代位行使する構成（423条）が考えられる。このうち、
③は、Bの無資力を要件とし、CがBに対して被保全債権があること、BがA
に対して代位可能な権利があることが必要である。【例題】では、Bが無資力
であるかどうかは明らかではない。そこで、以下では、①と②の構成について
検討してみよう。

(b)　未完成建物の所有権喪失を理由とする不当利得返還請求権

　前述したように（☞❷2.）、土地と建物は独立した不動産であるから、判例・
通説は、未完成部分も建物となるべき物である以上は付合しないと解してきた
が、建前や引渡し前の完成建物の所有権の帰属を巡っては、①主な材料を誰が
提供したのかという観点から建前および建物の所有権を決定するべきであると
いう見解（材料供給者基準説）と、②建前および建物の所有権が原始的に誰に
帰属するのかはその原因行為である請負契約の当事者の意思を基準にすべきで
あるとする見解（契約基準説）が対立している。

　材料供給者基準説（判例・伝統的通説）では、注文者が主な材料を供給した
場合には、仕事完成の時に当然に注文者に帰属することになり（大判昭和7・
5・9民集11巻824頁）、請負人が主な材料を供給した場合には、仕事完成の時
に一応請負人に所有権が帰属し注文者への引渡しによって注文者に所有権が移
転することになる（大判大正3・12・26民録20輯1208頁など）。建設請負の場合、
多くは請負人が材料を調達して建物を建設することから、通常は、請負人が建
前および建物の所有権を原始取得し（このため、①の見解は、請負人帰属説と呼

ばれることがある）、完成後の引渡しによって注文者は建物所有権を承継取得することになる。理論的には、加工・付合の規定では、材料の所有者を尊重する考え方がとられており、請負人は材料を提供し自ら役務を提供して建物を建設しているのであるから、請負人が当然、原始取得すると解すべきであるとする。実務的には、仕事を完成するために資金を投入した請負人を保護するために、注文者が請負報酬の支払いを遅滞している場合、請負人が築造した建物の所有権を自己名義に保存登記し（建物の保存登記については、**応用民法Ⅰ 第2章 Deep Learning Ⅰ-5 参照**）、これを第三者に処分してその対価を請負代金に充てることを狙いとしている。もっとも、判例も、引渡し前の完成建物について注文者に帰属するという合意がある場合（大判大正5・12・13民録22輯2417頁、最判昭和46・3・5判時628号48頁など）、注文者が完成前に請負代金を全額または大部分を支払った場合には、建物所有権は完成時に注文者が原始取得するものと解している（大判昭和18・7・20民集22巻660頁、最判昭和44・9・12判時572号25頁）。

　請負人の報酬債権を保護するためには、建物の引渡債権と報酬債権との同時履行の抗弁（533条）、留置権（295条）、不動産保存ないし工事の先取特権（325条）の方法もあり、材料供給者基準説は、請負人を保護するために大きすぎる武器を与えていること、注文者が敷地の所有者であれば、建物所有権だけを請負人に帰属させても、注文者から土地の明渡しを求められ請負人は保護されないとして、批判されている。

　学説上は、契約基準説が有力である。請負契約の目的が、注文者のために目的物を製作し、注文者に製作した目的物の所有権を取得される点にあるとして、注文者が原始的に建物所有権を取得するというのが、契約当事者の意思であることを理由とする（このため、契約基準説は注文者帰属説と呼ばれることがある）。請負契約を基準に所有権の帰属を考える上記の見解は、物権変動について意思主義を採用する176条とも整合的である。ただし、請負人の材料を用いて建物が建設される過程のどの段階で注文者が所有権を取得するのかについては、契約基準説内部でも見解が分かれている（☞ **Deep Learnin Ⅱ-20**）。

Deep Learning II-20

契約基準説（注文者帰属説）と注文者の所有権取得時期（千葉）

　契約基準説内部では、請負人の材料を用いて建物が建設される場合に、注文者が建前・建物所有権を取得する時期について、建物の引渡しを待たずに完成した時点（本書の立場の場合には仕事の結果が生じた時点）とする見解、不動産としての独立性を有するに至った時点で注文者に、それ以前は請負人に帰属するとする見解、建設段階を問わず建物建設開始時点から注文者に帰属するとする見解などが対立している。

　物権変動という観点からは、敷地の定着物にとどまる建前と独立した不動産として所有権が観念できる建物になった時点に分けることが可能であり、不動産としての独立性を有するに至った時点で注文者が原始取得し、建前の所有権は請負人に帰属すると解する余地がある。しかし、このように解すると、請負人が材料を加工して建物を建設するために役務を提供したという事実行為によって、注文者による建物の所有権の原始取得を認めることになってしまう。契約基準説は、請負契約の目的が注文者に仕事の結果を給付する点にあることを根拠としていることから、契約における当事者の意思解釈を基準にするのなら、建前の所有権についても、建物建設開始時点で注文者が原始取得すると解すべきであろうか。もっとも、このように解すると、材料供給者基準説からは、下請人が保護されないとする批判がなされることになろう。　●

　【例題】では、BからCに下請代金は支払われていない。B・C間の請負契約だけに着目すれば、①の見解（材料供給者基準説）に立つと、乙$_1$・乙$_2$の出来形部分については、下請負人Cが材料を提供し建設したことから、この所有権はCに帰属すると解すべきことになる。

　この点、最判平成5・10・19民集47巻8号5061頁は、「元請負人から一括して当該工事を請け負った下請負人が自ら材料を提供して出来形部分を築造したとしても、注文者と下請負人との間に格別の合意があるなど特段の事情のない限り、当該出来形部分の所有権は注文者に帰属する」ものと解している。

　上記判決の事案では、【例題】とは異なり、元請負人が注文者の承諾なく一括して下請けをさせており、契約が中途で解除されたときに出来形部分の所有

権が注文者に帰属する旨の特約条項が元請契約にある。しかし、上記判決は、注文者と元請負人との間の特約の第三者効を認め、注文者に出来形部分の所有権が帰属していると判示しているわけではない。元請契約と下請契約は、契約の当事者を異にする契約であり、契約の相対効の原則からして、下請負人が元請契約の特約に拘束されると解するわけにはいかないからである。

上記判決では、出来形部分の所有権帰属に関する元請契約上の特約の有無にかかわらず、また、材料供給者基準説に立つとしても、①注文者が建前価格の2倍以上の金額を支払っていることから、元請契約上は、出来形部分である建前の所有権は注文者に原始的に帰属すること、および、②下請負人は、請負人のいわば履行補助者的立場に立つこと、以上の点を理由に、たとえ下請負人が材料を供給して建設したとしても、下請負人に出来形部分の所有権が帰属したと注文者に主張できないと解したものといえる。

上記①は、注文者が建物の完成前にかなりの報酬を支払っている場合に、明示的な特約がなくとも、建前段階で注文者の原始取得を認めること、②は、下請契約が、元請契約を前提として、元請負人の仕事完成債務を履行することを目的として締結された契約であることから、元請契約に対する下請契約の従属性を根拠に、下請負人は、元請負人と異なる権利関係を主張しうる立場にないことを判示したものと解される。上記判決には、下請負人の報酬債権の保護を図るために、すでに既設部分との関係でかなりの報酬を支払っていた注文者に二重払いをさせるべきではないという価値判断があることになる（前掲最判平成5・10・19〔可部恒雄裁判官補足意見〕）。

【例題】の場合、A・B間の元請契約では請負代金の支払いについて特約条項があり、AはBに建物着工時点までに乙$_1$については報酬の40％が、乙$_2$については棟上げ完了時点で報酬の80％が、AからBにすでに支払われている。したがって、上記①からすれば、A・B間では、乙$_1$（建前）・乙$_2$（完成建物）についていずれもAが所有権を原始取得したと解すべきである。BがAに出来形部分の所有権帰属を主張できない以上、Cが材料を提供して出来形部分を建築したとしても、元請契約に対する下請契約の従属性から、Cは未完成建物が自分に帰属したとAに主張することはできないものと解される。

このように、材料供給者基準説に立っても、【例題】の場合、契約基準説と

同様、Aに対して、出来形部分の所有権がCに帰属するとはいえないことになり、Cには損失はない。したがってCは、Aに対して償金請求権・不当利得返還請求権があるとはいえないものと解される。

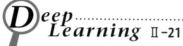

Deep Learning Ⅱ-21
下請人に建前所有権が帰属した場合（千葉）

　判例（最判昭和54・1・25民集33巻1号26頁）は、第三者の追加工事によって完成した建物の所有権の帰属について、材料供給者基準説に立った上で、建築材料に対して施される工作に特段の価値があり、仕上げられた建物の価格が原材料の価格よりも相当程度増加するような場合には、246条2項の規定に基づいて処理すべきであると解している。すなわち、当初の請負人が建設した建築物の価値と第三者がした残工事の価値を比較して、①当初の請負人が作った部分の価値が、第三者がした工事の価値を上回る場合には、当初の請負人に建物の所有権が帰属し、②第三者が提供した材料の価値＋第三者がした工事の価値が、当初の請負人が作った部分の価値を上回る場合には、第三者に建物の所有権が帰属するものと解している。

　【例題】では、A・B間に報酬支払いに関する特約条項がなかったとしても、上記②の場合にあたり、第三者Dの残工事によって建物が完成しているから、完成建物の所有権はDに帰属し、引渡しによってAが完成建物の所有権を取得することになる。

　しかし、①にあたる場合には、完成建物の所有権がCに帰属し、残工事をしたDがCに対して償金の請求ないし不当利得の返還を請求できることになる。一方で、CからBに対する割合的報酬支払請求権が認められないと、CはA所有の敷地上に建物を所有しているが、投下した資金の回収が難しくなる（加工法理の問題点を指摘するとともに、加工法理を維持した場合の248条の償金請求権と634条の割合的報酬請求権との関係について問題を提起するものとして、磯村保『事例でおさえる民法──改正債権法』〔有斐閣、2021年〕321頁）。

　上記最判昭和54年判決の見解を維持するとすれば、❹1. で述べたように、下請負人が工事を続行できなくなった場合にも、634条1項に基づき、下請負人は元請負人に対して元請負人の利得に応じて（元請負人が注文者に対する割合的報酬支払請求権の限度で）、割合的報酬支払請求権を認めるべきである。このように解すれば、下請負人が、既済部分の工事について割合的報酬支払請求権を注文者に行使することができ、他方で、注文者が元請負人にすでに報酬を支払っている場合には、注文者は利益を得ていないと下請負人に主張できることになる。注文者の二重払いのリス

クを回避し、他方で、建物所有権が帰属する下請負人には報酬債権を回収する可能性が生まれることになる。●

(c) 転用物訴権

【例題】では、乙₁について、Dは、Cによる築造部分のうち損壊を免れた建前（乙₁については、洪水前は完成建物の60％が施工済みで洪水による建前の半壊によって完成建物の30％、乙₂については基礎部分）の引渡しを受けて、乙₁・乙₂を完成させ、Aに完成建物を引き渡している。

前述したように、下請人と注文者との間には、直接の契約関係はないが、建物の建設にあたって、下請人は元請人との間の下請契約に基づいて給付し、元請人は注文者との間の元請契約に基づいて給付している関係にある。したがって、下請人Cの損失と注文者Aの利得との間には因果関係がある。また、Cの材料と役務の提供によってAが完成建物の所有権を取得しAの一般財産が増えていることから、Aの利得には法律上の原因がないとしてCには不当利得返還請求権があると主張することが考えられる。

しかし、前述したように、乙₁・乙₂のうち仕事の完成が擬制された部分について、Aは元請人Bに割合的報酬支払義務を負担しており（634条）、Aの利得には法律上の原因がある。したがって、CはAに対して不当利得の返還を請求することはできないものと解される。Cは、Bに対して割合的報酬支払請求権を主張できるだけである。

もっとも、私見のように、下請人が元請人の履行代行者や履行補助者として工事を行い、下請人が工事続行できなくなった場合に、❹1.で述べたように、634条1号に基づき、下請人は、元請人（下請人との関係では注文者になる）に対して、元請人の利得に応じて（元請負人が注文者［下請人］に対して割合的報酬債権が認められる限度で）、元請契約の注文者に割合的報酬支払請求権を認める見解に立てば、Aに二重払いの負担を生じさせることなく、Bの一般債権者に優先してAの一般財産の増加に寄与したCに割合的報酬債権の優先的回収を認めることができるものと解される。

●重要判例●

・最判昭和54・1・25民集33巻1号26頁（建築途中の建物への第三者の工事と所有権の帰属）

・最判昭和56・2・17判時996号61頁（建物未完成前の工事の終了と契約の解除）

・最判平成5・10・19民集47巻8号5061頁（建物建築工事の請負契約における所有権の帰属）

・最判平成7・9・19民集49巻8号2805頁（転用物訴権）

●演習問題●

【設問1】

　remedy構成により履行請求権を債務不履行がある場合の救済手段の一つと理解する場合、訴訟物の個数に留意して、Bが報酬の支払いを求める請求の訴訟物を説明しなさい。【例題】とは異なり、AとBが、甲土地を分割せずに一団の敷地として、その上に乙$_1$〜乙$_4$の建物を一群の建物とする目的で一括して請負契約を締結した場合、訴訟物をどのように考えるか。

【設問2】

　BがAに対する請求を、当初の請負報酬支払請求権から請求額を減額した上で割合的報酬支払請求権へと変更することは、請求の減縮と考えるのか、訴えの変更と考えるのか。634条1項の性質、趣旨に留意して説明しなさい。

【設問3】

　CがBに対して下請契約に基づく報酬支払請求権があると主張する場合に、【例題】事実6の下線部の事実は、どのような法的な意義があるか。

【設問4】

　【例題】において、下請人Cが注文者Aに対してCが築造した部分のう

ち損壊を免れた建前の価値相当額の支払いを求めるための法律構成として、どのような構成が考えられるか。また、Cは、その構成のうちどれを選択すべきか。ポイントとなる事実に留意して説明しなさい。

第20章　委任契約について学ぶ［基礎編］

——有償の役務提供契約を素材として

❶　出題の趣旨

　他人から役務の提供を受ける典型契約には、**第18章・第19章**で検討した請負契約（632条）のほかに、寄託契約（657条）、雇用契約（623条）、委任契約（643条）がある。

　第20章では、委任契約について考える。委任契約は、当事者の一方が法律行為をすることを相手方に委託し、相手方がこれを承諾することによって効力を生じる契約である。売買において自己の所有物の売却を委託する行為、主たる債務者が保証人となってもらう人に保証を委託する行為などが委任契約の典型例である。その他、法律行為ではない事実行為を委託するもの（656条）として、教育サービス提供契約、主催旅行契約、介護サービス契約、診療契約などがある。このように他人の役務を利用するタイプの契約は広く存在し、事務の委託の内容は法律行為にとどまらない。しかし、2017（平成29）年民法改正では、役務を提供するタイプの契約について典型契約の新設や役務提供型の契約についての一般的なルールが定められなかった。法律行為ではない事務の委託については、準委任契約として、委任契約に関する規定が準用されているから（656条）、委任は役務提供型の契約の基本的契約類型ということになる。委任契約に関する規定（643～655条）をどのような場合に、どのように準用するかは必ずしも明らかでなく、今後も、当該契約の解釈を通じて契約当事者間がどのような権利・義務を有するのかを考えていくことになる。

　委任契約においては、受任者は、事務処理を行う債務（いわゆる行為債務）を負担することになるので、受任者が債務を履行しない場合に、受任者の意に

反して受任者に行為を直接強制するという方法で実現することはできない。したがって、債務の履行強制の方法としては、裁判所が一定期間内に履行がないときは損害賠償を支払うべきことを命ずることによって受任者を心理的に圧迫して履行させる間接強制の方法によるか、委任者が債務の履行を第三者にさせ、履行に係る費用を受任者から強制的に徴収するという代替執行によるしかない（414条1項。民執171条・同172条）。

　また、受任者は、役務提供の成果としての一定の結果の実現を必ずしも求められているわけではなく、委任者の利益を図るために結果の実現に向けて十分な注意を払って行動することが債務の内容となり（いわゆる手段債務）、受任者の債務不履行の有無は、委任事務を処理するにあたり善管注意義務を果たしたかという観点から判断されることになる（644条）。この点で、仕事完成義務を負う請負人の債務とは異なることになる。また、雇用契約の場合には、使用者との間の指揮命令関係の下での役務提供となるが、委任契約の場合には、事務処理にあたり受任者に広範な裁量権が認められる点で違いがある。なお、2017年民法改正の審議の中で、受任者に善管注意義務とは別に委任者に対して忠実義務（受任者と委任者の利益が相反する場合に、受任者は自己や第三者の利益を図ってはいけないとする義務）を負うかどうかについて議論されたが、様々なタイプの役務提供契約があることや、委任者の優越性を認めて忠実義務が濫用されるおそれがあることなどを理由に規定されなかった（107条・108条と代理人の善管注意義務と忠実義務については、☞**応用民法Ⅰ第10章◆**）。

　委任契約に関する2017年民法改正の主な内容は以下のとおりである。

　第1に、任意代理では、事務処理契約に基づいて代理権が授与されることになる（判例・通説）。そして委任契約によって代理権が授与されている場合、代理人と相手方の間で行われる代理行為の効果が本人に帰属するかどうかは総則の「代理」の箇所で規律される。一方、本人・代理人間の内部関係については、委任の箇所で規定されることになった。これに伴い、改正前105条が削除された（☞**応用民法Ⅰ第7章◆2.(a)**）。受任者は、委任者の許諾を得た場合、または、やむを得ない事由がある場合を除き、第三者への事務処理の委託は認められない（これを自己執行義務という。644条の2第1項、104条）。委任者は受任者の資質・能力などを信頼して事務を委託しているからである。自己執行義務に違反

した場合には、受任者は委任契約に基づいて委任者に対して債務不履行責任を負うことになる。一方、代理権を付与する委任において復委任が認められる場合には、復受任者はその権限の範囲内で受任者と同一の権利および義務を委任者に負うことが明文化された（644条の2条2項、106条2項）。復受任者の事務処理は、受任者が委任者に負っていた債務との関係では、受任者による事務処理として扱われることになり、復受任者に債務不履行があった場合に受任者の委任者に対する責任については、債務不履行の一般的なルールに従って判断されることになる。

　第2に、受任者の報酬に関して規定が整備された。その1つとして、委任者の責めに帰することができない事由によって委任事務の履行が不能となった場合、および、委任の履行が中途で終了した場合に、割合的な報酬支払請求権が認められることが明文化された（648条3項、648条の2第2項）。同種の規定は、雇用契約（624条の2）、請負契約（634条）にもあるが、割合的な報酬支払請求権の発生要件や効果をどのように考えるかは各契約の法的性質とも関連して検討する必要がある（☞請負契約について、**第19章❸3.**）。なお、委任者に責めに帰すべき事由があって委任事務が履行不能となった場合については、委任者が報酬全額を支払わなければならない（536条2項）。

　第3に、2017年民法改正前は、委任が無償か有償か、また、委任が委任者だけでなく受任者の利益をも目的とする場合にも、651条に基づいて委任契約を解除できるかどうかをめぐって見解が対立していた。2017年民法改正では、上記の場合にも、委任者・受任者双方が任意解除できることが確認された（651条1項）。ただし、相手方に不利な時期に契約を解除した場合（同条2項1号）、および、受任者の利益をも目的とする（専ら報酬を得るものを除く）委任契約を委任者が解除した場合（同条2項2号）には、解除権者は相手方に損害賠償義務があり、やむを得ない事由がある場合にのみ解除権者は損害賠償義務を免責される。

　以下の【例題】では、有償の役務提供契約が、651条に基づく解除を原因として中途で終了している。このような紛争事例を素材に、委任契約に伴う報酬支払請求権、および、651条に基づく解除を原因とする損害賠償請求権ついて考えてみることにしよう。

❷ 　原告Bはどのような請求権があると主張しているか

　以下の【例題】は、後述するA会社・B間の訴訟で、当事者から主張された事実を整理したものである。

【例題】
　1．　A会社（以下、「A」という）は、オフィス用の事務機器の販売を主な業務とする株式会社であるが、取引先のデジタル化に対応するために、オフィス向けのデジタル・サービスも包括的に提供する事業を展開することとし、業務の転換を円滑に行うために従業員の再教育を行うことにした。
　そこで、Aは、IT・情報系の人材を育成するために社内研修制度を導入することとし、この研修によって、毎年実施される情報処理技術者試験（国家試験）に従業員を合格させる方針を打ち出した。具体的には、3つの試験区分に対応する3コースを開設することにした。顧客のニーズを踏まえ、難易度が高いコースとして、安全性と信頼性の高いITサービスを提供する「ITサービスマネージャ」を目指すコース（4月試験実施）と企業経営が直面する課題に対して情報技術を活用した戦略を立案する「応用情報技術者」を目指すコース（4月および10月試験実施）、および、上記の2つのコースに比べて難易度が低いコースとなる「基本情報技術者」を目指すコース（上期・下期の年2回実施）である。
　2．　社内に上記研修ができる人材がいなかったことから、Aは、人材派遣会社を通じて求人をしたところ、Bを紹介された。能力・実績ともに申し分のない人材であったことから、AはBに対して、上記3コースでの研修（以下、「本件研修」という）を依頼することにし、2021年2月10日、Bが、2021年4月から2022年10月までの間、Aの事業所にて、週4日間、上記3つのコースの研修を行うこと（以下、「本件契約」という）、Bの月額報酬を60万円とし翌月20日に支払うこと、受講生が2022年度中に各試験に合格した場合、合格者数1名あたりITサービスマネージャ試験・応用情報

技術者試験については10万円、基本情報技術者試験については１万円の成功報酬を加算して支払うこと（以下、「本件報酬特約」という）を合意した。なお、月額60万円は、Ｂの他の企業向けの出張研修よりも高額であった。また、通常授業に用いる教材についてはＢが作成し、これをＡが印刷して開講時に受講生に無料で配布するものとし、その他の研修関連教材についてはＢが受講生に有料で頒布することを認めることにした。

　Ｂは、本件研修に専念するため、大学で毎年度、非常勤講師として担当してきた講義を引き受けないことにし、また、すでに引き受けていた企業研修についても、知人に代替の講師を依頼し、Ａの社内研修に専念する旨をＡに伝えた。

　３．　Ａは、各部署から従業員100名を選考して、「ITサービスマネージャ」コースに20名、「応用情報技術者」コースに30名、「基本情報技術者」コースに50名が、受講することになった。Ｂは、１年半の期間中に使用するテキストを作成し開講時点で受講生に配布するとともに、ITサービスマネージャ試験については受験までの１年間、年に２回実施される２つの試験については、半年ごとの履修計画を作成し、これに基づいて研修を実施した。開講から４か月後の９月に実施された模擬試験では、いずれのコースの受講生も顕著な伸びを見せ、本件研修制度の開設によって一定の成果が表れてきていた。

　４．　しかし、Ｂが本件研修の受講生に求める課題の量が膨大で、従業員は通常業務にも従事しながら、本件研修を就業時間内に受け、就業時間外に補修を受けていたことから、2022年３月頃から研修期間の中途で挫折するものが次第に増えてきていた。また、Ｂによるパワーハラスメントがあるとするメールが、Ａの「ハラスメント相談窓口」に複数届いていた。このため、Ａが調査を行ったところ、Ｂは、本件研修による試験の合格実績を求められているためか、受講生に対して威圧的に接することが多く、課題の不提出についてＢから叱責される受講生が多数に上り、研修中、人格を否定するような発言がＢからしばしばなされていたことが判明した。

　2022年４月６日、Ａは、Ｂに対し指導方法について何度か善処を求めたが、Ｂからは「指導方法については、プロの私に任せてほしい。受講生の

感じ方の問題である」といった発言がなされたことから、「このままの状況が続くようであれば同年4月末で本件研修を取りやめることも考えられる」とBに伝えた。

5．2022年4月に実施されたITサービスマネージャ試験には8名が合格したが、Bの指導方法には改善が見られず、本件研修に継続して出席している受講生が同年8月初めには40名に減少したことから、Aは、2022年8月31日に、Bに対し、本件契約を解除する旨の意思表示をし、これによって本件研修を閉鎖した。8月分以降、AはBに月額報酬等の支払いをしていない。

6．本件研修の閉鎖後、受講生は、全員、Aから費用の補助を受けて外部の国家試験の受験予備校が開設する通学研修を受講して、本件研修の閉鎖後に実施された2022年秋の応用情報技術者試験に、同コースの受講生の6割に当たる18名が合格した。また、基本情報技術者試験については、受講生の8割に当たる40名が合格した。いずれの試験についても各試験の合格率を大きく上回るものであった。

7．Bは、同年10月に別の企業において2週間の出張研修を行い、その報酬として15万円を得たが、年度の半ばであったため、大学の非常勤講師の職に就くことはできなかった。また、Bは、秋に実施される応用情報技術者試験と基本情報技術者試験の直前対策用に受講生向けの問題集を作成して9月のはじめに受講生に配布するだけになっていた。しかし、本件研修の閉鎖により、Bは受講生に上記問題集を販売できなかった。

8．Bは、2023年1月、Aに対し、同年8月分の月額報酬60万円および情報技術者試験の合格者数に応じた未払いの成功報酬分として合計220万円の支払いを求めるとともに、2022年9月および10月の月額報酬相当分120万円と開講時点で受講生に配布したテキスト作成費用30万円、試験直前対策用問題集16万円（内訳1部2,000円×80名分）について損害賠償を求めた。これに対し、Aは、事実4および事実5を指摘するとともに、応用情報技術者試験と基本情報技術者試験の合格者については、試験前に受験予備校が開設する通学研修を受講した結果であって、Bの研修によるものではないとし、テキストの作成はBへの委託業務の内容の一部でありすで

に報酬として支払っている、試験直前対策用問題集の作成の事実は知らないなどとして、いずれの請求についても支払いを拒絶した。

1. 本件契約の内容

　Ａ・Ｂ間には、使用者・労働者の指揮命令関係は認められず、ＢはＡから独立して役務を提供するものであるから、雇用契約に該当しないことは明らかである。

　事実2によれば、Ｂの役務提供の内容は、本件研修を行うことであり、Ｂの報酬については、月額報酬と3区分の試験に受講者が合格した場合に成果報酬を支払うことが約定されている。受講生のなかから合格者を出すという成果を上がるために、どのような研修を行うかについてはＢに裁量権が存在し、また、受講者を合格させるという結果の保証まではＢの債務の内容にはなっていない。したがって、本件契約は、請負契約ではなく、有償の準委任契約に該当するものと解される。

2. 報酬の支払請求

　Ｂは、Ａに対して8月分の月額報酬60万円および情報技術者試験の合格者数に応じた成功報酬として合計220万円の支払いを求めている。

(a) 訴訟物

　委任契約は当事者の一方が法律行為をすることを相手方に委託し、相手方がこれを承諾することによって成立するから諾成契約であり片務契約である（643条）。報酬の支払いは委任契約の要素ではなく、報酬支払請求権は委任契約と共になされた報酬特約に基づいて発生していることになる（648条1項）。したがって、Ｂの上記請求の訴訟物は、remedy構成に立てば、正確には、準委任契約に伴う報酬特約に基づく報酬の不払い（履行遅滞）を原因とする報酬支払請求権と解される。

報酬支払請求権は（準）委任契約と報酬特約の合意によって発生するが、原則として受任者は事務処理を履行した後でなければ、報酬支払請求権が発生したとはいえない（648条2項本文）。2017年民法改正では、事務処理のために一定期間労務を提供した場合（648条2項。「履行割合型」という）と事務処理により一定の成果が得られた場合（648条の2。「成果完成型」という）に分けて、報酬を約定できることが明文化された。上記改正によって何に対する対価として報酬が支払われるのか、また、報酬の支払い方式に応じた支払時期が明確になった。

本件報酬特約のうち、月額報酬は履行割合型の約定であり、1か月間本件研修を実施することに対する対価として報酬が支払われ、一方、成果報酬は成果完成型の約定であり、受講者を情報処理技術者試験に合格させたという成果に対して、試験区分の難易度と合格者数に応じて報酬額を約定したものと解される。

(b) 請求原因・請求原因事実

報酬債権が発生したと主張するためには、①準委任契約が成立していることに加えて、②報酬特約が合意されていたことが要件となる。

Bの報酬支払請求権の発生を基礎づけるためには、①については、A・B間で本件契約が締結された事実、すなわち、2021年3月10日、Bが、2021年4月から2022年10月まで、Aの事業所にて、週4日間、情報処理技術者試験のうち3つ試験区分に応じた研修を行うことについて合意したことを主張することになる。また、②については、本件報酬特約では上記のように2つの支払い方法が約定されているから、上記の事実に加えて、月額報酬部分については、8月の1か月間研修を行ったこと、8月末日が到来したことを主張することが必要である（648条2項本文）。本件報酬特約では、月額報酬の支払期日（翌月20日に支払うこと）が約定されていることから、委任者の報酬支払義務の履行が上記期日まで猶予されているが、伝統的構成によれば、①②を主張すれば足りる。しかし、remedy構成を前提にすれば、報酬支払請求権は、報酬特約の不履行の場合に救済手段として認められる履行請求権であるから、①②に加えて、③上記月額報酬の支払期日の合意とその期日の到来、④③にもかかわらず報酬の

支払いがないことを主張する必要があることになる。

　なお、Aは、Bに対して2022年8月31日に本件契約を解除する旨の意思表示を行い、本件契約は期間の途中で終了している。しかし、委任契約の解除は将来に向かって効力が生じるにすぎない（652条）。Aの解除によって、Bは9月以降の研修を行う債務を、Aは9月分・10月分の月額報酬の支払いを免れるにとどまる。8月分の報酬請求については8月分の研修を行っている限り、Aによる解除の影響を受けない（648条3項2号）。

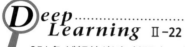

Deep Learning Ⅱ-22
651条が契約当事者双方に任意解除権を認める理由　（千葉）

　【例題】では、パワーハラスメントがあったとする苦情や8月初めには受講生が40名に減少したことから（**事実4・事実5**）、Bに準委任契約の債務の履行について善管注意義務違反があるとして債務不履行を原因として541条に基づいて催告解除する余地がないわけではない。しかし、そのためには、Bによる研修の運営が裁量権の範囲を逸脱したものであることを立証する必要がある。Aとしては651条1項に基づいて解除を主張するほうが便宜である。

　原則として合意には拘束力があり、契約の当事者が一方的に契約関係を解消することが認められるのは、法定解除が認められる場合に限定されている。それにもかかわらず、委任契約の場合に、契約当事者はいつでも解除できるとして契約の解除を容易に認めるのは、委任契約が当事者間の信頼関係を基礎とする契約であるからである。この信頼には、人的な信頼だけなく、事務処理の遂行についての知識や経験、専門的な能力に対する信頼も含まれることになる。委任契約の場合には、受任者の行為がなければ債務の履行が実現しない。委任契約が受任者の利益のためにもなされている場合であっても、契約の当事者間で上記の信頼が失われているのに、委任者の意思に反して受任者に事務処理を継続して行わせることは、委任者の利益を害し委任契約の上記の趣旨にも反することになる。委任の場合に、651条で任意解除権が原則的に承認されている理由は、この点にあるものと考えられる。受任者が任意解除によって不利益を受ける場合には、後述するように、損害賠償によって塡補すれば足りると考えていることになる。

　請負契約の場合にも、注文者は仕事が完成しない間はいつでも損害を賠償して契

約を解除できる（641条）。この請負契約固有の解除の規定は、注文者にとって不要となった目的物を請負人が完成して報酬を請求するのが合理的とはいえないからである。このように任意解除を認める趣旨は、契約によって異なっている（この点については、☞第19章❹2.）。●

　一方、成果報酬部分については、634条の規定が準用されている（648条の2第2項）。

　請負契約は、仕事の完成の対価として報酬を支払う契約であるから、報酬債権は請負契約の成立によって発生しており、「仕事の結果」が生じたといえる時点で報酬の支払いがない場合に報酬支払請求権が発生するのが原則である（☞第18章❹1.）。判例の見解に立てば、解除の効果には遡及効があるから、請負契約が注文者によって仕事完成前に任意解除された場合にも（641条）、報酬支払請求権は遡及的に消滅することになる。

　しかし、643条は、仕事完成前に請負契約が解除された場合にも、請負人が既にした仕事の結果のうち可分な部分の給付によって注文者が利益を受けているときは、「その部分」を仕事の完成とみなし、これによって注文者が受ける利益の割合に応じて、請負人は注文者に報酬の支払いを請求できるものとしている。このように2017年民法改正では、契約の一部解除法理によるのではなく、仕事の完成を擬制することによって割合的報酬支払請求権を認めている（☞第19章❸3.）。

　請負契約において割合的報酬請求権が認められるには、①請負人がした仕事の結果のうち可分な給付であること、②その給付によって注文者が利益を受けていることが必要であるが、既にした仕事の結果のうち可分な部分の給付であることが要件となっているのは、請負の場合、報酬支払請求権が仕事の完成の対価として支払われことが原則であり、可分な給付を部分的ではあるが仕事の完成があったものとみなす必要があるためである。

　一方、前述したように、委任契約は片務契約であり（643条）、報酬特約に基づいて報酬支払請求権の発生が基礎づけられている（648条1項）。報酬の支払いを請求できるのは、原則として、委任事務を履行した後でなければならないが（648条2項本文）、中途で契約が終了した場合にも、648条3項各号に該当す

る場合には、報酬特約に基づいてすでに履行した割合に応じて報酬請求権を行使できる。改正前648条3項では、受任者の責めに帰することができない事由によって契約を中途終了したことが要件となっていたが、改正法によって上記要件は削除され、現に受任者が事務処理を行った以上は、それに応じた報酬を支払うべきであると考えていることになる。

　請負契約の場合には、契約解除によって請負人の報酬債権が消滅することから、請負人によってすでになされた給付によって注文者が受けた利益を請負人に償還させるために、請負人に割合的報酬請求権が認められているのに対して、委任契約の場合には請負契約とは異なり、委任契約が中途終了した場合にも遡及効がなく（当初の契約からすれば、あたかも一部解除されたのに等しく）、事務処理を行う債務と報酬支払義務の対価的な関係から、委任契約の場合には割合的報酬支払請求権が認められていることになる。

　したがって、成果完成型の報酬特約がある場合においても、すでに事務処理を行い、それによって結果が発生しているのであれば、たとえ651条によって委任契約が中途で解除された場合であっても、それに応じた報酬を支払うべきことになる。このように、成果完成型の報酬特約がある場合にも、648条の2第2項は、成果完成型の報酬特約がある場合に、委任者の受ける利益の割合に応じて割合的報酬請求権が認められることを規定しているにすぎない。

　請負契約の場合には、634条2号で仕事完成前の「解除」の場合に割合的報酬支払請求権が認められる場合が限定されているが、委任契約の場合には解除の場合に限定されず、653条で履行の中途で終了事由が認められる場合にも、すでにした履行に応じて割合的損害賠償請求権が広く認められるものと解される（結論同旨、潮見佳男『新契約各論Ⅱ』〔信山社、2017年〕329頁、山本豊編『新注釈民法⑭』〔有斐閣、2018年〕301頁〔一木孝之〕など）。

　したがって、成果完成型の報酬特約があって委任契約が履行の中途で終了した場合に割合的報酬支払請求権があるというためには、①委任事務の履行により得られた成果であること、②委任者がその成果によって利益を受けていること、さらにremedy構成によれば、②にかかわらず報酬の支払いがないこと、以上の要件に該当する事実を主張・立証すれば十分であり、事務処理に関する役務の提供が可分かどうかは問題とならないものと解される。

　具体的には、Bが本件研修を2021年4月から翌年8月末まで実施し、2022年度中に、本件研修の受講者のうち、ITサービスマネージャ試験に8名、応用情報技術者試験に18名、基本情報技術者試験に40名が合格したこと、上記合格者が本件研修を受講していたこと、それにもかかわらず成果報酬の支払がないことを主張すれば足りるものと解される。

　なお、成果完成型の報酬の約定の場合に、成果について引渡しを要する場合には、引渡しと報酬の支払いが同時履行関係にある（648条の2第1項）。しかし、【例題】では受講生を2022年度中に合格させたことが成果に該当することから、648条の2第1項を適用する余地はなく、委任事務が終了し、成果が達成されていれば請求できる。

3. 損害賠償の請求

　651条1項に基づいて契約が解除された場合、相手方は当該契約によって合理的に期待される利益を得る機会を一方的に奪われることになる。そこで、同条1項で、契約当事者の解除の自由を認めた上で、同条2項で、解除権者に、相手方の合理的に期待される利益について損害賠償責任を負わせることにし、これによって、契約当事者間の利害の調整を図っている。

　損害賠償請求が認められているのは、①相手方に不利な時期に解除したことによって相手方が損害を被ったとき（同項1号。解除が不利な時期であることに起因する損害に損害賠償請求権の範囲を限定することに反対する見解として、潮見・前掲書335頁）、および、受任者の利益をも目的としている場合に、委任者が解除したことよって受任者が損害を被ったとき（同2号）に、解除権者に損害賠償義務が認められている。ただし、受任者の利益が専ら報酬をえることを目的としている場合には、2号の損害賠償の範囲に含まれないものとしている。受任者が役務の提供に応じて払われる報酬にとどまらない特別の利益を有する場合に、契約が中途で終了したことで、この利益を得られなかった場合に、同項2号で損害賠償請求ができることになる。

　受任者の報酬については、既履行部分については、648条3項2号、648条の2第2項で受任者に割合的報酬支払請求が認められていること、未履行部分の

報酬支払請求権については652条に基づいて契約の解除によって消滅することになるが、651条2項1号に該当する場合には、損害賠償の範囲に含まれるものと解される（中田裕康『契約法〔新版〕』〔有斐閣、2021年〕541頁は、うべかりし報酬は一般的には651条2項1号に基づいても請求できないとした上で、うべかりし報酬を認めるべき特別の事情がある場合に限定されるとする）。

　【例題】において、Bがどのような利益を得ることが保障されていたかは、委任契約とこれに伴う報酬特約に基づいて考えることになる。

　Bとしては、651条2項1号に基づいて、8月末にAによって本件契約が解除されたために、9月・10月に研修を実施できなかったとして、2か月分の月額報酬相当分120万円を損害として賠償請求することが考えられる。Bは本件研修を実施するために他の研修を断ったこと、非常勤講師の職を辞したことから、上記期間中、他の収入機会が喪失したことを理由に、Bにとって不利な時期にAが解除したとして、651条2項1号に基づいてうべかりし報酬部分について損害賠償を主張することになろう。

　また、Bは教材作成費用を負担したとして、この分についても損害賠償を求めている。事実2によれば、本件契約では、通常授業に用いるテキスト以外の教材について本件研修に関連するものであれば、Bが受講生に有料で頒布することを認めることが約定されているから、本件契約は報酬以外にもBに利益があることになる。

　しかし、開講時点で受講生に配布したテキストについてはBが作成し、受講生から教材費を徴収しないことが約定されており、テキスト作成費用30万円については履行の割合に応じた報酬の中に、この費用が含まれているものと解すべきであろう。一方、受講生のために作成した試験の直前対策用問題集については、BはAの解除によって受講生に販売する機会を失ったことになるから、問題集作成に要した費用負担額および頒布によるうべかり利益を含めて16万円を損害として賠償請求することが考えられる。

❸ 各請求をめぐる攻防

1. 報酬の支払請求

　Aは、Bのハラスメントの事実および受講生が半減した事実などを主張して、Bの研修は契約内容に適合しない役務の提供であるとして、Bに対して損害賠償請求権があることを理由に（564条、559条）、この債権を自働債権として相殺を主張することが考えられる。具体的には、本件研修の閉鎖により受講生が受験予備校の通学研修を受講するためにAが負担した費用を損害として損害賠償請求し、この債権を自働債権としてBの報酬債権および後述の損害賠償債権を受働債権として相殺を主張することになろう（抗弁）。

　一方、成果完成型の報酬部分との関係では、648条の2第2項に基づいて、Bの研修による成果とはいえないと反論することが考えられる（否認）。ITサービスマネージャ試験の合格者は、本件研修中に試験に合格しているが、応用情報技術者試験と基本情報技術者試験の合格者全員が、試験の直前期間に、受験予備校が開設する研修を受講して合格していることから、Aは、Bによる役務の提供と試験の合格実績との間の因果関係の有無、ないしは寄与度が少ないと主張することになろう。しかし、Bによる本件研修の実施が、受験予備校が開設する通学研修に比べて長期期間であることから、上記事実の主張のみでは、受講生の合格がBの研修による成果とはいえないとすることは難しい。**事実4・事実5**によれば、2022年3月頃から受講生が減少し、同年8月には受講生が40名となっていることから、合格者の本件研修の受講状況や2021年10月以降に実施された模擬試験の結果など、より具体的な事実の主張が必要になるのではないかと思われる。

2. 損害賠償の請求

　651条2項ただし書では、やむを得ない事由があって解除した場合には、解除権者の損害賠償責任が免責されている。やむを得ない事由がある場合とはど

のような場合か、また、なぜ、このような場合に免責させるのかを検討することが必要となる。

　具体的には、本件研修は研修希望者に対して実施されているが、各部署から選別して研修対象者を決定していること、就業時間中にも本件研修が実施されていたこと、以上の点からすれば、BがAから業務の委託を受けた者にすぎないとしても、Aは従業員に対して安全配慮義務を負うことから、Bのハラスメントの事実を放置できないこと、また、受講生が半数以下に減少していることをから研修の目的を果たしていないとして、Bにとって不利な時期に本件契約を解除したとしても、解除はやむをえない事情によるものであるとして、9月・10月分の月額報酬部分の損害賠償義務がないとする反論することが考えられる。

　仮に、Aの免責の主張が認められないとしても、Bは、10月に他の研修を実施し15万円の収入を得ている。Bは本件研修を実施しないことによって上記報酬を得たものと解されるから、Aは15万円について損益相殺を主張することが考えられる。

●**重要判例**●
・最判昭和56・1・19民集35巻1号1頁（受任者の利益のためにも締結された委任契約の解除）

●演習問題●

【設問1】

　remedy 構成により履行請求権を債務不履行がある場合の救済手段の一つと理解する場合、AがBに対して報酬の支払を求める請求の訴訟物および請求原因を説明しなさい。また、上記の理解による場合、【例題】の下における請求原因事実は何か、具体的に明らかにしなさい。

【設問2】

　伝統的な民法学説の理解により履行請求権は債権の一権能であるとする場合（☞**第13章❷**）、AがBに対して報酬の支払を求める請求の訴訟物および請求原因を説明しなさい。また、上記の理解による場合、【例題】の下における請求原因事実は何か、具体的に明らかにしなさい。

【設問3】

　【例題】**事実5**でAが行った解除は、何条に基づくものであると考えるか。その際に、Aが主張すべき事実は何か。Aがその条文に基づく解除を選択したのはなぜか、その他の方法による解除と比較して説明しなさい。

【設問4】

　【例題】**事実2**の下線部の事実は、どのような法的な意義を有するか。

【設問5】

　Xの請求に対してYからどのような反論が考えられるか。また、その当否について説明しなさい。

【設問6】

　Bからの請求に対して、【例題】の「Bによるパワーハラスメント」（**事実4**）および「本件研修に継続して出席している受講生が同年8月初めには40名に減少した」（**事実5**）との事実は、Aの反論を基礎づける事実となるか。

第21章　債権譲渡と対抗要件について学ぶ［基礎編］

—— 将来債権を含む債権群を目的とする譲渡担保を
素材として

❶　出題の趣旨

　第21章から**第23章**まで債権譲渡に関連する問題について学ぶ。**本章**では、債権譲渡の対抗要件制度についての基本的な考え方と、訴訟の中で攻撃防御の方法として、どのような意義があるのかを確認する。

　また、未だ発生していない債権群を担保の目的で譲渡する集合債権譲渡担保を素材に、将来債権の譲渡性の意味を考えてみたい。2017（平成29）年民法改正では、これまでに形成された判例理論を下敷きに、将来債権の譲渡性を認め、その対抗要件についても467条の対抗要件制度枠組みによることになった。上記の改正で、どのような法規範が形成されたのかを具体的事案を通じて検討してみることにしよう。

　立法過程では、上記の点以外にも、債権譲渡登記制度の導入が検討されたほか、債務者対抗要件制度と第三者対抗要件制度を分離する考え方が検討された。債務者対抗要件は第三債務者を保護するための制度であり、当該債権に利害関係を有する第三者間で権利変動についての優劣を決定する第三者対抗要件制度とは、制度目的が異なるからである。

　しかし、結局、これまでの制度を維持することになり、債権譲渡と対抗要件に関する多くの問題が先送りされることになった。債権譲渡制度を巡っては、債権の流動化・証券化・担保化といった新しい時代の要請に応える制度構築が必要であり、改正後も多くの立法上の課題および解釈上の問題が残されることになった。

❷ Xは誰に対してどのような権利を主張するか

　以下の事実は、下記の訴訟で主張されたX会社（以下、X）とY会社（以下、Y）の言い分を整理したものである。

【例題】
　1．A会社（以下、A）は、団地を造成しマンションや戸建て住宅を建設する大規模事業に参画して、これまで順調に業績を伸ばしてきた。しかし、2021年12月に、Aが建設したマンションの敷地が有害物質によって土壌汚染されている事実が明らかになり、今後の被害補償や、現在販売中の物件の販売件数の落ち込みなどで、資金繰りが悪化した。
　2．そこで、Aは、長年にわたり取引関係があったXに資本提携などについて打診したところ、Xがとりあえず、Aに以下の条件で緊急融資をしてくれることになった（☞章末【関連資料】集合債権譲渡担保設定契約書）。
　⑴　Xは、Aに対し、期間3年、利率年12％、利息は36等分して毎月末払いで6000万円を貸し付ける。ただし、利息の支払いが1回でも遅滞するかAにつき強制執行・滞納処分・担保権実行や倒産手続の申立てがなされた場合には、Xは直ちに全額の返済を請求できる。
　⑵　XとAは、上記元利金債権を担保するために、⒜Yを注文者とするA・Y間の道路整備工事に係る請負契約に基づく報酬債権のうち2022年4月3日から2025年4月2日までの3年間に発生する債権全部をXに譲渡する。⒝Aは、⒜にかかる債権を譲渡した後も、通常の営業の範囲内であれば、当該譲渡債権の弁済をYから受け取ることができる。⒞Xに対する借入金債務につきAが期限の利益を失った場合には、直ちにAは⒝に基づく弁済受領権限を失う。
　2022年4月3日に、X・A間で上記契約を締結し、Xは早速、Aの普通預金口座に6000万円を振り込んだ。
　3．Xからの緊急融資によってAは一時的には経営危機を乗り越えたが、

2022年秋頃からまた経営状態が悪化して、AはXに対する利息の支払いを遅延するようになり、とうとう2023年1月からは利息を支払わなくなった。

そこで、2023年2月28日に、（a）Xは、Aに対して、上述の約定に基づいてAは期限の利益を喪失したとして、貸金全額の返還と利息の支払いを求める旨の内容証明郵便を送付するとともに、（b）Yに対しては、2023年3月1日午前10時頃、「2022年4月3日以降にAが貴殿との間で締結した契約に基づいて発生した報酬債権については、当社がAより譲渡を受けております。以後、請負報酬につきましては、Aではなく当社の下記銀行口座への振込みによりお支払い下さい。振込手数料は当社が負担いたします。」という内容のFAXを送った（口座番号は省略）。

4．Aは、2022年10月1日にYから道路整備工事を請け負い、2023年2月末までには、Yから請け負った道路整備工事にかかる業務を終了し、AはYに対して道路整備に関する請負報酬債権4200万円（AのYに対するこの債権をα債権という）を取得しており、弁済期は2023年3月31日であった。

Xは、α債権の回収に不安があったことから、Aにα債権の譲渡通知を行わせようとした。しかし、Aの代表取締役Bと連絡が取れなかった。そのため、Xは、Yからα債権の譲渡についての承諾を得るべく交渉したところ、2023年3月17日午後3時頃、Yから、公証人役場において確定日付ある承諾書の交付を得ることができた。

しかし、同月16日、Z会社（以下、Z）がα債権をAから重ねて譲り受け、Aを差出人とする同日付の内容証明郵便による債権譲渡の通知が、Yの本店に翌17日の午後3時頃に送達されていた。

Yは、4200万円を弁済しなかったことから、2023年7月14日、Xは、Yを被告として4200万円の支払いを求めて訴訟を提起した。

XのYに対する上記請求の訴訟物は、remedy構成によれば、A・Y間の請負契約に基づく報酬不払い（履行遅滞）を原因とする請負報酬支払請求権である。このように、Xが原告であるのに、訴訟物が「A・Y間の請負契約に基づく」となるのは、訴訟物の前提となるA・Y間の報酬債権を、同一性を維持したままXが譲り受けたことを示すためである。すでに学習してきたように、単

に訴訟物を「請負契約に基づく報酬の不払いを原因とする請負報酬支払請求権」とすると、Ｘ・Ｙ間の請負契約に基づいて発生した請求権と区別することができなくなるからである。

　Ｘは、上記の債権をＡから譲り受けたと主張しているから、Ｙに報酬の支払いを求めるには、請求原因事実としてＡ・Ｙ間での債権発生原因事実とＸがＡから債権取得した原因事実を摘示する必要がある。

　請負契約は諾成契約であるから、当事者の合意によって債権は発生するが、請負報酬支払請求権の発生を基礎づけるためには、仕事の結果が生じたという程度の履行がなされていること、remedy構成によれば、さらに報酬の支払いがないことが必要である（☞第18章❷1.(b)）。また、請負契約の目的物について引渡しを要する場合には、報酬支払いと引渡しとは同時履行の関係にあるから（633条）、無条件の報酬支払いを求める場合は、予め請負契約に基づく目的物の引渡しがあったことを主張することが必要となる（いわゆるせり上がり）。

　【例題】で請負報酬債権として現実に発生し行使可能な債権はα債権であり、α債権は道路整備に対して報酬の支払いを受ける権利であり、Ａの債務は物の引渡しを要する債務とはいえないものと解される。したがって、道路整備が完了し（633条ただし書による624条1項の準用）、報酬の支払いがないことを主張すれば、報酬支払請求権の発生を基礎づけることができる。

　一方、ＸがＡからα債権を取得した原因は、Ｘ・Ａ間の譲渡担保設定契約である。Ａは担保目的で将来債権を含む債権群をＸに譲渡しているにすぎないから、譲渡担保設定契約の締結とともに、担保物権の付従性との関係で、被担保債権の存在について請求原因で主張しなければならない。ただ、α債権は、2022年10月1日に締結されたＡ・Ｙ間の請負契約によって発生し発生したことになるから、譲渡担保設定契約をした2022年4月3日時点では、α債権はまだ発生していないことになる。

　したがって、集合債権譲渡担保がα債権という個別債権の取得原因となるためには、上記に加えて、将来発生する可能性のある請負報酬支払債権群を目的として譲渡担保権を設定したこと、譲渡担保権の効力がα債権に及んでいることが前提となる。そこで、以下では、債権取得原因となっている集合債権譲渡担保について、①担保として、将来債権を包括的に譲渡できるか、②将来債権

を含む債権群の包括的譲渡が可能であるとしても、どのようにして目的債権を特定するのか、③α債権に譲渡担保権の効力が及ぶのはいつか、また、それはなぜかをまずは考えてみることにしよう。

1. 将来債権を包括的に担保として譲渡できるか

　判例（最判平成11・1・29民集53巻1号151頁）・通説は、将来債権の発生可能性が低いというだけでは、将来債権を含む債権群を目的とする債権譲渡ないし譲渡担保の設定ができないと解する積極的理由にはならないと解してきた。仮に、債権が見込みどおりに発生しなかった場合には、譲受人＝担保権者が、譲渡人＝設定者に対して契約上の責任を追及すれば足り、発生していない債権であるという理由だけで譲渡性自体を否定すべき理由はないからである（潮見佳男『新債権総論Ⅱ』〔信山社、2017年〕365頁など）。そこで、2017年民法改正でも、466条の6第1項で上記判例理論を承認した。

　将来債権には、債権の発生原因はあるが未だ債権が発生していない場合（例えば、賃貸借契約における各期の賃料債権）だけでなく、将来締結される契約に基づく債権など発生原因自体が存在しない場合も含まれるものと解される。

　このように、将来債権を含む債権群を包括的に譲渡することができるとしても、譲渡対象が特定されていなければ、どの債権が譲渡されたかが明らかではないので債権譲渡の効力が生じない。また、譲渡担保権を設定する場合にも、担保目的となる債権群が特定されていなければ、担保の効力が及ぶ範囲と一般財産を区別することはできないから、譲渡担保権が成立しない。

　学説上は、債権の発生原因、第三債務者（譲渡された債権の債務者）、発生期間、金額など何らかの要素によって特定できればよいとする見解が有力であった。一方、判例は、将来債権の包括的譲渡のケースにおいて、譲渡契約時に発生原因や適宜の方法により右期間の始期と終期を明確にするなどして譲渡目的とされる債権を特定することができると解している（前掲最判平成11・1・29）。また、将来債権を含めて包括的に債権を担保目的で譲り受けたケース（いわゆる流動集合債権譲渡担保）についても、債権の発生原因たる取引の種類、発生期間等によって担保権が及ぶ範囲を画定することができると解してきた（最判

平成13・11・22民集55巻6号1056頁）。したがって、判例も上記学説を支持してきたといえる。

【例題】の場合に、譲渡された債権の種類がA・Y間の道路整備工事に係る請負契約に基づく報酬債権であること、第三債務者がYであること、また、上記債権のうち2022年4月3日から2025年4月2日までの3年間に発生する債権全部であるとする約定があることから、債権の発生原因・発生期間・量に関する事実を請求原因で主張すれば、目的債権を特定することができる。

2. α債権に譲渡担保権の効力が及ぶ理由

前述したように、2022年4月3日に、X・A間の契約では、AのYに対する3年間の請負報酬債権をXのAに対する貸金債権の担保として譲渡する旨の譲渡担保設定契約が成立している。しかし、α債権の発生原因となったA・Y間の請負契約が締結されたのは2022年10月1日であり、前述したように、α債権は譲渡担保設定契約の時点で発生していない。

α債権が、A・Y間の道路整備工事に係る請負契約に基づいて2022年10月1日に発生した事実に加えて、1.で検討した将来債権を目的として譲渡担保権が成立したことを主張すれば、α債権をXが担保目的で取得したとなぜいえるのだろうか。

この点、最判平成19・2・15民集61巻1号243頁は、目的債権に将来債権が含まれる場合であっても、具体的に債権が発生した時点で、自動的に、当該債権は担保のために譲渡担保設定者から譲渡担保権者に移転すると解している。上記の判例理論は、2017年民法改正で明文化され、将来債権が譲渡された時点で債権が現に発生していないときには、譲受人は発生した債権を当然に取得すると規定されることになった（466条の6第2項）。

しかし、将来債権の譲渡時にまだ発生していない債権を譲受人がどのようにして取得するのか、債権移転のプロセスについては、判例・条文からは必ずしも明らかではない。

この点、譲渡担保設定契約時にまだ発生していない債権も、譲渡人の下で発生し、譲渡人に帰属した債権が譲渡人の新たな行為を要することなく、将来債

権の譲渡の原因行為がなされた時点で譲渡人から譲受人に移転することになると解する見解（千葉惠美子「いわゆる流動型集合債権譲渡担保と対抗要件」ジュリ1223号〔2002年〕72頁）がある。この見解では、将来債権と将来譲渡後に発生した債権を同一の債権と考えており、譲渡担保設定契約時にまだ発生していない債権については、発生するまでは権利行使ができないにすぎないと解していることになる。もっとも、将来債権には、【例題】のように、譲渡時には債権の発生原因自体が未だ存在しない場合もあるから、このような場合も考慮すると、将来債権として譲渡したものの中味が一体何か、また、それと現に発生した債権との関係を明らかにする必要がある。

　そこで、①将来債権の譲渡の効果を財産権の帰属関係の変更（森田宏樹「処分権の法的構造について」『日本民法学の新たな時代──星野英一先生追悼』〔有斐閣、2015年〕493頁以下）、ないし、譲渡人の処分権の喪失と捉え（和田勝行『将来債権譲渡担保と倒産手続』〔有斐閣、2014年〕174頁以下）、将来債権の譲渡は、未だ発生していない債権の処分権のみを譲渡することであり、個別契約に基づく債権の移転は債権の発生時まで生じないとする見解が有力に主張されている。この見解では、譲受人は、個別契約に基づいて発生する債権を債権発生時点で自動的に譲渡人から承継取得することになる。

　これに対して、②将来債権の譲渡を将来発生する債権について「債権者となる地位」を移転しているにすぎないと理解した上で、466条の6第2項の「当然に」取得するという意味を、将来債権の譲渡によって譲受人に移転した「債権者となる地位」に基づいて、譲受人の下で第三債務者に対する債権が発生し帰属するものと解する見解（中田裕康『債権総論〔第4版〕』〔岩波書店、2020年〕688頁、潮見・前掲書362頁）がある。

　上記の対立は、一見すると、債権移転の説明のしかたの違いにすぎないようにも見えるが、将来債権と譲渡後に発生した債権との関係をどのように理解するかは、将来債権の譲渡について債権譲渡の効果を承継取得と考えるのか原始取得と考えるのか、将来債権の譲渡後の個別債権についての譲渡制限特約の効力を規定する466条の6第3項の意義を巡っても違いが生じる（この点については、☞第22章❹）。また、469条2項2号に基づいて相殺できる範囲にも影響を与える可能性がある（☞ Deep Learning Ⅱ-23）。

将来債権の譲渡と相殺 （千葉）

　例えば、XがAに対する貸金債権の担保として、A・Y間の継続的供給契約に基づいて将来発生する売主Aの売掛代金債権を目的として集合債権譲渡担保契約を設定し、467条1項に基づいて債務者対抗要件を具備していた場合に、その後A・Y間に成立した売買契約について、売買の目的物に重大な契約不適合があることを原因として買主Yによって契約が解除され損害賠償請求権が発生したケースを想定してみよう。

　将来債権の譲渡を将来発生する債権の処分権の移転があったと解する①の見解では、売主Aは将来発生する売掛代金債権の処分権を喪失したにとどまるから、Aのもとで売掛代金債権が発生し、これがXに移転するのであれば、買主Yは469条2項本文2号により契約不適合に基づく損害賠償請求権を自働債権として売掛代金債権と相殺できることになろう。

　これに対して、将来債権の移転を「債権者の地位」（上記の例では売掛代金債権者の地位）の移転と解し、個別の売掛代金債権はXのもとで発生するという②の見解では、X・A間の譲渡担保設定契約ではなくて、A・Y間の売買契約が「譲受人の取得した債権の発生原因である契約」というためには（中田・前掲書659頁）、469条2項2号を拡張解釈しないと相殺できないのではないだろうか。　　●

　後述するように、少なくとも、2017年民法改正によって、467条は、現に発生していない債権の場合にも、現に発生している債権譲渡の場合と同様の方法によって対抗要件が具備できるものとしている。

　債権とは異なる「債権者としての地位」について対抗要件具備を認めたものであると解すると、後に現に発生した債権の対抗要件との関係はどうか、その債権の対抗要件具備時期がいつになるのかが問題となる。上記②の見解は、債権者としての地位と発生する債権とは密接不可分な関係にあり、前者の対抗要件具備の効力は後者にも及ぶとした上で、発生した債権の移転時期は、問題となる法制度との関係で決すればよいとする（中田・前掲書689頁）。しかし、判例・通説は、467条全体を対抗要件主義を採用した規定と解しており、物権変動（不動産に関する物権の得喪および変更）のおける対抗要件と同様の枠組みで理解している。2017年民法改正後もこの点は変わらない。467条に基づいて、

債権が現に発生しない段階で債権譲渡につき対抗要件を認め、また、将来債権についての対抗要件具備時点をもって、現に発生した債権について対抗要件を具備したものと解している判例・契約実務を前提とすると、現に発生した個別債権についても、譲渡人から譲受人へ債権が承継取得され、これを対抗できると解すべきである。したがって、①の見解を支持すべきものと解される。

3. 取立権の留保の効力

　ところで、【例題】では、A・X間で、被担保債権について債務不履行があるまでは、AのYに対する請負報酬債権の取立権をAに留保する約定がなされている。この約定がある以上、Aの取立権を喪失させないと、Xは、譲渡担保権の効力がα債権に及び、譲渡担保権者であるとしてYに対して報酬の支払いを請求できないのだろうか。

　【例題】では、Xは、Yに2023年3月1日午前10時頃、Aの弁済受領権は消滅したとするFAXを送った上で、Aに対する貸金債権等の回収を目的として、Yに対してα債権の弁済を求めている。しかし、判例（前掲最判平成13・11・22）は、Aの取立権の留保に関する合意をXとの間の債権的合意にすぎないと解している。つまり、判例は、不動産譲渡担保の場合とは異なり、債権担保の目的で債権を譲渡したにすぎない場合にも、譲渡担保設定契約によって目的債権が確定的にAからXに移転すると解している。この見解に従えば、改正法の下でも、設定者に取立権を認めていることは将来債権の譲渡性を妨げるものではないものと解される。したがって、被担保債権の弁済期がすでに経過していることや、Aの取立権が消滅していることを請求原因で主張する必要はないことになる。

　もっとも、債権譲渡担保の場合にも、不動産の譲渡担保の場合と同様に、債権担保の目的で譲渡されているにすぎないことから、被担保債権の弁済期まで譲受人に確定的に債権が移転したとはいえないと解する余地はある。将来債権を含む債権群を包括的に譲渡担保の目的とし、【例題】のように設定者取立権が留保されている場合に、譲渡担保権者への確定的な債権移転の効果を認めるべきかどうかについては見解の対立がある。債権質に基づく取立権と同様（366

条）、譲渡担保権に基づいて実行通知がなされるまでは、設定者が債権者であり担保権者には取立権がなく、また設定者が債権の弁済を受けても取立金の担保権者への交付を要しないのは、担保権について実行通知があるまでは設定者が債権者であると考えることもできるからである（千葉・前掲論文79頁）。このように解すると、【例題】の場合、XがYに対して請求するためには、被担保債権が発生（X・A間の消費貸借契約および利息契約の成立）していることだけでなく、Xが担保権の実行ができることを主張しなければならないから、Aに対して貸金の返還を請求できることが必要になる。したがって、消費貸借契約の終了原因として弁済期の合意とその到来（期限の利益の喪失条項に基づく場合には当該条項の合意と利息の支払期限の経過）、さらに、取立権の留保条項とその喪失に該当する事実についても、Xは請求原因で主張しなければならないことになる。

❸　Xの請求をめぐる攻防

1.　Yからの反論①──譲渡担保設定契約の無効

　　将来債権を含む債権群の包括的譲渡を肯定することは、債務者を債権者に経済的に隷属させるおそれがないとはいえない。判例・通説は、このようなおそれがある場合には、90条で処理すればよいと解している。上記反論は、攻撃防御の位置づけとしては抗弁となる。

　　ただし、【例題】では、Yに対する3年間の請負報酬債権に担保目的となる債権が限定されており、また、元利金の支払いについて債務不履行が発生し、担保が実行されるまでは、目的債権の取立権が設定者＝債務者Aに帰属しているとする約定があることから、90条に基づいて譲渡担保設定契約自体の無効を主張することは難しい。

2.　Yからの反論②──債務者対抗要件

　　譲受人が第三債務者に債権を行使するためには、対抗要件を具備しなければ

ならない（467条1項）。そこで、Yは、Xが対抗要件を具備するまでは、債権者とは認めないと反論することができる（債務者対抗要件の抗弁）。これに対して、Xは、債務者対抗要件を具備したことを主張・立証して再反論することになる（債務者対抗要件具備による再抗弁）。

❷1. 2. で検討したように、α債権には、将来債権を目的として設定された集合債権譲渡担保権の効力が及んでいる。将来債権を含む債権群の譲渡についても、判例・学説は、467条1項に基づいて1個の包括的な通知・承諾で対抗要件を具備することができるものと解しており（最判昭和53・12・15判時916号25頁、前掲最判平成11・1・29）、将来債権を含む集合債権譲渡担保の場合にも同様に解している（前掲最判平成13・11・22）。2017年民法改正では、上記判例理論に基づいて将来債権の譲渡を含むとする明文規定を置いて467条の対抗要件制度の適用範囲を拡張した。

つまり、具体的にα債権が発生する前であっても、将来債権として対抗要件を具備することができるとするのが判例・学説の考え方であり、将来債権を含む債権群について譲渡担保権を設定した時点で対抗要件を具備できるものと解していることになる。前掲最判平成19・2・15の理解を前提にすれば、目的債権に将来債権が含まれる場合であっても、具体的に債権が発生した時点で、自動的に当該債権は担保のために譲渡担保設定者から譲渡担保権者に移転することになるから（466条の6第2項）、譲渡担保権者には、対抗要件が具備された債権として移転したと解していることになる。

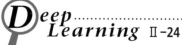

Deep Learning Ⅱ-24
取立権の留保がある場合と対抗要件の具備　（千葉）

担保権の実行まで設定者に取立権が留保されると、担保目的となる債権が増減することから、設定時点で、確定日付ある証書によって第三債務者に通知をしたとしても、第三債務者は、担保目的となっている債権の譲受人や差押債権者からの照会に対して、当該債権について確定的かつ確実に表示することは困難であるとも考えられる。

しかし、集合債権譲渡担保のケースについてではあるが、前掲最判平成13・11・

22は、担保のために、既に生じ、または将来生ずべき債権が譲渡担保設定契約締結の時点で確定的に譲渡されているとして、担保実行前であっても、民法467条2項に準じて、設定者から第三債務者に対する「設定通知」をもって第三者対抗要件を具備することができると解し、上記設定通知と共に、第三債務者に設定者に付与された取立権限の行使に協力を依頼したとしても対抗力を妨げないと判示している。このような理解は、前掲最判平成19・2・15によっても確認されている。

　前掲最判平成13・11・22および前掲最判平成19・2・15は、譲渡担保設定契約時に「担保のために」譲渡担保の目的とされた債権が確定的に譲渡されていると解している。設定通知の時点でも、目的債権が特定していれば、いかなる債権群にどのような担保権が誰のために設定されているのかを確定的かつ確実に表示することはできるものと考えているものといえよう。債権譲渡の方法で担保権を設定することと担保権の実行の結果、債権が移転し行使できることを区別していることになる。この理は、債権を目的とする譲渡担保一般について、判例理論として確立したものと解される。●

　もっとも、【例題】では、2023年3月1日にFAXによって通知したのは、譲渡人Aではなく譲受人Xであるから、Xは将来債権を含む債権群を目的として集合債権譲渡担保権について対抗要件を具備したと主張することはできない（467条1項）。

　そこで、Xは、結局、α債権が具体的に発生した後、譲渡担保権の効力がα債権に及んでいることに基づいて、すでに発生し請求ができたα債権について個別に対抗要件を具備したと主張する以外にない。467条1項の債務者対抗要件は、第三債務者を二重弁済から保護するための制度である。したがって、Xは、2023年3月17日にYが承諾した時点で初めて、α債権が担保目的でAからXに移転していることについて対抗要件が具備したと再反論をすることができるものと解される。

3. Yからの反論③──第三者対抗要件

　しかし、【例題】では、α債権はAからZにも譲渡されている。攻撃防御の観点から見た場合、Yは、467条2項に基づいて、ZがAから訴求債権の譲渡

を受けた事実と確定日付ある証書（民法施行法5条）によってAからの通知が
Yに到達した事実を主張することによって、Xに優先する第三者Zが存在する
ことから、Xはもはや債権者とはいえなくなったとしてXからの請求を拒むこ
とができる（第三者対抗要件具備による債権喪失の抗弁）。これに対して、Xは、
X自身も確定日付ある証書によってYから承諾を得たことを主張することによ
って、たとえ第三者Zがおり、Zが第三者対抗要件を具備していたとしても、
それだけではZがXに優先する債権者とはいえず、XもYに対する関係で債権
者であることを主張できることになる（再抗弁）。

　467条2項の第三者対抗要件は、債権に関する権利変動を公示し、当該債権
の譲受人・差押債権者・質権者などであると主張する第三者相互間の権利の優
劣を決定するための制度であるが、債権の有無、債権の帰属先に関する第三債
務者の認識を通じて、第三債務者が当該債権に利害関係を有する第三者からの
問い合わせに応じることを前提としている。したがって、通知の場合には、譲
渡人による通知が第三債務者に到達した時点で初めて対抗要件を具備したもの
と解されるが（到達時説）、承諾の場合には、第三債務者が認識しているから、
第三者の承諾の発信時点で対抗要件を具備したものと解される。

　【例題】では、ZとXが第三者対抗要件を具備した時期については、いずれ
も2023年3月17日午後3時頃であり、ZとXが第三者対抗要件を具備した時期
の先後は不明である。したがって、Yは、Zの第三者対抗要件の具備がXの第
三者対抗要件具備に先立つことを主張すること（再々抗弁）ができない。Zが
Xに優先権を主張できない以上、YはZだけが債権者であり、Xはもはや債権
を喪失したという主張ができないことになり、Xからの請求が認められるもの
と解される。

　判例は、確定日付ある証書による通知の同時送達の場合であっても、各譲受
人は債権全額を債務者に請求できると解している（最判昭和55・1・11民集34巻
1号42頁）。債務者がすでに譲受人の一方に債務を弁済しているのでないかぎり、
同順位の譲受人が他に存在することを理由として弁済の責めを免れることはで
きない。上に述べたように、467条2項の対抗要件を具備した譲受人に弁済を
拒絶することができる理由はないからである。先後不明の場合にも同時送達の
場合と同様に解している（最判平成5・3・30民集47巻4号3334頁）。

Link Ⅱ-10　467条2項の意味と攻撃防御の位置づけとの関係
（千葉）

　467条2項に基づく反論としては、厳密には、以下の2つの主張が可能である。

　ⅰ）第三者Zがおり、Zは467条1項の対抗要件を具備したとYが主張することによって（Zの債権取得原因事実＋Zの債務者対抗要件具備およびYによる権利主張をする場合）、Xが467条2項の第三者対抗要件を具備するまでは、XはZに優先する債権者であるとの主張はできないと反論することができる（第三者対抗要件の抗弁）。これに対して、Xは467条2項に基づいて確定日付ある証書に基づく通知・承諾をしたと再反論（第三者対抗要件具備の再抗弁）すれば、XはZに優先する債権者であると主張することができる。

　ⅱ）Zも467条2項の第三者であり、第三者対抗要件を具備したとYが反論する場合、Zは第三者との関係でも、確定的に債権を取得しており、XがAから債権譲渡を受けたとしてもZが優先していると反論していることになる（Zの第三者対抗要件具備によるXの債権喪失の抗弁）。これに対して、Xは、467条2項に基づいて第三者対抗要件を具備したと再反論することになる（Xの第三者対抗要件具備の再抗弁）。ZもXも第三者対抗要件を具備していることから、この再反論によって、Xに優先するZが唯一の債権者であるというYからの反論を覆すことができる。そこで、Yが、確定日付ある証書によるZの第三者対抗要件具備時期がXのそれより先であると主張（再々抗弁）できれば、ZはXに優先する債権者であるとする反論を復活させることができ、Xの請求を棄却することができることになる。

　本文では、ⅱ）の攻撃防御が展開されていることになり、Yは、Zの第三者対抗要件具備時期がXのそれに先立つとする再々抗弁が主張できないことから、本文で述べたように、Xが467条2項に基づいて第三者対抗要件を具備している以上、他に同順位の譲受人がいるというだけでは、YはXからの請求を拒むことはできないことになる。　　　　　　　　　　　　　　　　　　　　　　　　　　　　　◆

Professional View Ⅱ-10
債権の有無、債権の帰属先に関する第三債務者への照会　（川上）

　本文のとおり、債権譲渡の第三者対抗要件制度は、「債権の有無、債権の帰属先に関する第三債務者の認識を通じて、第三債務者が当該債権に利害関係を有する第三者からの問い合わせに応じることを前提」とした制度である。そのような照会に第

三債務者が素直に応ずるのかと疑問に思うかも知れない。しかし、特に商取引で生じた債務であれば、第三債務者は、誰に弁済すれば免責されるかが最大の関心事であり、債務の存在を秘匿することに関心はない。そのことから、債権譲渡を受けようとする者から、第三債務者に対し、当該債権の帰属について照会があれば、営業秘密を配慮して、債権の有無と帰属について照会があったことを債権者に連絡した上で、正確な情報を回答するのが一般である。それゆえ、第三者対抗要件制度は、実務的にも実際に機能しているものである。　　　　　　　　　　　　　　　　■

*P*rofessional View Ⅱ-11
なぜ同時送達が発生するのか（川上）

　第三債務者に債権譲渡の通知がいつ到達をしたのかは、実務上、内容証明郵便と同時に利用する配達証明で立証する。この配達証明は、相手方がいつ受け取ったかという配達の事実を証明する制度（郵便47条）である。この配達証明の実物は次のようなものである。

　この例から分かるように、配達証明では到達時刻は時間帯（例であれば、到達した時間帯は「18-24」時である。）で証明される。したがって、この時間帯に配達された内容証明郵便は、全て同じ時間帯で配達が証明されることになり、いずれが先に到達したかまでは、配達証明では証明することができない。そのため、同時送達という事態が発生することになる。

　現在、日本郵便が郵便追跡サービスを提供しており、日本郵便のホームページから、

郵便物の配達の詳細な履歴を知ることができる（後掲のものが、郵便追跡サービスの検索画面であるが、これによれば、「10:07」に相手方に配達されたことが分かる。）。ただし、日本郵便による証明は、あくまで配達証明であり、郵便追跡サービスは事実上のサービスに留まるので、到達時間に関する重要な間接事実ではあるが、決定的な証拠とまでは言えない。また、内容証明郵便が配達郵便局で同時に取り扱われ、同時に配達されることがあり、そうなると郵便追跡サービスで同じ時刻が表示されるので、やはり同時到達は起こりうるのである。

　さらに、近時のオフィスビルでは、ビルの格や雰囲気を維持するため、業者がビルのフロアに随時立ち入ることを禁止し、賃借人がビルデリバリー業者に郵便収受業務を委託することを賃貸の条件としているところもある。この場合、そのオフィスビルに入居するテナント宛の郵便物は配達されると、ビルデリバリー業者が受取窓口でそれを受取り、仕分けして、午前・午後・夕刻などの時間帯にまとめて各テナントに配送する。このようなケースになると、受託者であるデリバリー業者への到達時刻と、実際にテナントに配送され認知された時刻が乖離することになる。このような場合、誰を基準に到達を考えるべきかの問題もさておき、なおのこと同時到達が起きやすい状況が出てきている。

検索結果 詳細
［郵便物等］

配達状況詳細

お問い合わせ番号	商品種別

履歴情報

状態発生日	配送履歴	詳細	取扱局 郵便番号	件名等
14:27	引受			
03:55	到着			
10:07	お届け先にお届け済み			

❹　YがXに弁済した場合の後処理

　Xの請求が認容されると、Yは4200万円をXに弁済しなければならないことになる。仮にYがXに弁済した場合、ZはXに対して何ら請求ができないのだろうか。

　ZとXは、ともに476条2項に基づく第三者対抗要件を具備しており、対抗要件具備時期は同時であるから、両者の間では互いに相手方に優先する債権者であるとの主張はできないはずである。そうすると、ZはXに対して、Xが4200万円全額について給付を受ける法律上の原因はないとして不当利得返還請求権があると主張することができるだろうか。

　判例（前掲最判平成5・3・30）は、国税債権の滞納処分として運送代金債権を差し押さえ、債権差押通知と確定日付ある債権譲渡通知がともに第三債務者に到達し、その先後が不明であった事案において、第三債務者が債権者不確知を理由に供託した場合には、「被差押債権額と譲受債権額との合計額が右供託金額を超過するときは、差押債権者と債権譲受人は、公平の原則に照らし、被差押債権額と譲受債権額に応じて供託金額を案分した額の供託金還付請求権をそれぞれ分割取得するもの」と解している。上記判決からすれば、Zは、Xに対して被差押債権額と譲受債権額に応じて4200万円を案分した額の限度で分割取得し、それを超える額についてはXに利得する法律上の原因がないとして、その限度でZに不当利得返還請求権があるものと解すべきであろう。

Deep Learning Ⅱ-25
第三債務者による供託　（千葉）

　【例題】 では、Yは、XないしZに弁済していなかったことから、XはYを被告として4200万円の支払いを求めた。Yがα債権の弁済期（2023年3月31日）に供託していれば、X・Z間の争いに巻き込まれることはなかった。

　供託とは、国家機関である供託所（法務局）に財産を提出して、その管理を委ね、最終的には供託所がその財産をある人に取得させることによって、一定の法律上の

目的を達成しようとするために設けられている制度である。供託が認められるのは、法令（例えば、民法、商法、民事訴訟法、民事執行法等）の規定によって、供託が義務付けられている場合または供託をすることが許容されている場合に限られる。供託原因としては5つあるが、一般に利用されることが多いのは、弁済供託（494条）と執行供託（民執156条）である。【例題】では、XとZはいずれも債権の譲受人であるから、Yとしては弁済供託をすることになる。

　供託が債務者によってなされると債務者との関係では供託によって債権が消滅することになり、債権者には供託所に対して供託金還付請求権が生じることになる。債権の帰属について争っている者がいる場合には、債権帰属を争うものを被告として、供託金請求権が自らに帰属していることの確認を裁判所に求めることになる。

　なお、α債権については、前述したように、ZとXが第三者対抗要件を具備した時期はいずれも2023年3月17日午後3時頃である。これを同時送達されたと解すると、判例によればZもXも債権者であり、Yは債権者が不確知とはいえないので供託できないことになってしまう。供託実務では、対抗要件の具備時期の先後が不明であれば、いずれが優先する債権者であるかが不確知であることから供託ができる。そこで、同時送達の場合にも、先後不明であるとして供託することによって、実務上は処理している。　　　　　　　　　　　　　　　　　　　　　　　　　　●

●重要判例●

・最判平成11・1・29民集53巻1号151頁（将来債権譲渡の有効性）

・最判平成13・11・22民集55巻6号1056頁（集合債権の譲渡担保）

・最判昭和49・3・7民集28巻2号174頁（債権譲渡の対抗要件の構造）

・最判昭和55・1・11民集34巻1号43頁（確定日付ある通知の同時到達と債権譲受人の優劣）

・最判平成5・3・30民集47巻4号3334頁（同順位の債権譲受人間における供託金還付請求権の帰属）

●演習問題●

【設問1】

　remedy 構成により履行請求権を債務不履行がある場合の救済手段の一つと理解する場合、XがYに対してA・Y間の請負契約に基づく報酬の支払を求める請求の訴訟物および請求原因を説明しなさい。また、上記の理解による場合、【例題】の下における請求原因事実は何か、具体的に明らかにしなさい。

【設問2】

　伝統的構成により履行請求権は債権の一権能であるとする場合（☞第13章❷）XがYに対して報酬の支払を求める請求の訴訟物および請求原因を説明しなさい。また、上記の理解による場合、【例題】の下における請求原因事実は何か、具体的に明らかにしなさい。

【設問3】

　【例題】事実3の下線部（a）は、XのYに対する請求において、どのような法的な意義を有するか。

【設問4】

　【例題】事実3の下線部（b）は、XのYに対する請求において、どのような法的な意義を有するか。

【設問5】

　Zは、Yから4200万円の弁済を受けたXに対し不当利得返還請求ができるか。

【関係資料】集合債権譲渡担保設定契約書

集合債権譲渡担保設定契約書

　債権者X（以下「甲」という。）と債務者A（以下「乙」という。）とは、乙が甲に対し負担する債務を担保するため、乙が有する債権につき譲渡担保権を設定するべく、以下のとおり契約（以下「本契約」という。）を締結する。

第1条（債権の確認）

　本契約によって担保される甲の乙に対する債権（以下「本件債権」という。）は、下記のとおりである。

記

　　甲・乙間の2022年4月3日付金銭消費貸借契約に基づく貸付金債権6000万円（弁済期2025年4月3日）および年12％の割合による利息（毎月末日60万円の36回均等払い）

第2条（債権譲渡担保権の設定）

　乙は甲に対し、前条に定める債権を担保するため、下記により特定される債権（以下「譲渡債権」という。）を譲渡した。

記

　　債権者　　　　　：乙

　　第三債務者　　　：Y

　　債権の発生原因：乙・Y間の道路整備工事係る請負契約に基づく報酬債権

　　　期間　　　　　：2022年4月3日から2025年4月2日まで

第3条（第三債務者に対する通知）

　乙は、この契約に基づいて甲に譲渡債権を譲渡するにあたって、甲が定めた書式の第三債務者に対する債権譲渡通知書を、譲渡年月日、本譲渡債権の明細等を空欄のまま作成して甲に交付するものとする。甲は、乙が第6条（期限の利益の喪失）各号のいずれかに該当したときは、甲の判断で、当該債権譲渡通知書の必要な個所を補充のうえ、第三債務者に対してこれを発送することができるものとする。

第4条（譲渡債権の取立て・管理）

　甲は乙に対し、譲渡債権を通常の営業の目的のため、第三債務者から直接取り立て、自己の営業のために費消することを認める。

2　乙は、譲渡債権に対し、甲以外の第三者から差押え、仮差押え、仮処分その他の強制執行手続が行われたとき、またはそのおそれが発生したときには、当該第三者に対し、本件債権が甲の帰属に係ることを通知するとともに、甲に対してもその旨を報告し、甲の指示にしたがうものとする。

第5条（保証）

　乙は、甲に対し、以下の事項を保証する。

（1）　譲渡債権について、乙が唯一の債権者であり、担保物権等の甲の譲渡担保権を害する一切の権利の設定がないこと。

（2）　譲渡債権について、債権譲渡禁止特約が存在しないこと。

（3）　譲渡債権について、甲に対して対抗されるべき抗弁権が付着していないこと。

第6条（期限の利益の喪失）

　次の各号のいずれかに該当する事由が発生した場合、乙は、甲の乙に対する何らの通知なくして、第1条に定める本件債権について当然に期限の

利益を喪失し、直ちに甲に弁済しなければならない。

（1）　本契約に定める条項に違反し、乙に対する催告後5営業日以内に当該違反が是正されないとき。

（2）　監督官庁より営業の許可取消し、停止等の処分を受けたとき。

（3）　支払停止または支払不能の状態に陥ったとき、もしくは手形または小切手が不渡りとなったとき。

（4）　乙の財産に対し第三者より差押え、仮差押え、仮処分または競売の申立て、もしくは公租公課の滞納処分を受けたとき。

（5）　破産手続開始、民事再生手続開始、会社更生手続開始、特別清算手続開始の申立てを受け、または自ら申立てを行ったとき。

（6）　解散、会社分割、事業譲渡又は合併の決議をしたとき。

（7）　乙の資産または信用状態に重大な変化を生じ、本契約に基づく債務の履行が困難になるおそれがあると認められるとき。

（8）　その他、前各号に準じる事由が生じたとき。

第7条（取立権限の喪失等）

　第1条に定める本件債権につき期限が経過した場合または乙が甲に対する期限の利益を喪失した場合には、甲は乙に対し、譲渡債権の全部または一部について、第2条に定める譲渡担保権を実行する旨の通知を行うことができる。甲がかかる通知を行ったときは、乙は、譲渡債権の取立権限を失うものとする。

第8条（甲による譲渡債権の取立て）

　甲は、第7条の定めにより乙が取立権限を失った譲渡債権について、直接第三債務者に対して取り立てまたは第三者に対して譲渡することにより、本件債権の弁済に充てることができる。

2　前項に定める債務の弁済充当後に残金金を生じたときは、甲は乙に対し、これを清算金として返還するものとする。ただし、当該清算金には利息または損害金を付さないものとする。

第９条（地位の譲渡の禁止）

　乙は、甲による事前の書面の承諾がある場合を除き、本契約に基づく地位の全部または一部につき、譲渡、質入れその他の処分をしてはならない。

　甲と乙は以上のとおり合意し、その成立の証として、本契約書２通を作成し、各自、署名又は記名捺印の上、各１通宛所持するものとする。

　2024年４月３日

　　　　　　　　　　　　　　　　甲

　　　　　　　　　　　　　　　　乙

第22章 債権譲渡制限特約について学ぶ ［発展編］

——継続的供給契約を素材として

 出題の趣旨

本章では、2017（平成29）年改正によって新設された債権の「譲渡制限の意思表示」に関する規定（466条2〜4項）を取り上げ、その意義を明らかにするとともに、改正によって生じることが予想される解釈上の問題点について検討を加える。

改正前466条2項では、当事者が反対の意思表示をした場合には債権の譲渡性が失われるが（同項本文）、この意思表示は善意の第三者に対抗できない（同項ただし書）と規定されていた。判例（最判昭和48・7・19民集27巻7号823頁、最判昭和52・3・17民集31巻2号308頁、最判平成9・6・5民集51巻5号2053頁など）・通説（我妻栄『新訂債権総論（民法講義Ⅳ）』〔岩波書店、1964年〕524頁など）は、譲渡制限特約は、この「反対の意思表示」にあたるとして、上記特約がある場合には債権譲渡の効力が生じないとする見解（これを絶対的効力説という）を採用していた。

他方で、判例・通説は、債権譲渡自由の原則（466条1項本文）との調整を図るために、譲渡制限特約の効力を主張する側が、譲渡制限特約について譲受人が知っていたか（悪意）、知らないことに重大な過失があった（重過失）ことを主張・立証できない限り、債権の譲渡性を制限できないと解してきた。

このように、2017年民法改正前は、譲渡制限特約によって債権譲渡自体の効力を認めないとしながら、その主張ができる場合を譲受人等の第三者が当該特約について悪意・重過失である場合に限定した上で、改正前466条2項ただし書によって、譲渡禁止特約があるにもかかわらず債権譲渡が可能であると信頼

した譲受人等の第三者を保護してきた。

　これに対して、2017年民法改正では、466条2項に譲渡制限の意思表示によっても債権の譲渡性を奪うことができないとする明文の規定を置いた。これによって、原則として、譲渡制限特約によって譲受人その他の第三者との関係でも債権譲渡自体を無効とする効果を認めてきた判例・通説を採用しないことを宣言し、467条に基づいて規律することにした（ただし、2017年民法改正では466条の5で預貯金債権については例外規定を置いた。この点については、☞**第23章**）。

　その上で、債権譲渡制限の意思表示は、第三債務者（譲渡された債権の債務者）が弁済の相手方を固定する点ではなお意義があるとし、466条3項において、債権の譲受人等の第三者が譲渡制限の意思表示を知っていた場合または知らなかったことに重大な過失があった場合には、その限度で譲渡制限の意思表示をした第三債務者を保護する規定を置いた（譲渡制限の意思表示は債権者と債務者間の特約による場合が多いことから、断わらない限り「譲渡制限特約」という）。

　以下では、継続的供給契約を素材に、まずは、466条2項と同3項の意義を明らかにし、債権譲渡制限特約によってどのような効力が生じるのかを考えてみることにする。将来債権の場合には、将来債権の譲渡後に、具体的に発生した債権について譲渡制限特約がなされるという問題が別途生じるから、466条3項と466条の6第3項との関係についても、あわせて検討を加えることにする。

❷　DはBに対していかなる権利を主張するか

　以下の【例題】は、D銀行からB会社に対する下記の訴訟で当事者が主張した事実を整理したものである。

【例題】

　1.　A会社（以下、A）およびB会社（以下、B）は、自動車部品などの製造・販売を主な事業とする会社であり、2010年頃から、AはBから指示された設計図面に従って部品を製造し納入していた。

2．2020年11月1日、Aは、Bとの間で、部品甲1万個を2000万円で2021年1月20日までに製造しBに納入する契約を締結した。A・B間の契約では、売掛代金債権について譲渡を禁じる約定（以下、譲渡制限特約）をすることが慣例となっており、Aの上記売掛金債権についても同様の約定がなされていた。

3．コロナ禍や半導体不足の影響もあって、2021年は、自動車の生産ラインが休止するなど部品の受注に波があり、Aは、年末に向けて、受注生産に係る運転資金の確保や従業員への給与の支払いに資金が必要であった。AのBに対する上記売掛代金債権（以下、α債権）の弁済期は2021年3月20日であったが、Aにはα債権を弁済期前に現金化する以外に資金繰りの方法がなかった。このため、2020年11月20日に、Aは買取手数料10%を差し引いた1800万円でC会社（以下、C）にα債権を売却し、CからAの銀行口座に1800万円が振り込まれた。

Cは、事業者が保有している売掛債権等を期日前に一定の手数料を徴収して買い取る、いわゆるファクタリング会社であり、自動車部品などの製造・販売を主な事業とする会社の資金需要に広く応じていた。このため、CはBが発注する受託生産に関する契約の売掛代金債権について譲渡制限特約が約定されていることを知っていた。そこで、Cは、Aがα債権をCに譲渡したとする譲渡通知書をAに作成してもらって預かり、これをBに送付せずに保管していた。

4．長引く新型コロナ感染症の影響で、Cが以前に買い取った債権が予定どおりには回収できない案件が増えてきていた。このため、Cは、2021年1月7日に、CのメインバンクであるD銀行（以下、D）から、つなぎ資金として3500万円を期間3か月（弁済期2021年4月6日）、利息年利5％で借り入れ、上記の債権を担保するために、Dのために、α債権を含む買取債権（券面額合計5000万円）に質権を設定した。また、同日、Cは、α債権についてAから預かっていた譲渡通知書と、DのためにCがα債権に質権を設定したとする通知書を、内容証明郵便でBの本店に送付し、2021年1月8日に、Bは上記2通の内容証明郵便を受領した。さらに、Cは、2021年1月8日に、無担保で利息年10%、期間2か月でEクレジット会社

（以下、Ｅ）から500万円を借り入れていた。

　5．Ａは、Ｂに納期である2021年1月20日までに部品甲1万個を納入した。

　6．Ｃの経営状態は好転せず、2021年4月2日に貸金債権3500万円についてＤに支払いの猶予を求めてきた。Ｄは、Ｃの財務状況が悪化しているという情報を入手していたことから、Ｃへの貸金債権を早期に回収しておいたほうがよいと判断した。

　そこで、2021年4月7日、Ｄは、Ｂに対して、366条2項に基づいて2000万円を支払うように請求した。しかし、ＢはＡとの間で譲渡制限特約を約定しているとして、Ｄからの請求に応じなかった。そこで、Ｄは、同日、Ｂに対し内容証明郵便を送付し、α債権について譲渡制限特約があると主張するなら、Ａに対して1週間以内に2000万円を履行すべき旨、催告した。一方、Ｄは、α債権について譲渡制限特約がなされていることを知らなかったとして、2021年4月20日、Ｂに対して2000万円の支払いを求めて訴えを提起した。

　7．一方、Ｅは、Ｃに貸した500万円の弁済期が過ぎたため、何度かＣに催促したが返済されないことから、2021年4月1日にα債権を差し押さえ、同月2日に差押命令がＢの本社に送達された。

　Ｄは、Ｃへの貸金債権を担保するためにα債権に質権を設定した債権質権者である。Ｄは、質権の効力として認められている直接取立権に基づいて、Ｂに対して2000万円の支払いを求めている（366条1項、2項）。Ｄの請求の訴訟物は、Ａ・Ｂ間の部品供給契約に基づく代金の不払い（履行遅滞）を原因とする代金支払請求権である（☞後述 Link Ⅱ -10）。

　上記代金支払請求権の発生を基礎づけるためには、α債権の発生原因として、Ａ・Ｂ間で部品甲1万個の製造供給を目的とする契約（部品供給契約）が成立したこと、および、remedy 構成を前提とすれば、代金の支払いがないことを主張する必要がある（remedy 構成を前提とする売買代金支払請求権の請求原因について、☞**第13章❷2.**）。

　質権者であるＤが、裁判所に、質権の目的となっている代金債権について、

代金支払請求権の存否（本案）につき審理判断を求めるためには、同請求権につきDに当事者適格があることが必要である。質権を有する者は、民事執行法所定の執行方法のほか、より簡易な手段として、自己の名において、質権の目的である債権を第三債務者から直接に取り立てることが認められている（366条1項。取立可能な範囲は被担保債権に対応する額に限られる。同条2項）。Dとしては、自己の当事者適格を基礎づけるために、取立権の発生原因事実を主張する必要がある。具体的には、DのCに対する被担保債権（362条において準用する346条本文も参照）の発生原因事実を主張する必要があるほか、α債権を目的とする質権設定契約（その前提としてα債権のCへの帰属原因事実）、被担保債権の弁済期の到来を主張する必要があることになる。

Ⅱ-11　Dに直接取立権があることの訴訟法上の意味（髙原）

本文で解説したとおり、Dの請求の訴訟物は、質権設定者Aとその取引先Bとの間で締結された部品供給契約に基づく代金の不払いを原因とする代金支払請求権である。Dは、質権者という地位により、この代金債権について管理処分権能を認められ、当事者適格を有している。同様の例としては、債権者代位権（423条）、差押債権者の取立権（民執155条1項本文）、いわゆる株主代表訴訟（会社847条）等がある。訴訟物たる権利・法律関係の帰属主体は当事者とならないことから「代理」ではなく、「訴訟担当」といわれる。

通常、訴えが提起され、訴訟係属が生じると、裁判所は、まず、原告により提示される権利・法律関係（訴訟物）の存否（本案）の審理判断をすべきかどうかを判断する。訴訟要件を具備しない訴えであれば、本案審理・判断をせずに、訴えを却下する判決で訴訟を打ち切る。訴訟要件の具備が確かめられると、訴訟物の存否を判断し、請求棄却または請求認容の本案判決をする。当事者適格も、訴訟要件の1つとされている。

【例題】では、本文で後述する本案に関する攻撃防御のほか、訴訟要件としての当事者適格についての攻防も展開される。例えば、DはCに帰属するα債権の質権者であると主張するが、これを第三債務者Bに対抗するためには、債務者対抗要件を具備することが必要である（364条による467条の準用）。Bは、Dが債務者対抗要件

を具備するまでは、Dは質権者であるとはいえないという債務者対抗要件の抗弁を主張することが考えられる。しかし、【例題】では、Cが、内容証明郵便で、α債権について、DのためにCがα債権に質権を設定したとする通知書をBの本店に送付し、2021年1月8日に、Bはこの内容証明郵便を受領している。Dは、Bに対し、Dがα債権の質権者であることについて債務者対抗要件を具備したという債務者対抗要件の具備の再抗弁を主張することができる（α債権の差押債権者Eとの関係でも同様の攻撃防御となる。）。

　Dがα債権の質権者たる地位をB等に対抗することができるか否か次第で、DがCに帰属するα債権の履行を請求する当事者適格の有無が決まり、裁判所は、本案判決をすることができるか否かを判断することになる。【例題】では、後述する本案の当否に関する攻撃防御と並んで、当事者適格をめぐる攻撃防御も重要である。　◆

$\mathscr{D}$eep $\mathcal{L}$earning Ⅱ-26
質権の被担保債権の弁済期と債権質の目的となった金銭債権の弁済期との関係 （千葉）

　【例題】では、債権質の目的となっているα債権の弁済期は2021年3月20日であり、DのCに対する質権の被担保債権である貸金債権の弁済期は2021年4月6日である。したがって、Dは、上記被担保債権の弁済期が経過すれば、α債権の債務者であるBに対して、直接、被担保債権額の範囲内で支払いを請求できることになる。これに対して、質権の被担保債権の弁済期のほうが、債権質の目的となった金銭債権の弁済期より早く到来する場合がある。質権は担保物権であるから、被担保債権について債務不履行が生じた場合に、担保の目的となった債権を直接取り立てて債権回収ができるが、質権の目的となった金銭債権の弁済期が到来していない場合には、質権者は第三債務者に対して支払いを請求できない。そこで、このような場合には、質権者は自己に弁済すべき額を第三債務者に供託させることができるとし、この供託金還付請求権の上に、質権を有することになる（366条3項）。　●

Professional View Ⅱ-12
ファクタリング（川上）

事業者にとって、債権は重要な資産であるが、弁済期に実際に入金されるまでは、資金として利用できない。すなわち、資産が固定化しているわけである。事業者にとって固定化した資産である債権は、資金需要に応じて即座に利用できない絵に描いた餅（弁済期が到来すれば本物の餅になるが）のようなものである。そこで、このような固定化した資産を、利用できる資産に流動化し、事業への投下資金とすることに対するニーズは大きい。そこで、事業者が保有している売掛債権等の債権を弁済期前に一定の手数料を徴収してファクタリング会社が買い取ることで流動資産化するのが「ファクタリング」である。この説明から分かるように、ファクタリングは、法的には債権の売買契約（債権譲渡契約）と構成される。

ファクタリングは、事業者にとっては、債権譲渡契約であり金融機関からの借入や融資ではないので負債を増やすことなく、資金繰りの改善を図ることができる、借入や融資と異なり担保や経営者保証が不要である、事業者の信用調査がない（当該債権の債務者の信用による）ので迅速な資金調達が可能である、当該債権の債務者が破綻しても償還や担保責任を負わないなどの長所がある。他方で、法的には債権譲渡であるので、債権譲渡禁止特約があれば利用できない、分割払いの特約がある債権や弁済期を徒過した不良債権は対象外であるなどの制約がある、手数料が高額な場合、利益が減少し、かえって資金繰りが悪化するなどの短所がある。

現代においては、ファクタリングは、銀行借入、増資、社債、CP（コマーシャル・ペーパー）などと並んで事業者の資金調達の重要な一手段となっている（中小企業の資金調達については、☞後述 Professional view Ⅱ-13）。　　■

❸　Dからの請求の当否をめぐる攻防

1. Bからの反論①──債権譲渡の対抗要件

譲渡制限特約付債権であっても、債権の譲渡性自体が制限されるわけではないから（466条2項）、【例題】の場合、α債権はAからCに移転するが、B（第三債務者）は、Cが債務者対抗要件を具備するまではBの債権者とはいえないと反論することができる（467条1項。債務者対抗要件の抗弁）。

　しかし、【例題】では、Ｃが、内容証明郵便で、α債権について、ＡからＣへの譲渡通知書をＢの本店に送付し、2021年１月８日に、Ｂは上記内容証明郵便をＢが受領している。ＡからＣへの債権譲渡通知については譲渡人Ａではなく譲受人Ｃが送付しているが、これはＡが作成した譲渡通知書の郵送をＣが代行したにすぎない。したがって、Ｄは、Ｂに対して、Ｃがα債権の譲受人であることについて債務者対抗要件を具備したと再反論できることになる（債務者対抗要件の具備の再抗弁）。

　また、【例題】では、α債権は、Ｃの債権者であるＥによって差し押さえられ、差押命令が2021年４月２日に第三債務者Ｂに到達している。したがって、Ｂは、467条２項に基づいて、確定日付ある証書による通知・承諾があるまでは、Ｃを差押債権者Ｅに優先する債権者であるとはいえないと反論することができる（第三者対抗要件の抗弁）。しかし、ＡからＣへの譲渡通知についても、譲渡人Ａから内容証明郵便（民法施行法５条１項６号）で行われ、2021年１月８日に上記内容証明郵便がＢに到達したことから、Ｃも確定日付のある証書（確定日付は同日付け）により第三者対抗要件を具備したことになる（第三者対抗要件具備の再抗弁）。また、Ｂは、ＥがＣに優先する第三者であると反論しても、差押命令のＢへの送達時は、ＡからＣへの譲渡通知の到達時より後であるから、Ｃの債権を喪失させることができないことになる。

　このように、【例題】では、467条に基づいてＢが反論をしても、Ｄによる代金請求を理由なしとして退けることはできないことになる（467条に基づく反論の訴訟における攻撃・防御方法の位置づけについては、☞**第21章❸2.3.**）。

2. Bからの反論②──譲渡制限特約

(a) 466条３項に基づくBからの反論

　【例題】では、Ｂは、Ａからの売掛代金債権に譲渡制限特約があることを主張している。前述したように、466条２項によれば、譲渡制限特約があっても、債権の譲渡性は制限されないため、譲渡制限特約があるというだけではその債権に係る履行請求に対して有効な反論とはならない。譲渡制限特約があっても、譲渡人の処分権限は制限されないからである。

　【例題】では、A・Cの間のいわゆる債権買取契約（ファクタリング契約）を原因としてAからCに*a*債権が移転している。A・B間に譲渡制限特約があることは、Aが第三者に債権を譲渡しないという債務をBに対して負担することを意味するにとどまる。しかし、債権譲渡制限の意思表示には、第三債務者にとって弁済の相手方を固定する利益があることから、2017年民法改正では、その限度で債権譲渡制限の意思表示の効力を認めている。

　このように譲渡制限特約は合意した当事者間で効力があるにすぎないが（これを相対的効力という）、466条3項は、譲受人等の第三者（以下「譲受人等」という）が、債権譲渡を受けた時点で譲渡制限特約を知っていたか、重大な過失があって知らなかった場合には、第三債務者（譲渡された債権の債務者）は、譲受人等に履行を拒絶できる権利があるとして、譲受人等による債権行使を阻止する効果を認めている。また、たとえ譲受人等が債務者対抗要件を具備していても、譲渡制限特約について悪意・重過失の譲受人等に対しては、譲渡人に対する弁済・相殺など債権を消滅させる事由をもって、第三債務者は譲受人等の第三者に対抗できるものと規定している。このように限定的ではあるが、譲受人等の第三者に対する関係でも、第三債務者に債権者固定の利益の主張を認めていることになる。

　もっとも、466条2項に基づき債権譲渡制限特約によって債権譲渡の効力を制限できないことが宣言されている。したがって、同条3項は、譲受人等の第三者が譲渡制限特約をなされていることを知りながら、あるいは、悪意に準じるような重大な過失があって当該債権を譲り受け、第三債務者に対して当該債権を行使することは矛盾した行為であるとして、譲受人等の第三者による権利行使を認めない規定であると解すべきであろう。

　その意味では、466条3項は、譲渡制限特約の第三者効を認めたものではなく、信義則上、譲渡制限特約があることにつき悪意・重過失ある譲受人等による権利行使を制限し、第三債務者が例外的に弁済先を固定する利益を譲受人などの第三者に対抗できるとしたものにすぎないと解される（このような考え方を「禁反言説」という）。

　466条3項の制度趣旨を上記のように解すると、同項に基づいて履行拒絶権を主張するためには、①当事者が債権譲渡制限の意思表示をしたこと、および、

②譲受人等の第三者が譲渡制限の意思表示があることを知っていたか、重大な過失があって知らなかった点について、第三債務者の側に主張・立証責任があると解すべきことになる。さらに、譲受人等に同項に基づいて債権消滅の効果を対抗するためには、①②に加えて、③債権消滅の効果を発生させる事由（原因行為）について、第三債務者の側に主張・立証責任があることになる。

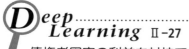

Deep Learning Ⅱ-27
債権者固定の利益を対抗できる者の範囲 （千葉）

　【例題】の場合に、Ａからα債権を買い取ったＣは、Ｂが発注する受託生産に関する契約の売掛代金債権に譲渡制限特約が約定されていることを知っていた。悪意であるＣの権利の上に質権を設定したＤに対して、誰が466条３項の効果を対抗し、Ｄは取立権を主張できないとしてＤの当事者適格を否定できるのかが問題となる。

　この点、譲渡制限特約によって債権譲渡の効力が生じないとする改正前の判決ではあるが、最判平成21・３・27民集63巻３号449頁が参考になる。この判決では、債務者が債権者不確知を原因として供託した事案において、譲渡人（事案では譲渡人に特別清算手続が開始していたため特別清算人）が譲渡債権に譲渡制限特約が付されていることを理由として、譲受人ではなく譲渡人に供託金還付請求権が帰属していることという主張がなされた。これに対して、上記判決は、譲渡禁止特約は債務者の利益の保護のために約定されたものであるとして、譲渡禁止特約に反して債権を譲渡した債権者には、特約の存在を理由として譲渡の無効を主張する独自の利益はないとし、その上で、債務者が譲渡無効を主張する意思があることが明らかであるなど特段の事情がない限り、当該債権を譲渡した債権者が、債権譲渡の無効を主張することはできないと解した。

　前述したように、2017年民法改正では、債務者には弁済先を固定する利益があることを根拠に、譲渡制限特約の効力を認めていることから、現行法の下でもその限度では上記判例理論の考え方は妥当するものと解される。したがって、債権者固定の利益を主張できる者は、原則として第三債務者である。

　もっとも第三債務者が債権者固定の利益を対抗できるといっても、譲受人が悪意・重過失であっても、転得者が善意・無重過失の場合には、第三債務者（譲渡された債権の債務者）は転得者に対して466条３項の効果を対抗できないものと解される。466条３項は、前述したように、譲受人等の権利行使に非難可能な事情（矛盾した行

為）があることを理由に、信義則上、譲受人等の第三者は権利行使ができないとして、第三債務者に譲受人等の第三者との間でも例外的に弁済先を当初の債権者に固定する利益の対抗を認めたものにすぎないからである。

　【例題】の場合、DはCのメインバンクであり、Cが債権買取業務を行っていることをDは当然のことながら知っている。Cへの融資に際して、Cの買取債権に質権を設定したD自身が、債権質の目的となっている債権に譲渡禁止特約があるのかどうかについて、調査義務をつくしていないことが重大な過失といえるのかが譲渡制限特約に基づくBの反論（債権者はAに固定されており、Dは質権に基づく直接取立権があることを対抗できない）が認められるかどうかの判断の分かれ目となってくることになろう（潮見佳男『新債権総論Ⅱ』〔信山社、2017年〕397頁、鎌田薫ほか編『新基本法コンメンタール債権１』〔日本評論社、2021年〕213頁〔石田剛〕）。

　これに対して、譲受人の債権者の場合には、譲受人が有する以上の権利を認めるべきではない。したがって、【例題】の場合、譲受人Cが悪意・重過失があれば、債務者Bは、Cの差押債権者であるEに対しては、Eの悪意・重過失を問題とするべきではなく、譲渡制限特約に基づいて履行を拒絶できる権利を対抗できるものと解される（466条の４第２項）。　　　　　　　　　　　　　　　　　　　●

Ｄeep Learning Ⅱ-28
466条３項の効果—絶対的構成か相対的構成か （千葉）

　譲受人が善意・無重過失であっても、譲受人からの転得者が悪意・重過失であることを主張・立証できる場合に、第三債務者が転得者に対して466条３項の効果を対抗できるかどうかについては、見解の対立がある。

　2017年改正前から学説が対立していた点であるが、改正法の下でも、一旦、善意無重過失の譲受人に対して第三債務者が譲渡制限特約があることを対抗できないという効果が確定した以上は、転得者が悪意・重過失であっても466条３項の効果を対抗できないと解する有力な見解がある（これを絶対的構成という。潮見・前掲書401頁、中田裕康『債権総論〔第４版〕』〔岩波書店、2020年〕634頁）。

　上記の見解は、譲受人の保護という観点から主張されており、第三債務者が譲渡人に弁済した場合に、転得者が悪意・重過失であることを理由に、第三債務者から債務消滅の効果を対抗されるとすると、転得者は譲受人に対して契約不適合を原因として損害賠償請求権を行使できることになり、善意・無重過失である譲受人が結果として保護されないことを理由とする。しかし、譲渡制限特約の存在につき悪意・

重過失がある転得者は、第三債務者から上記のような抗弁を対抗される場合があることを前提に、譲受人から債権譲渡を受けているのであるから、転得者は譲受人に対して契約不適合であるとして損害賠償請求権を行使できないと解すべきである（千葉惠美子「債権譲渡制限特約と民法改正」『民商法の課題と展望──大塚龍児先生古稀記念』〔信山社、2018年〕417頁、鎌田薫ほか編・前掲書214頁［石田剛］）。善意・無重過失の譲受人を保護するために、絶対的構成を採用しなければならない理由はないものと解される●

(b)　Dからの再反論──466条4項

　譲渡制限特約の存在について悪意・重過失の譲受人等が、466条3項に基づいて債務者から履行拒絶権を行使されることとなる場合、すでに債権を譲渡してしまった譲渡人には、譲渡債権について履行の催告をするインセンティブがない。この結果、本来、債務を履行しなければならないはずの債務者が容易に債務の履行を免れる状況が生じる可能性がある。

　そこで、466条4項は、譲受人等が悪意・重過失であっても、債務者が債務の履行を遅滞している場合には、譲受人が債務者に対し、相当の期間を定めて譲渡人に履行すべき旨の催告をし、その期間内に債務者が履行しないときには、債務者は譲受人等に対して履行拒絶権や債権の消滅の効果を対抗できないとする規定を置いている。債務者に対して請求できる者がいなくなるという不都合な結果を回避していることになる。

　【例題】の事実6によれば、Dは、Bに1週間の期間を定めてAへの履行を催告し、その期間を経過したことを主張している。したがって、仮に、譲渡制限特約について知らなった点でDに重過失があったとしても、466条3項に基づく効果の発生を障害することができることになる（再抗弁）。

(c)　Bからの再々反論──相殺

　債務者としては、譲渡人に相当の期間内に債務を履行したことを主張・立証できなければ（再々抗弁）、譲渡制限特約に基づく効果をもはや対抗できないことになり、債務者は譲受人等の第三者に履行をしなければならないことになる。

　そこで、【例題】の事実1〜7に加えて、Dが提起した訴訟の口頭弁論期日

において、Bが以下の事実を主張した場合について考えてみよう。

> 8．コロナ禍や半導体不足の影響で運転資金を確保する必要があると判断したAは、部品の納入に遅れが生じないように、Bに当面の運転資金の融通を申し入れた。そこで、Bは、Aに、2020年12月1日に、期間5か月（弁済期を2021年4月30日）として、1000万円を貸し付けた。ただし、Aにつき強制執行・滞納処分・担保権実行や倒産手続の申立てがなされた場合には、Bは直ちに全額の返済を請求できるとする約定がなされていた。
>
> 9．そこで、Bは、質権者Dから2000万円の支払いを請求されたことから、2021年4月14日に、Aに配達された内容証明郵便で、上記貸金債権についてAは期限の利益を喪失したとして、上記貸金債権を自働債権、α債権を受働債権として相殺の意思表示をAに対して行った。

466条3項は、譲受人等が譲渡制限特約を知っていたか、重大な過失があって知らなかった場合に、弁済先を債権者に固定する利益を第三債務者に認めるために、たとえ譲受人等が債務者対抗要件を具備しても、第三債務者は、譲渡人＝債権者に対する弁済・相殺など債権を消滅させる事由をもって、債務者は譲受人等の第三者に対抗できるという効果を認めている。したがって、債務者から譲渡人に対する弁済や譲渡人に対する債権を自働債権とする相殺権の行使などによって、債務者は、譲受人との関係でも債権はすでに消滅したと主張することができ、譲受人からの請求を退けることができることになる。

【例題】の事実8・事実9によれば、Dからの催告期間内に、BのAに対する貸金債権とα債権は相殺適状となり（505条）、Bは相殺の意思表示をしたから（506条1項）、訴訟物であるα債権は消滅したことになる。

466条3項の上記の効果については、譲渡人に対して法定の受領権限が付与されたと解する見解がある（潮見・前掲書399頁、400頁、中田・前掲書632頁）。しかし、2017年民法改正の下では、譲受人が悪意・重過失であったとしても当該債権が譲受人に帰属していることに変わりはない。466条3項によって債務消滅の効果が認められる場合があるとしても、466条2項によれば譲渡制限特約があることによって債権の譲渡性は制限されないのであるから、譲渡人に譲

渡済みの債権について履行請求権や取立権限が認められるわけではない。譲渡人に対する弁済は、譲受人との関係では弁済受領権限がない者に対する弁済にすぎないのであって、第三債務者に弁済者固定の利益を認めるために、例外的に譲受人に対する関係でも債務消滅の効果を認めたにすぎないものと解すべきである（千葉・前掲論文415頁）。したがって、466条3項によって債権消滅の効果を債務者から対抗された譲受人は、譲渡人に対して不当利得の返還を請求できることになる（同旨、磯村保『事例でおさえる民法 改正債権法』〔有斐閣、2021年〕234頁）。譲受人が悪意・重過失であったとしても、当該債権が譲受人に帰属していることに変わりはない以上、譲渡人・譲受人間では第三債務者の譲渡人への給付に法律上の原因はないからである。

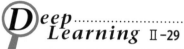

Deep Learning Ⅱ-29
債権者固定の利益の保障と債務者の供託権　（千葉）

　第三債務者としては、譲受人等が悪意・重過失であることを証明できれば、466条3項に基づいて、譲渡人への弁済によって債務の履行から解放されることになるが、譲受人等が主観的要件を争う限り、466条3項の限度で譲渡人への弁済を譲受人等に対抗できるといっても、第三債務者が早期に債務の履行から解放される保障はない。

　そこで、2017年民法改正では、譲受人等の善意・悪意、過失の有無にかかわらず、譲渡制限特約が付された金銭債権が譲渡されたとき、第三債務者は債務の履行地（債権者の現在の住所が債務の履行地である場合には、譲渡人の現在の住所地を含む）の供託所に供託できるとする規定が新設された（466条の2）。

　2017年民法改正により、譲渡制限特約によっても債権の譲渡性が奪われなくなったから、譲受人等がその債権譲渡を第三者に対抗することができる要件を備えた場合、譲渡制限特約があっても、当該債権の債権者は譲受人となる。したがって、改正後は、上記の場合、第三債務者は、債権者不確知を理由とする供託（494条本文）をすることはできないことになる。そこで、改正後も弁済先を固定するという債務者の利益を実質的に実現するために、債務者に供託権を認めたものにすぎないものといえる。したがって、供託金の還付請求権は譲受人に帰属することになる（466条の2第3項）。なお、第三債務者は、供託後、遅滞なく、譲渡人および譲受人に対して通知をしなければならない（同条2項）。　●

将来債権譲渡と債権譲渡制限特約の扱い

【例題】の**事実1**および以下の**事実10**によりＦ商社がＢに対する売掛代金支払請求訴訟を提起した場合は、どのように解すべきだろうか。

> 10. Ｆ商社（以下、Ｆ）は、長年にわたってＡに原材料を納入してきたが、2020年4月1日に、Ａに対して、事業資金として2000万円（弁済期2022年3月31日）を貸し付け、この貸金債権を担保するために、Ａ・Ｂ間の部品供給契約に基づいて発生する、2020年4月分〜2023年3月分（3年分）のＡからＢに対する売掛代金債権全部を目的として譲渡担保契約を締結した。あわせて、Ｆからの実行通知があるまでは、Ａが上記売掛代金債権についてＢから取立てができるとする約定がなされていた。
>
> 　一方、Ｂは、部品甲だけでなく、部品乙・丙についてもＡから継続的に供給してもらうことにしたことから、2020年5月1日に、Ａ・Ｂ間で上記部品甲・乙・丙の継続的供給に関する基本契約を結び、その中で上記売掛代金債権について譲渡制限特約を約定した。
>
> 　ところが、Ａが弁済期を過ぎてもＦに借入金を返済しなかったことから、Ｆは、ＡおよびＢに対して譲渡担保権実行通知を送り、上記売掛代金債権のうち、まだＢがＡに弁済していなかった2000万円の売掛代金債権の支払いを求めて、Ｂに対して訴えを提起した。

1. 466条の6第3項の趣旨

第21章で検討したように、譲渡担保契約の締結時に、Ａ・Ｂ間で売掛代金債権が未発生であっても、将来債権の譲渡性は承認され（466条の6第1項）、対抗要件を具備することができる（467条1項かっこ書）。したがって、譲渡担保設定契約時に包括的に将来債権に債務者対抗要件を具備していれば、設定時に未発生の売掛代金債権であっても、Ｆに担保目的で将来債権が移転したことを

Bに対して対抗できることになる。

　この場合に、売掛代金債権が具体的に発生する前にA・B間で譲渡制限特約を締結したとしても、Fの譲渡担保権について債務者対抗要件が先に具備されていれば、それ以降に、A・B間で債権制限特約が合意されても、特約があることを対抗できないものと解される。Aはすでに担保のために将来債権を譲渡しており、A・B間で譲渡制限特約をしたとしても、当該売掛代金債権についてAは処分権を喪失している以上、譲渡制限特約の効力が当該債権について生じることはないからである。

　これに対して、466条の6第3項は、将来債権の譲渡について債務者対抗要件が具備される時点までに譲渡制限特約がなされたときには、譲渡制限特約について将来債権の譲受人は悪意であるとみなして、466条3項の規定を適用するとしている。したがって、この限度で第三債務者には弁済先固定の利益が認められることになる。

　将来債権に担保権を設定する際に、担保権者は、設定者（譲渡人）と第三債務者との間に譲渡制限特約が約定されていないかどうかを第三債務者に問い合わせ、担保価値を査定するのが通常であるからである。466条の6第3項が、債務者対抗要件具備の先後で譲渡制限特約の効力に違いを設けた理由はこの点にあるものと解される。

　【例題】事実10の場合、債務者対抗要件具備時期と譲渡制限特約の時期の先後ははっきりしない。仮に、A・B間の基本契約でAの売掛代金債権について譲渡制限特約がなされ、その後に、Aが、Bに対する上記売掛代金債権にFの譲渡担保権が設定されたことをBに通知し、その通知がBに到達した場合には、Fは悪意とみなされることになる。この結果、Bは、466条3項に基づいて、Fに対して履行を拒絶できる権利があり、たとえ設定時に担保目的でFに将来債権が移転しFが債務者対抗要件を具備したとしても、Aに対する弁済・相殺など債権を消滅させる事由をもって、BはFに対抗できることになる。

　一方、Fが将来債権の譲渡につき債務者対抗要件具備後にA・B間で譲渡制限特約がなされた場合には、Fは将来債権の移転をBに対抗できることになり、具体的な債権が発生する前であったとしても、将来債権の譲渡につき債務者対抗要件の具備後に合意されたA・B間の譲渡制限特約によって、債権譲渡を制

限することはできないことになる。したがって、Fは個別の売掛代金債権が現に発生した時点でBに対して譲渡担保権を対抗できることになる。

　466条の6第3項の制度趣旨については、見解が対立している。将来債権が譲渡された場合には、将来債権の譲渡時点では、まだ債権が発生していないことから、その譲渡を制限する特約の対象が存在しない以上、譲受人の善意・悪意を基準とすることが困難であるとして、みなし規定を置いた趣旨を説明する見解がある（中田裕康ほか『講義 債権法改正』〔商事法務、2017年〕225頁［沖野眞已］）。

　しかし、現に発生していない債権であっても、将来債権の譲渡性は認められている。そこで、将来債権の譲受人は、債務者対抗要件を具備していない以上、将来債権が自己に帰属していることを第三債務者に対抗できないことから、譲渡制限特約によって債権者を固定する第三債務者の利益が当然優先するとして466条の6第3項の制度趣旨を説明する見解が主張されている（潮見・前掲書420頁）。債権譲渡とは、債権の同一性を維持したまま債権の帰属先を変更する行為であり、第三債務者が将来債権の譲渡に関与していない以上、第三債務者が法的に不利な地位におかれるべきではないことを理由としている。

　もっとも、466条2項は、譲渡制限特約によっても債権の譲渡はその効力を妨げられないと規定している。前述したように、466条3項は、譲渡制限特約につき、悪意・重過失の譲受人等の第三者の権利行使を制限して、その限度で第三債務者の利益を保護しているにすぎない。したがって、2017年民法改正の下では、債務者対抗要件具備前に譲渡制限特約を約定したというだけで、第三債務者の弁済先固定の利益が当然に優先されるわけではないように思われる。譲渡された債権の発生原因となっている契約において468条1項に基づいて同時履行の抗弁権が主張できるような場合とは異なる。

　結局、将来債権の譲渡の場合に、466条の6第3項によって第三債務者による弁済先固定の利益を優先する理由は、後者の見解が主張するように、譲受人が債務者対抗要件を具備するまでは、将来債権が譲受人に帰属していることを対抗できないからではなく、将来債権の譲渡はこれから発生する債権について譲渡人の処分権を喪失させるものにすぎず、将来債権の譲渡につき債務者対抗要件を具備するまでは、譲渡人の処分権の喪失を対抗できない結果、譲渡制限

特約による弁済先固定の利益が優先すると解するしかないのではなかろうか。

2. 466条の6第3項と466条3項との関係

　上記のように466条の6第3項の趣旨を解すると、**【例題】事実10**とは異なり、A・B間の継続的部品供給契約に係る基本契約（譲渡制限特約を含む）のほうが、F・A間の集合債権譲渡担保契約より先に締結された場合には、Fは譲渡制限付債権に譲渡担保権を設定したことになるから、466条の6第3項の適用がなく、もっぱら466条3項が適用されるものと解される（同旨、中田ほか・前掲書225頁［沖野眞已］、松岡久和ほか編『改正債権法コンメンタール』〔法律文化社、2020年〕422頁［石田剛］）。

Professional View Ⅱ-13
中小企業の資金調達　（川上）

　企業が資金調達する目的には、起業・開業資金、運転資金、設備投資、事業拡大などがある。そのための資金調達の方法には、大きく「デット・ファイナンス（Debt Finance）」、「エクイティ・ファイナンス（Equity finance）」、「アセット・ファイナンス（Asset Finance）」がある。

　デット・ファイナンスは、有利子負債（利子を付けて返済しなければならない負債）による資金調達方法である。代表的なものとしては、公的融資、銀行融資、ノンバンクからの融資、社債、コマーシャルペーパー（CP：Commercial Paper、公開市場にて割引形式で発行する無担保の約束手形）、経営者からの借入、手形割引、クラウドファンディングなどがある。デット・ファイナンスの長所は、経営権に影響がないこと、節税効果があること、返済実績を積み重ねることで信用力が向上すること、資金計画が立てやすいことにある。短所としては、返済期限に返済しなければならないこと、貸借対照表の負債となり財務指標に影響を与えること、自己資本比率が低下することにある。

　エクイティ・ファイナンスは、株式発行による資金調達の方法である。代表的なものは、新株発行、新株予約権付社債の発行である。エクイティ・ファイナンスの長所は、原則として返済義務のないこと、自己資本が増加し財務体質の強化が図れることである。短所としては、株主構成が変わる可能性があり、経営権や配当政策

に影響を与える可能性があることである。

　アセット・ファイナンスは、資産（Asset）の信用力を用いる資金調達の方法である。代表的なものは、ファクタリング、固定資産の売却、リースバック、ABS（Asset Backed Security、各種資産の信用力やキャッシュフローを裏付けとして発行される有価証券）、ABL（Asset Based Lending：動産・売掛金担保融資）、企業が保有する売掛金や在庫などの資産を担保にした融資）がある。アセット・ファイナンスの長所は、保有資産の信用力で資金調達できること、資産売却による財務内容の改善が図れることである。短所としては、資産の信用度に依存するので、必要資金額が必ずしも確保できるとは限らないことである。

　企業は、このような資金調達の方法を組み合わせて最適な資金調達を行うことになるが、中小企業の場合、そもそもCPのように発行制限があり選択肢とならならい方法があること、企業規模から信用性が必ずしも高くないこと、株式発行による経営権の変動を嫌う傾向があること、投資側からすれば、IPO（Initial Public Offering（株式公開）やバイアウトなどによる出口が想定しにくく、高い内部収益率が実現できないことから、エクイティ・ファイナンスが利用されることは少ないのが現状である。

　そのため、中小企業の資金調達は、公的融資、銀行融資、ノンバンク融資、手形割引、経営者からの借入などのデット・ファイナンスが中心であった。しかしながら、中小企業の資金調達の方法がデット・ファイナンスだけでは起業したばかり新規企業の資金需要に応えることができず、その活力を削いでしまい、新しいチャレンジの支障になることの弊害がクローズアップされ、またスキームや融資側のノウハウが蓄積されてきたことから、近時はファクタリング、リースバックやABLなどのアセット・ファイナンスの利用が増加してきている。さらに、中小企業の潜在能力を正当に評価すれば、エクイティ・ファイナンスの活用の余地があるとの認識が一般化してきており、中小企業庁が令和4年12月22日にホームページで「中小企業のためのエクイティ・ファイナンスの基礎情報」を公開し、中小企業経営者にそのノウハウを周知し、積極的な展開を図っている。従来の中小企業のイメージが家族経営の同族会社であったものが、技術・アイデアを有する経営者が起業したスタートアップ起業へと、中小企業のイメージが変わってきたことも大きく影響していると思われる。

■

●重要判例●
・最判平成21・3・27民集63巻3号449頁（譲渡制限特約の効力を主張できる者の範囲）

●演習問題●

【設問1】
　remedy構成により履行請求権を債務不履行がある場合の救済手段の一つと理解する場合、D銀行が、直接取立権に基づき、AのためにB会社に対して売買代金の支払を求める請求の訴訟物および請求原因を説明しなさい。また、上記の理解による場合、【例題】の下における請求原因事実は何か、具体的に明らかにしなさい。

【設問2】
　【例題】事実4では、Dのために、α債権を含む買取債権（券面額合計5000万円）に質権を設定したと記述されているが、集合債権譲渡担保権との異同を整理し、質権を設定したDにとってのメリット・デメリットを説明しなさい。

【設問3】
　【例題】事実1～9を前提として、Dの請求に対してBからどのような反論が考えられるか。また、その当否について説明しなさい。

【設問4】
　【例題】事実1～5を前提として、Dは、Cの財務状況が悪化しているという情報を入手したことから、Cへの貸金債権を早期に回収しておいたほうがよいと判断し、α債権をGに売却した。Dはα債権に債権譲渡制限特約があることを認識していたが、Gはα債権に債権譲渡制限特約があることについて善意・無過失であった。Bは、Gからのα債権の請求に対して、履行を拒むことができるか。

第23章 預金債権の譲渡と 譲渡制限特約［応用編］

——普通預金債権の担保化を素材として

 出題の趣旨

　第22章では、2017（平成29）年民法改正によって基本的考え方が改められた466条2項とそれに伴い新設された同条3項の意義を分析し、債権譲渡制限の意思表示（以下、断らない限り「債権譲渡制限特約」という）の効力を明らかにした。同時に、2017年民法改正では、債権が預貯金債権である場合に、466条2項の特則規定として466条の5が新設され、譲受人等の第三者が譲渡制限特約の存在を知り、または重大な過失により知らなかった場合には、第三債務者である金融機関が、譲受人等の第三者に対して債権譲渡の効力が生じないことを対抗できることが明文化された。

　預貯金契約（その意義については、☞後述 **Deep Learning Ⅱ-30**）は、市民生活においてもビジネスにおいてもよく利用されている契約類型であり、2017年民法改正にあたって、流動性のある預貯金契約について基本的な規定を置くことが検討されたが、典型契約としては規定が新設されず、民法典に預貯金契約に関連する規定が断片的に置かれることになった。466条の5もその1つである。

　もっとも、2017年民法改正において、預貯金債権についてだけ466条2項の特則規定を置く理由について十分な討議がなされたとはいえない（預貯金債権の処遇をめぐる法制審議会における議論の状況については、森田修『「債権法改正」の文脈』〔有斐閣、2020年〕720頁）。普通預金ないし通常貯金に係る預貯金債権の場合に、口座への入金・口座からの出金によって残高が繰り返し増減することから、その都度、金融機関が、預貯金債権の譲受人等の第三者が債権制限特約につき悪意・重過失かどうかを調査するには膨大なコストの発生が予想され

ること、弁済事務の煩雑さや過誤払いリスクを回避する必要があること、マネーロンダリング対策として本人確認を徹底する必要があること等、主に金融政策上の理由から、債権譲渡制限特約によって預貯金債権の弁済先を預金者に固定し債権譲渡の効力を生じさせない点に合理性があると説明されている（潮見佳男『新債権総論Ⅱ』〔信山社、2017年〕417頁など参照）。

Deep Learning Ⅱ-30
預貯金契約とその種類　（千葉）

　466条の5では、「預金口座に係る預金に係る債権」を預金債権、「貯金口座に係る貯金に係る債権」を貯金債権と規定し、両者をあわせて「預貯金債権」と呼んでいる。預金と貯金の区別は、現状では、預入先の違いと理解しておけばよい。預金の場合には銀行や信用金庫、信用組合、労働金庫、商工中金などが、貯金の場合にはゆうちょ銀行・JAバンク・JFマリンバンクが、預入先になる。

　預貯金取引とは、銀行などの金融機関が金銭の寄託を受ける取引の総称であり、金融機関が預貯金者から金銭の寄託を受け、預貯金者が金融機関に対して金銭の返還請求権を有する契約を預金契約ないし貯金契約という。

　預貯金者の金融機関に預託した金銭の払戻しを求める権利（これを預金債権ないし貯金債権という）の弁済期の定め方と請求の方法によって、当座性のある預貯金と期限付の預貯金に大別することができる。前者の典型は普通預金・通常貯金および当座預金である。普通預金・通常貯金は、預金者がいつでも預金の払戻しを請求できる。当座預金は、企業や個人事業主が利用する手形・小切手の支払いに使われる預金であり、決済用預金の1つで利息を付けることが禁止されている。

　一方、後者の典型は定期預金・定額貯金である。定期預金・定額貯金は、満期日または据置期間を設定し、満期日までまたは据置期間中の払戻しをしないことを条件として一定の金額を預け入れる期限付の預貯金である。このような性格から、定期預金・定額貯金として金銭の寄託を受ける契約では、預金時に定めた期間中は原則として解約できない。預入期間・利息を付ける方法、預入れの方法によって、普通定期預貯金、自動継続定期預貯金、期日指定定期預金、積立定期預貯金・定額貯金などがある。

　定期預金等の期限付の預貯金の場合、金融機関は預金時に定めた期間内は安定的に資金を運用できることから、預金金利は普通預金と比較して高い。期間中に解約

する場合は、通常、もとの定期預金等の金利よりも安い金利が適用されることになる。ただし、元本を下回ることはない。

　なお、個人が銀行等で口座開設する場合、通常、総合口座にすることが多いが、これは、普通預金の他に、定期預金や公共債などをセットできる複合口座であり、定期預金や公共債を担保に自動融資を受けることができる。法人は、総合口座を開設できない（預金と口座の関係については、**第24章 Professinal View Ⅱ-15**）。　　●

❷　XはYに対してどのような権利を主張したのか

　以下の【**例題**】は、後述するＸ会社からＹ銀行に対する訴訟で、当事者から主張された事実を整理したものである。

【例題】

　１．Ａ株式会社（以下、Ａ）は、食品添加物の製造を主な業務とする会社である。Ａが開発した甲物質（以下、甲）が体脂肪の分解に効果があることが判明し、高齢者の健康志向の波に乗って、甲を食品添加物として利用した健康商品が爆発的なヒット商品となり、Ａは業績を伸ばしていた。しかし、甲の精製のために使用した薬剤の影響で、甲を含む健康食品を長期間にわたって摂取すると、健康被害が発生する可能性があることが明らかになった。このため、甲を材料の一部としていた健康商品の販売量が落ち込み、甲の製造が収益事業の柱の１つであったＡの株価は急落し、資金繰りが悪化してきていた。

　２．そこで、Ａは、長年にわたり取引関係があった食品製造メーカーであるＸ株式会社（以下、Ｘ）に資本提携などについて打診した。Ｘは、これまで機能性食品を幅広く製造していたが、Ａには甲以外にも食品添加物に関する特許があったことから、Ｘは、とりあえずＡと技術提携し、新たな製品開発を共同で行うことで合意するとともに、Ａに以下の条件で融資をすることにした。

⑴　Ｘは、Ａに対し、返済期限を2024年４月２日として、以下の約定で２

億円を貸し付ける。

(a)　Xは、Y銀行（以下、Y）豊中支店のAの普通預金口座（以下、口座番号省略）に2億円を振り込むものとする。

(b)　利率は年6％とし、利息は12等分して毎月末に支払うものとする。利息の支払いが1回でも遅滞するか、Aにつき強制執行・滞納処分・担保権実行や倒産手続の申立てがなされた場合には、Xは直ちに貸付金全額の返済を講求できるものとする。

(2)　XとAは、上記元利金債権を担保するために、以下の点を約する。

(a)　Aは、上記(1)(a)記載のA名義の普通預金口座の預金債権をXに譲渡する。

(b)　Aが(a)にかかる債権をXに譲渡した後も、Aの通常の営業の範囲内であれば、Aは上記普通預金口座から預金の払戻し、第三者への送金・振込みができる。

(c)　Aは、Xに対する借入金債務につき期限の利益を失った場合には、上記普通預金口座から預金の払戻し、第三者への送金・振込みをする権限を直ちに失うものとする。

　3．2021年4月3日に、X・A間で上記契約を締結し、Xは早速、上記Aの普通預金口座に2億円を振り込んだ。なお、上記口座は、Aが決済用に2020年4月1日に開設したものであり、Aは、Xなど数社からの売掛代金の支払いについては、上記口座への振込みを依頼していたほか、Xに対する利息の弁済やAがXとの新製品の共同開発のために発注した実験装置・資材の購入代金の支払いについても、上記口座から行った。

　4．一方、Aは、Yに対して内容証明郵便で次のような内容を含む下記「挨拶状」を送付した。上記郵便は2021年4月4日にY本店に配達されたが、Yからは特に問い合わせはなかった。

　「《挨拶文略》さて、今般、弊社は、高齢社会における機能性表示食品市場の拡大に伴い、Xとの協力関係をこれまで以上に強化することになりました。つきましては、弊社の食品添加物の製造部門とXの機能性食品・健康食品の製造部門が、技術資源や技術開発に関するノウハウを共有することによって、共同で新しい製品開発を行うことにし、業務提携を行うこと

になりました。これに伴い、当社の技術開発基盤を強化するために、Xから融資を受けることになり、その担保として、貴行の豊中支店にあるA名義の普通預金口座の預金債権をXに譲渡いたしました。しかしながら、上記口座へのA宛の入金、および上記口座からの払戻し等の出金につきましては、従前と同様、Aが行い、変更する点は何らございません。《以下略》」

5．ところが、2022年春頃にAの経営幹部間の内部抗争が表面化したことがきっかけとなって、Xは、Aの経営状態が極めて悪化しているとの情報を入手した。Aは2022年12月分からXに対する利息の支払いを怠ったことから、XはAに対する融資の回収に不安を感じた。そこで、Xは、2023年3月1日午前10時頃、Yに対して、「Aが貴行豊中支店との間で2020年4月1日に締結した普通預金契約に基づく預金債権については、当社がAより譲渡を受けております。当該預金につきましては、Aではなく当社のY大阪支店のX名義の下記普通預金口座（口座番号省略）への振込みによりお支払い下さい」というFAXを送った。2023年3月1日時点では、YのA名義の普通預金口座には2,000万円の残高があった。また、Aに対しても、期限の利益喪失条項（事実2（1）(b)）に基づいて元利金の返還を求めた。

6．これに対して、YはXに、普通預金契約約款には、「預金債権を第三者に譲渡できない」という条項が入っており、貴社に直接支払うことはできないと回答した。しかし、XのメインバンクがYであったことや、YはAに対して貸付をしておらず、Aの預金債権と相殺して債権回収をする必要もなかったことから、X・Y間での協議の結果、2023年3月15日に、Xは、Yから、上記預金債権のAからXへの譲渡を承諾する旨の回答を文書で得た。しかし、この回答文書を発出したYの部署は、事実7の差押命令送達の事実を知らなかった。

7．Aに原料を販売していたZ株式会社（以下、Z）は、Aに対する売掛代金債権2,000万円の回収が滞ったことから、2023年3月13日に、Yの上記A名義の普通預金口座に係る預金債権に対する差押命令を申し立てた。執行裁判所は、Zの申立てに基づき差押命令を発し、AとY宛てに差押命令を送達した（民執145条3項、同条5項。送達日はいずれも翌3月14日）。上

記口座には、2023年3月1日以降には新たな入・出金はなく、同月14日当時の預金残高は2000万円であった。Zは、同月22日に、Yに対し、上記2000万円の自己への支払いを求めた（民執155条1項）。そこで、XはYに対して普通預金口座の残高2000万円の払戻しを求める訴えを提起し訴状がYに送達された。

1. Xはどのような請求権があると主張するのか

【例題】では、XはYに対して、A名義の普通預金口座の残高2000万円の払戻しを請求している。**第22章**・**第23章**で学習してきたように、この請求の訴訟物は、A・Y間の普通預金契約に基づく預金の払戻しがないこと（履行遅滞）を原因とする預金払戻請求権となる。【例題】では、Xは上記の債権を担保目的でAから譲り受けたと主張していることから、請求原因事実としては、担保の目的となっている債権の発生原因である普通預金契約の発生を基礎づける事実と債権取得の原因である債権譲渡担保契約を基礎づける事実、さらにremedy構成に立てば、預金の払戻しがないことを主張する必要がある。

2. どのような事実を主張すればよいか

(a) 債権発生原因──普通預金契約

上記預金払戻請求権の発生原因となっているのは、A・Y間の普通預金契約である。預金者が、普通預金契約に基づいて預金払戻請求権が発生していると主張するために、どのような事実を主張すればよいのだろうか。この点については、2017年民法改正だけでなく、最大決平成28・12・19民集70巻8号2121頁および最判平成29・4・6判時2337号34頁において判示された預金契約の法的性質に関する判例理論を前提とする必要がある。

金融機関は預金者から金銭の寄託を受け、これと同価値の金銭を返還しなければならないので、預金契約には消費寄託としての性質がある。2017年民法改正において、消費寄託は諾成契約となった（657条、666条1項）。したがって、

　預金債権の上記性質からは、預金契約についても、金融機関と預金者との間で、預金者が金銭の保管を相手方に委託し、金融機関が寄託された金銭と同じ価値を返還することに合意すれば、契約は成立することになる。

　もっとも、一旦預金契約を締結して口座が開設されると、普通預金契約の場合には、預金者がいつでも自由に預入れや払戻しをすることができることになり、たとえ預金残高がゼロになっても、なお普通預金契約は継続するものと解されている。また、普通預金口座は、振込金の受入れや賃金・各種年金給付等の受領のために一般的に利用されており、公共料金やクレジットカード等の支払いのための自動振替が行われる等、金融機関は預金者に各種のサービスを提供している。このように金融機関は、様々な委任事務ないし準委任事務を行っていることから、普通預金契約を単に消費寄託契約と性質決定すべきではなく、上記の役務提供や金銭の寄託がなされる口座を開設する、期間の定めのない包括的継続的役務提供契約と解すべきである（666条3項、591条2項）。

　普通預金契約の場合、預金者は金融機関に預託した金銭の払戻しをいつでも請求できるが、口座への入金、口座からの出金によって預金残高は変動することから、預金債権をどのような権利と理解するのかについては、見解の対立がある。①当初から存在する債権が同一性を保ったままその額が変動するとする見解（道垣内弘人「普通預金の担保化」中田裕康＝道垣内弘人編『金融取引と民法法理』〔有斐閣、2000年〕57頁）や、②入金・出金ごとに新たな1個の残高債権が成立するという見解（森田宏樹「普通預金の担保化・再論」道垣内弘人ほか編『信託取引と民法法理』〔有斐閣、2003年〕305頁）等が主張されている。

　この点、前掲最大決平成28・12・19は、口座に入金が行われるたびにその額についての消費寄託契約が成立するが、その結果発生した預金債権は、口座の既存の預金債権と合算され、1個の預金債権として扱われると判示している。おそらく、上記決定は、②の見解を支持したものと解される。

　上記決定では、個々の入金記帳という個別の行為によって個別の債権が発生することになるが、この債権ごとに金融機関に個別の金銭の返還債務を発生させるのではなく、個々の預入金が入金記帳された時点で、個別の返還債務を一旦消滅させ、個々の預入金を組み込んだ新たな1つの残高債権が発生し、これを預金債権と捉えているものと解される（入金記帳に債権を更改するという効果

があるとして上記の効果を説明する見解として、森田宏樹・前掲論文306頁）。

　このように解すると、1個の預金債権が同一性を保ったまま存在することになるから、預金残高が増減する普通預金の場合にも、差押時に存在する残高債権に対する差押えは可能である。

　普通預金契約は預金残高がゼロになっても存続し、その後に入金が行われれば入金額相当の預金債権が発生することになるから、銀行実務では、差押命令時の預金残高を差押口という別口で管理し（預金通帳の借方（支払金額）に「差押」による出金と記帳し、差し押さえられた金額を差押口に移管する）、預金口座を凍結することなく、第三者からの振込みなどができるように預金口座自体は継続的に利用される取扱いがなされている。このような取扱いを理論的に説明するためにも、前述したように、普通預金契約を消費寄託の合意を含む包括的継続的役務提供契約と解する必要がある。

　普通預金契約の以上の特徴を前提にすると、預金債権の発生を基礎づけるためには、普通預金契約の合意があることを主張すればよいことになる。

(b)　債権取得原因——債権譲渡担保

　一方、【例題】の場合、債権取得原因は債権譲渡担保契約ということになる。債権譲渡の効果が発生したというためには、その原因事実を主張すればよいから、①XのAに対する元利金債権を担保するために、AのYに対する普通預金債権を目的として譲渡担保権を設定する契約を締結したことを主張すればよい。これに加えて、債権担保の目的で債権を譲り受けるためには、担保物権の成立の付従性の原則との関係で、②被担保債権の存在が必要となる。【例題】では、XからAに対する貸金債権と利息債権が被担保債権であり、上記各債権の発生を基礎づけるためには、XがAに返済期限を2024年4月2日として2億円を貸し付けた事実（587条）および利息契約の成立（589条1項）を主張・立証すれば充分である。なお、譲渡担保権を設定するためには、譲渡担保の目的となっている預金債権がAに帰属していることが必要であるが、この点は、前述した債権の発生原因において主張されているので、ここで重ねて主張する必要はない。

　ところで、【例題】事実2によれば、債権を譲渡した後も、Aの通常の営業

の範囲内であれば、Aは、自己の名義の普通預金口座から預金の払戻しを受け、第三者の口座への送金・振込みができる。

　この点、最判平成13・11・22民集55巻6号1056頁は、担保目的となった将来債権の取立権が譲渡担保設定者に留保されていても、担保設定契約の時点で、確定的に債権が移転すると判示している。譲渡担保の法的性質については議論があるが、判例は、包括的に将来債権が譲渡担保（本契約型）の目的となっている場合には、設定者に留保されている取立権は担保権者＝譲受人との間の債権的合意に基づいて認められているにすぎないと解している（この点については、☞第21章❷3.）。上記の考え方を参考にすれば、【例題】の場合にも、Aによる預金の払戻し、第三者の口座への送金・振込みを認める約定についても、XとAとの間の債権的合意にすぎず、譲渡担保設定契約によって目的債権がAからXに移転したと解することができる。

　取得原因との関係で、もう1つ問題となるのは、譲渡担保の目的となっているのが預金債権であり、預金残高が増減するのに特定できるのかという点である。譲渡担保権が及ぶ範囲が画定しなければ、譲渡担保権の効力は生じない。目的債権が特定しているというためには、譲渡された債権がどの債権か、また、担保権の効力がどこまで及んでいるかを画定できればよい。前述したように、預金残高が増減しても、普通預金契約に基づく預金債権として同一性は保持されており、金融機関および支店名・口座名義・口座の種別・口座番号で対象となる預金債権を特定することはできるものと解される。【例題】の場合には、Y豊中支店・A名義の普通預金と口座番号によってXの譲渡担保の目的となった預金債権を特定することができる。

(c)　預金の払戻しがないこと

　さらに、remedy 構成を前提にすれば、預金払戻請求権は預金債権があることを前提として、預金の払戻しがない場合に認められる救済手段である。【例題】の場合、**事実7**によれば、Yに訴状の送達がされたことにより、412条3項に基づき催告がなされたことになり、それにもかかわらず預金の払戻しがないこと（催告日が経過したこと）を主張すればよい。

❸　Xからの預金払戻請求権の存否をめぐる攻防

1.｜対抗要件をめぐる攻撃防御

(a)　Yからの反論①──債務者対抗要件

　債権の譲受人が第三債務者に対して債権を行使するためには、債務者対抗要件を具備しなければならない（467条1項）。したがって、Yは、Xが債務者対抗要件を具備するまでは、Xを債権者とは認めないと反論することができる（債務者対抗要件の抗弁）。しかし、【例題】では、AはYに対する「挨拶状」によって譲渡担保を原因としてXに預金債権を譲渡したことを通知しており、Xは、上記挨拶状がYに到達した2021年4月4日の時点で債務者対抗要件を具備したことを主張して再反論することができる（債務者対抗要件具備による再抗弁）。

(b)　Yからの反論②──第三者対抗要件

　【例題】では、XはYにA名義の普通預金口座にあった残高2000万円について払戻しを請求しており、2023年3月1日以降にA名義の普通預金口座からの新たな入金・出金はなく、譲渡担保権者Xと差押債権者Zは同じ預金債権についてYに支払いを求めていることになる。したがって、XとZは、上記預金債権の帰属をめぐって両立しえない関係に立つ第三者であることになる。

　なお、【例題】では、預金債権について債権譲渡制限特約がなされているが、私人の意思によって強制執行の対象となる財産を排除することはできないから、債権譲渡制限特約があっても、債権を差し押さえることはできる（最判昭和45・4・10民集24巻4号240頁）。2017年民法改正では、この点について明文の規定が置かれることになった（預金債権以外の債権については466条の4、預金債権については466条の5第2項）。

　したがって、【例題】では、Yとしては、467条2項に基づいて、第三者Zがいることを理由に、第三者対抗要件を具備するまでは、XがZに優先する債権者であるとは認めないと反論することができ、Xからの請求を拒絶することができることになる（第三者対抗要件の抗弁）。

　また、【例題】では、差押命令がＹに送達されているから、Ｚは確定日付ある証書による通知を具備した第三者に準じることができ、Ｙとしては、Ｚが第三者対抗要件を具備する第三者であることを理由に、Ｙとの関係では、ＸがＡから譲り受けた債権の管理処分権限を喪失したと反論することが考えられる（第三者対抗要件具備による債権管理処分権喪失の抗弁）。

　しかし、Ｙからの上記いずれの反論に対しても、前述したＡの「挨拶状」が内容証明郵便によって行われていることから、Ｘとしては、467条2項に基づいて、自分も第三者対抗要件を具備したと再反論することができる（第三者対抗要件具備による再抗弁）。

　これに対して、Ｙとしては、Ｚの第三者対抗要件具備が先立ち、ＺがＸに優先する第三者であると反論することが必要になる（再々抗弁）。しかし、【例題】では、譲渡担保を原因として預金債権を譲り受けたＸが第三者対抗要件を具備したのは、2021年4月4日の時点であり、これに対してＺが第三者対抗要件を具備したのは、差押命令がＹに送達された2023年3月14日となる。したがって、Ｙの反論は功を奏しないことになる（実務的には、対抗要件具備の主張を特定するために、時的因子とともに対抗要件具備の事実が主張されることから、再抗弁の段階で、対抗要件の具備時期の先後が現われることになる〔司法研修所編『4訂紛争類型別の要件事実——民事訴訟における攻撃防御の構造』（法曹会、2023年）148頁〕）。

2. 債権の「譲渡性」をめぐる攻防

(a) 　Ｙからの反論③——466条の5第1項

　【例題】では、普通預金契約において債権譲渡制限特約がなされている。債権譲渡制限特約をしても、債権譲渡自体の効力を制限できないのが原則であるが（466条2項）、①債権譲渡制限特約が合意されていたこと、②譲受人等の第三者が債権譲渡制限特約の存在を知り、または重大な過失により知らなかったことを第三債務者である金融機関の側が主張・立証した場合には、466条2項にかかわらず債権譲渡制限特約を譲受人等の第三者に対抗できる（466条の5第1項）。【例題】の場合、Ｘが、2020年4月4日の時点で対抗要件を具備したと

主張したとしても、債権譲渡制限特約による債権者をＡに固定するという主張がＸとの関係で認められれば、預金債権の債権者はＡであり、Ｘの請求は認められないことになる。したがって、466条の5第1項に基づく主張も、Ｙからの有効な反論（抗弁）になる。

　なお、2017年民法改正では定型約款の規定が新設され、普通預金契約は定型取引の典型例とされている。そこで使われる約款については定型約款として、548条の2〜548条の4の規定の適用があることになる（定型約款については、☞**第25章**）。したがって、預金契約の場合には、548条の2第1項によって定型約款の個別条項である債権譲渡制限特約についても合意したものとみなされることになる。【例題】では、Ｘは会社であり、ＹがＸのメインバンクであることもあわせて考えると、たとえ債権譲渡制限特約があることをＸが知らなかったとしても、Ｘに重大な過失があったことを基礎づけることができるものと解される。

⒝　Ｙからの反論③に対するＸからの再反論——第三債務者Ｙによる承諾

　これに対して、Ｘとしては、譲渡担保の目的でＡからＸに債権譲渡が行われたことについて、Ｙが事後的に承諾したことを主張することによって、譲渡時に遡って債権譲渡の効力が生じたと再反論（再抗弁）できるだろうか。

　これまで判例・学説は、116条本文を類推適用して、無権利者の処分行為も権利者の追完によって処分権限が認められる結果、処分時に遡って当該処分行為は有効になると解してきた（最判昭和37・8・10民集16巻8号1700頁）。

　そこで、2017年民法改正前の判例・通説は、債権譲渡制限特約がある場合における第三債務者による承諾についても、債権譲渡制限特約によって制限されていた債権者＝譲渡人の処分権限を事後的に認めたものであるとし、無権利者の処分行為に対する権利者の追完に準じて、第三債務者による承諾によって、債権譲渡をした時点に遡って債権譲渡の効力が生じるものと解してきた。譲渡に際し債権者から債務者に対して確定日付ある譲渡通知がされている限り、債務者は、右承諾以後において債権を差し押さえ、転付命令を受けた第三者に対しても、右債権譲渡が有効であることをもって対抗することができるものと解してきた（最判昭和52・3・17民集31巻2号308頁）。

2017年民法改正後も上記判決の理論が維持されるかどうかは、明らかではない。預金債権の場合に、466条の5第1項の要件を充足する限り、債権譲渡の効果を生じないとする効果が、2017年改正前の上記判決と同様、預金債権に関する預金者の処分権限が債権譲渡制限特約によって喪失していると解すべきかどうかによる。

2017年民法改正では、前述したように、466条2項が債権譲渡制限特約によっても譲渡人の処分権限が制限されないことを宣言しており、466条3項は、債権譲渡制限特約は当事者間では有効であるが、譲受人等の第三者との関係では、債務者に弁済先固定の利益を認める合理性があると考えられる限度で、債権譲渡制限特約につき悪意・無過失の譲受人等による債権行使を制限したにすぎない（☞**第22章❸2.(a)**）。上記の原則的な理解を前提にすれば、466条の5は、466条2項にかかわらず、預貯金債権に限定して、債務者である金融機関による弁済先固定の利益を政策的に優先させ、債権譲渡制限特約自体の効力を預金者と金融機関との間だけでなく、悪意・重過失である譲受人等の第三者に拡張した規定と解すべきである。

466条の5第1項が特約の第三者効を特別に認めたにすぎないとすれば、116条を根拠に債務者による債権譲渡の承諾を無権利者の処分行為に対する権利者の追完に準じて捉えることはできないことになる。

466条の5第1項の趣旨を前述したように考えると、金融機関による承諾は、466条の5第1項の効果の主張を「放棄」して、預金者に対して弁済先を固定する利益を譲受人などの第三者に主張しないことを意味することになる。そうだとすると、金融機関が承諾をすれば、債権譲渡制限特約の合意があっても債権譲渡の効力は妨げられず、466条2項に基づいて、債権譲渡の時点で債権譲渡の効果が生じることになる。第三者間の優劣は、もっぱら対抗要件制度によって決すべきことになる。

【例題】 の場合、2023年3月15日に、預金債権について譲渡担保を目的として債権譲渡がなされたことをYが承諾しており、X・A間で債権譲渡担保設定契約がなされた時点である2021年4月3日まで遡って、上記債権譲渡の効力が生じるものと解される。これによって、Xは、上記債権譲渡について、2021年4月4日に、確定日付ある通知によって第三者対抗要件を具備していたことに

なる。

ところで、Ｚは、差押命令がＹに送達された2023年３月14日時点で第三者対抗要件を具備しているから、Ｙの承諾によって、同日に遡って譲渡担保権者Ｘが差押債権者Ｚに先立って第三者対抗要件を具備し、Ｘは差押債権者Ｚに優先する債権者であることになる。したがって、債権譲渡制限特約があるとするＹの反論に対して、Ｙによる承諾はあったとするＸの再反論（再抗弁）は有効な再反論となるが、後述する問題がある。

⒞　Ｙによる供託とＸ・Ｚ間の関係

【例題】事実１〜８に加えて、Ｘ・Ｙ間の訴訟の口頭弁論期日において、Ｙから以下の事実９が主張された。

> 9．Ｙは、Ｘから2000万円の預金の払戻しを請求され、他方で、Ｚを差押債権者とする差押命令が送達されたことから、2023年４月15日に、2000万円をＹの本店所在地である東京法務局に供託した（供託番号は省略）。

第三債務者は、差押えにかかる金銭債権の全額に相当する金銭を債務の履行地に供託することができる（民執156条１項。差押え等が競合した場合は供託が義務づけられることにつき、同条２項）。Ｙはこの供託により自己の義務を免れることができる。2017年民法改正により、債権譲渡制限特約によっても債権の譲渡はその効力は妨げられないものとされた結果、債権者不確知供託（494条２項本文）ができる範囲が狭まったものの、466条の２第１項として、債務者は、債権譲渡制限特約付きの金銭債権が譲渡されたときは、その債権の全額に相当する金銭を債務の履行地の供託所に供託することができる旨の規定が新設され、差押命令の送達を受けたかにかかわらず、自己の債務を免れることができることとしている（☞**第22章 Deep Learning Ⅱ-27**）。供託の事実がＹから主張・立証されれば、Ａの預金債権は消滅することになるから、Ｘの本案請求との関係では消滅の抗弁として機能する。

供託されると、Ｘ・Ｚ間で、供託金返還請求権がＸに帰属するか、差押債権者ＺにＡの供託金返還請求権につき取立権があるのかが争われることになり、

上記の請求権があるかどうかの確認訴訟が提起されることになる。

　【例題】では、ＹがＡ・Ｘ間の債権譲渡について事後的に承諾したことから、Ａ・Ｘ間で債権譲渡が行われた時点に遡って債権譲渡の効力が生じ、Ｙが承諾するまでは、466条の５第１項によって譲受債権の債権者とはいえなかったＸが、Ｚより先に第三者対抗要件を具備したことになる。このことは、他方で、Ｙの承諾によってＺの権利が害されたと解する余地が出てくることにもなる。

　2017年民法改正前の判決ではあるが、ある債権の譲渡、滞納処分による同一債権に対する差押え、強制執行による同一債権に対する差押えが競合し、第三債務者によって供託された供託金還付請求権が誰に帰属するのかが争われた事案で、最判平成９・６・５民集51巻５号2053頁は、116条ただし書を手がかりに、債務者が債権譲渡について承諾を与えたときは、債権譲渡は譲渡の時にさかのぼって有効となるが、116条の「法意」に照らし、承諾前の第三者に対抗できないと判示して、債務者の承諾前に登場した第三者を保護した。【例題】に即していえば、譲り受けた預金債権に債権譲渡禁止特約の付されていることを知り、または重過失によって知らなかったＸは、その預金債権を直ちに取得したとはいえない。Ｚのために同一預金債権に対する差押えの効力が生じたのであるから、その後にＹがその預金債権の譲渡に承諾を与えたことによって譲渡時にさかのぼって債権譲渡が有効になるとしても（116条本文参照）、その承諾前に強制執行としての差押えをしたＺに対しては、債権譲渡の効力を主張することができないということになる（同条ただし書）。

　前述したように、2017年民法改正の下では、金融機関による承諾は、466条の５第１項の効果の主張を第三債務者である金融機関が放棄したものと解すべきであり、金融機関によって預金者＝譲渡人の処分権限が追完されたと解すべきではない。しかし、改正法の下でも、第三債務者の承諾によって承諾前の第三者の権利を害するべきではないことは同じはずである。前掲最判平成９・６・５は、116条の「法意」によるとしているだけであり、これまでも免除・放棄などの単独行為によって意思表示がなされる前の第三者の権利を害してはならないと解されてきたことからすれば、第三債務者の承諾前の第三者の権利を保護してきた前掲最判平成９・６・５の意義は、2017年民法改正後も、その限度では失われないものと解される。

　預金債権に関する債権譲渡制限特約の特則性

　以下では、**第22章**と**第23章**で検討した債権譲渡制限特約をめぐる法律関係について、預金債権とそれ以外の債権の場合を対比しながら、債権譲渡制限特約のある場合に債権譲渡の効力をどのように現行法が規律しようとしているのかをまとめておく。

　まず、①債権譲渡制限特約を合意した当事者間で特約の効力が認められる点については、2017年民法改正の前後で違いはない。しかし、改正後は、②債権譲渡制限特約によっても、譲受人などの第三者に対する関係では債権譲渡の効果が妨げられない（466条2項。ただし、譲渡人に破産手続開始の決定があった場合について466条の3）。③譲受人等の第三者のどのような権利が優先するのかは、第三者対抗要件制度（467条2項）に基づいて規律されることになる。以上が、2017年民法改正法の原則的な考え方である。

　このように債権譲渡制限特約によって債権譲渡の効力を妨げることができないとする一方で、債権譲渡制限特約を行う意義を、改正法の下では、第三債務者による弁済に係る事務処理の簡素化、過誤払いのリスクの発生の回避など、第三債務者に弁済先を固定する利益があることを理由として有効と解している。

　上記の理解をベースに、譲受人等の第三者（ただし、譲渡人の差押債権者を除く。466条の4第1項）が債権譲渡制限特約の存在を知り、または重大な過失により知らなかった場合について、例外的な規定を置いている。

　2017年民法改正では、債権譲渡制限特約があっても債権譲渡の効力は生じることを原則とした上で、④上記特約の存在を知り、または重大な過失により知らなかった譲受人等の第三者が、債権譲渡の効力が生じているとして権利行使をすることは信義に反するとして、弁済先を固定する第三債務者の利益を優先させることにし、譲受人等の第三者から支払いを求められた第三債務者に、履行拒絶権や債務消滅の効果の対抗を認めている（466条3項）。

　一方、預貯金債権の場合には、⑤債権譲渡制限特約自体の効力を悪意・重過失である譲受人等の第三者（ただし、譲渡人の差押債権者を除く。466条の5第2項）に対しても主張できるとして債権譲渡制限特約の第三者効を認めている。

預貯金債権の場合には、債権譲渡制限特約の存在について悪意・重過失である譲受人等の第三者は権利行使ができないだけでなく、金融機関に対して債権譲渡の効力を主張できないとして権利者であること自体の主張を認めないことによって、第三債務者である金融機関をより保護しているものと解される（466条の5）。

　したがって、譲受人等の第三者が悪意・重過失でない場合には、上記の効果の主張が認められないから、理論的には、譲受人等の第三者が善意・無重過失の場合には、預貯金債権の場合にも、預貯金債権以外の債権と同様、債権譲渡の効力が生じ、譲受人等の第三者の利益が優先することになる。ただし、預貯金債権については、債権譲渡制限特約が約定されていることが広く知られていること（周知性）を根拠に、譲受人等の第三者の重過失が容易に認定されることになろう。そうすると、466条の5が適用される場合が多くなる。しかし、それは、預貯金債権の譲渡性が否定されたからではない。法律によってそもそも譲渡性が制限されている債権（扶養請求権［88条］、労働者の補償を受ける権利［労基83条2項］、生活保護等の支給を受ける権利［生活保護59条］など）と預貯金債権とは、その点では異なることになる。したがって、預貯金債権の担保化は、466条の5が新設されたからといって妨げられないものと解される。

Professional View Ⅱ-14
普通預金を目的とする担保　（川上）

　随時、出入金が可能である普通預金は、預金者の預金債権の額、場合によっては有無まで変動することから、これを譲渡や担保に供すると、金融機関は出金を求める者が、真の預貯金債権者であるか、払戻権限を有する者であるかの確認の負担等が生じ、預金取引の円滑に支障が生じることを根拠として、普通預金規定で譲渡禁止特約が付され、金融機関が承諾する場合以外は認めないとされており、特殊やむを得ない例外的な場合を除き、金融機関は承諾しないのが現在の取り扱いである。

　しかしながら、2023（令和5）年2月現在、法制審の担保法制部会で担保法制の見直しが行われており、2023年1月に公表された「担保法制の見直しに関する中間試案」では、普通預金を目的とする担保を認める方向で「引き続き検討する。」（同試案33頁）ことが提案されている。

第29　普通預金を目的とする担保

1　普通預金を目的とする担保権設定および対抗要件具備

（1）普通預金を目的とする担保権（注）について、以下の規定を設けるかどうかについて引き続き検討する。

ア　普通預金債権を目的とする担保権の設定がされた場合における当該担保権の効力は、設定後の預金口座への入金部分に及ぶ旨の規定

イ　普通預金債権を目的とする担保権の設定について対抗要件が具備された場合には、対抗要件具備後の預金口座への入金部分についても第三者に対抗することができる旨の規定

（2）普通預金債権を目的とする担保権の設定の有効要件または対抗要件として、普通預金口座に対する担保権者の支配（コントロール）等の要件を必要とするかどうかについては、特段の規定を置かないこととする。

（3）上記（1）の規定を設ける場合には、設定者が法人であるときに限って普通預金債権を目的とする担保権を設定することができるとする等、普通預金債権を目的とする担保権を設定することができる場合を限定することについて、引き続き検討する。

（注）規定を設ける場合における担保権の種類については、引き続き検討する。

　同じく、2023年1月に公表された担保法制の見直しに関する中間試案の補足説明」224頁では、「普通預金債権（普通預金口座）を目的とする担保については、①債権の流動化（例えば、売掛債権などをSPCに移転した場合に、サービサーが回収金をSPCに引き渡す前に破綻するリスクを回避するなどの目的でサービサーの有する預金に担保権が設定されることがあるとされる）、②プロジェクト・ファイナンス、③デリバティブ取引における差額債権の保全、④売掛債権担保融資、⑤本人のために他人が保管する普通預金口座に対する本人の優先権確保（例えば、保険会社のために保険代理店の開設する口座や、マンション管理組合のために管理会社が開設する口座に担保権が設定されることがあるとされる）などの場面において、需要があるとの指摘がある。また、収益に着目した与信、あるいは債務者に対する継続的モニタリングといった観点からも、流動性預金の担保化は極めて有用なツールであるとの指摘がある」と、現実的に需要があるとの立法事実を指摘した上で、「現状、普通預金債権を目的とする担保権の理論的な法的性質については見解が一致しているとはいえないものの、少なくとも普通預金債権を目的とする担保権の設定が可能であること、一旦この担保権設定がされ、対抗要件が具備されれば、その後の預金債権

額の増減にかかわらずその全体について担保権の効力が及び、第三者に対抗することができることについては大きな異論が見られないところである」（同224頁および225頁）として、理論上も問題はないとしている。

このような法制審での審議経過からすれば、普通預金債権を目的とする担保権の設定については、その法的構成を債権質とするのか、譲渡担保とするのかで決裂しない限り、立法化される可能性が高いと思われる。中小企業の資金調達の方法としてファクタリング、ABLに加えて普通預金債権担保が加わることは歓迎すべきである。

普通預金債権担保の法的構成は、下記の Deep Learning Ⅱ-31で論じられているが、実務的な観点からも、預金債権の有無及その額について流動性が非常に高い普通預金債権は、債権質が想定する債権とは性質が異なること、法定担保物権である債権質では普通預金債権の特徴に応じた柔軟な処理が難しいことから債権譲渡担保と考えるべきであろう。　　　　　　　　　　　　　　　　　　　　　　　　　■

Deep Learning Ⅱ-31
普通預金債権の担保化の方法——債権質か債権譲渡担保か（千葉）

債権譲渡制限特約があるだけで債権の譲渡性そのものが否定されるわけではないから、現行法でも普通預金債権を担保の目的とすることはできるものと解される。

第22章で検討したように、債権に担保権を設定するには、債権質を利用することが考えられる。しかし、【例題】では、Ｘは、Ａに対する元利金債権を担保するために、普通預金口座の預金債権に譲渡担保権を設定している。これは、決済用口座として開設されていたＡ名義のＹ普通預金口座について、口座名義はＡのままで、同口座に今後入金されるかもしれないＡによる取立金なども含めて、同口座にある預金残高を担保の目的としながら、他方で、事業資金としてＡが有効に預金を活用することができるようにするためであると考えられる。

本文で述べたように、預金残高が増減しても預金債権としての同一性は失われないことや、質権の場合、債権者による債務者への直接の取立権が認められていることからすれば（366条1項）、質権を設定すれば十分であり、譲渡担保権を設定する意義は乏しい。しかし、質権の場合、質権設定者には担保目的となる債権について担保価値維持義務があることから、目的債権の担保価値を害する行為は許されないと解されている（最判平成18・12・21民集60巻10号3964頁）。したがって、Ａが事業資金として預金口座から出金する場合に、質権を設定すると、Ａの担保価値維持義務との関係が問題となるおそれがある。譲渡担保の場合にも、設定者には担保価値

維持義務があるが、Ａの通常の営業の範囲内で、普通預金口座から預金債権の払戻し、第三者の口座への送金・振込みができるとする約定をしておけば、上記義務に違反しているとはいえないものと解される。したがって、預金を事業資金として有効活用しながら預金債権を担保化するという観点からは、譲渡担保権の設定のほうが、設定者の担保価値維持義務との柔軟な調整の可能性が期待できるものと思われる。

●

●重要判例●

・最判平成 9・6・5 民集51巻 5 号2053頁（譲渡制限特約債権の譲渡）
・最大決平成28・12・19民集70巻 8 号2121頁（預貯金債権の共同相続）

●演習問題●

【設問 1 】

　remedy 構成により履行請求権を債務不履行がある場合の救済手段の一つと理解する場合、ＸがＹに対して普通預金口座の残高2000万円の払戻しを求める請求の訴訟物および請求原因を説明しなさい。また、上記の理解による場合、【例題】の下における請求原因事実は何か、具体的に明らかにしなさい。

【設問 2 】

　【例題】事実 5 の下線部との事実は、どのような法的な意義を有するか。

【設問 3 】

　【例題】の事実 1 ～ 7 を前提として、ＹがＺによる預金債権の差押えに気づかずにＸに2000万円を払い戻した後、Ｚからの預金債権の差押えに気づいて、やむなくＺにも2000万円を支払った。Ｙは、Ｘに2000万円の返還を求めることはできるか。その場合、Ｙは、いかなる事実を主張すべきかを説明しなさい。

第24章 預貯金口座に対する払込みと弁済 ［応用編］

──無権限で原因となる法律関係が存在しないのに
　　銀行預金口座に振込みが行われた事件を素材として

 出題の趣旨

　弁済とは、債務者または第三者のなす給付行為によって債権を満足させることである。給付行為により債権内容が実現されることによって、債権の目的は達成され債権は消滅する。このため、弁済は債権の消滅原因となる（473条）。

　もっとも、473条は、どのような要件を満たせば債務が消滅するのかについて明文の規定を置いていない。474条1項によれば、第三者も債務の弁済をすることができることから、弁済の効果が発生するためには、①債務者または第三者（両者を含めて「弁済者」という）が債権者に対して、債務の本旨にしたがった給付をすること、②①の給付が当該債権についてなされたこと、以上の要件を充足する必要がある（最判昭和30・7・15民集9巻9号1058頁）。

　債権の消滅が、債権内容が実現され債権の目的が達せられたという客観的事情によるものであるとすれば、当該給付行為が客観的にみてその債権についてなされたものと評価できればよいはずであり、その意味では債務を消滅させようとする弁済者の主観的な意思を要件とする必要はないことになる（我妻栄『新訂債権総論〔民法講義Ⅳ〕』〔岩波書店、1964年〕216頁）。しかし、それは、給付行為と当該債権の実現との間の関係づけが不要であることを意味するわけではない（潮見佳男『新債権総論Ⅱ』〔信山社、2017年〕5頁）。弁済の効果が発生するには、上記①の要件のほかに②の要件、すなわち、目的関連性を要するという判例の見解を支持した上で、目的関連性の有無を客観的に判断するべきものと解しておきたい（松本恒雄ほか編『新基本法コンメンタールⅠ債権〔日本評論社、2021年〕〔千葉惠美子〕246頁）。

　日常生活において金銭債務を弁済する際に、債務者が債権者のもとに現金を持参して払う（484条1項）という以外に、様々な方法が利用されている。少額の支払いについては、カード決済・電子マネー決済・QRコード決済などのキャッシュレス決済の方法が使われている。比較的高額の金銭を現金で支払うことは、債権者にとっても債務者にとっても盗難などの危険が伴うことから、カード決済のほか、預貯金の口座に対する払込みが利用されることが多い。しかし、これらのキャッシュレス決済が利用される場合に、いつの時点で原因取引上の金銭債務について弁済の効果が発生するのかについては、これまで明文の規定がなかった。

　2017年民法改正で新設された477条では、預貯金の口座に対する払込み（口座振込みのほか、同一銀行内ないし同一銀行の同一支店内の口座への振替え、指定した口座から定期的に引き落として他人の口座に振り替える自動引落しを含む）による弁済は、債権者（＝受取人）が金融機関に対して当該払込みに係る金額の払戻請求権を取得した時点で、その効力を生ずるとする規定が新設された。したがって、改正後は、原因取引の当事者間で、債権者の承諾がなくとも、債権者が原因取引上の金銭債務額に相当する預金払戻請求権を取得することによって、本旨弁済の効果が認められることになった。

　本章では、預金の口座に対する振込依頼が権限のない者によってなされ、振込依頼名義人と受取人との間に振込原因となる法律関係が存在しないのに口座振込みが行われた事例を通じて、振込みの効力、振込金を含む預金払戻請求権の帰属先について検討してみることにする。あわせて、正常ではない振込みが行われた場合の事後処理の問題として不当利得制度との関係についても考えてみることにしよう。

事案を分析する——どのような法律関係があるか

以下の事実は、A女・B男・Y銀行・Z銀行の主張をまとめたものである。

【例題】

1．A女（以下、「A」という）は、Y銀行立川支店において、普通預金口座（以下「Aの普通預金口座」といい、この口座に係る預金を「Aの普通預金」という）を開設し、また、B男（以下、「B」という）は、Z銀行新宿支店において、総合口座を開設し、預金元本額を1100万円、満期1年自動継続扱いの定期預金（以下、この口座に係る定期預金を「Bの定期預金」、普通預金を「Bの普通預金」という）をしていた（預金の種類については、☞本章 Deep Learning II -30）。

2．S男（以下、「S」という）は、2021年6月7日正午頃に、A・Bら高齢者20名が居住していた高齢者向けサービス付き賃貸住宅に介護職員を装って侵入し、当時留守であったA・Bの各居室から、Aの普通預金通帳、Bの総合口座通帳、A・Bの銀行届出印および両名の保険証を窃取した。

3．T男（以下、「T」という）は、Sから依頼を受け、同月7日午後1時50分頃、Z銀行新宿支店において、Bの定期預金の預金通帳等を提示してBの定期預金を解約するとともに、解約金1100万7404円（元本1100万円、利息7404円）のうち1100万円をAの普通預金口座に振り込むよう依頼した。Z銀行は、Bの定期預金を満期前に解約して総合口座の普通預金口座に上記金額を入金し、Bの普通預金口座からAの普通預金口座に1100万円の入金がされた（以下、この振込依頼による入金を「本件振込み」という）。これにより、Aの普通預金口座の残高は1500万8255円となった。

4．本件振込みの際の状況は以下のようなものであった。

Bの定期預金の解約と振込依頼にあたり、Tは、窓口でBの名前を署名しBの印鑑を押印したBの定期預金契約の解約申込書・振込依頼書およびBの総合口座預金通帳を、また、本人確認のために保険証を提示した。Z

銀行の窓口担当の行員Ｅは、Ｚ銀行の事務取扱指導に基づき、上記書類に押印された印影につき届出印との照合を行った。

　あと１か月で定期預金が満期になることや、高額であったことから、Ｅが払戻金の用途を尋ねたところ、自称ＢことＴは「結婚した娘が新築のマンションを購入することになり、非課税で贈与できる制度を利用して娘にマンションの購入資金を援助することにしたためである」と回答した。Ｅは、結婚した娘がいるにしては自称ＢことＴが若いとは思ったが、振込依頼書記載の送金先のＡが女性であり、振込依頼名義人と送金先の名義人の姓が違うのは娘が結婚したためであろうと推測して、定期預金の解約に応じ、本件振込みを完了した。

　5．一方、本件振込みが完了したとするＴからの連絡を受けたＵ女（以下、「Ｕ」という）は、Ｓからの指示どおり、同月７日午後２時30分頃、Ｙ銀行新宿支店において、Ａの普通預金の預金通帳等を提示して、同口座から1500万円の払戻しを求めた。Ｙ銀行は、この払戻請求に応じて、Ｕに対し、1500万円を交付した（以下「本件払戻し」という）。

　6．本件払戻しの際の状況は以下のようなものであった。

　Ｕは、Ａの名前を署名しＡの印鑑を押印した払戻請求書およびＡの普通預金通帳を提示して、Ａの普通預金口座（同時点の残高1500万8255円）から1500万円の払戻しを請求した。

　窓口担当行員のＦは、Ｙ銀行の事務取扱指導に基づき、上記払戻請求書に押印された印影につき届出印との照合を行い、Ｕに対し、上記払戻請求書への住所の記入および身分を証明する書類の提示とともに、Ａの普通預金口座の暗証番号を紙片に記入するよう求めた。これに対し、Ｕは、Ａの住所を正しく記入し、本件保険証を提示したが、暗証番号であるとして記入した３種類の番号は、いずれもＡの普通預金口座の暗証番号と合致しないものであった。

　Ｆは、Ａの自宅に数回電話をかけたが、応答がなかった。また、Ｆは、Ｕに対し、払戻金の使途について質問したところ、Ｕは「娘のマンションの購入資金の一部にする」と回答した。さらに、Ｆは、払戻請求額が高額であることを指摘し、Ｕに写真付きの本人確認書類の提示を求めたところ、

Uは「もっていない」と回答し、頭金の入金が遅れ、娘のマンションの売買契約が不成立になった場合に、Y銀行に対して損害賠償を請求するといった。

Fは、提示を受けた本件保険証によってUの外見がAの年齢に照らして若いと感じたが、Uに対し、家族構成を尋ねると、正しく答えたことから払戻請求に応じることとし、Uに現金合計1500万円を交付した。

7．同月9日になってAおよびBは通帳等がなくなっていることに気がつき、警察に被害届を提出した。警察の捜査によって、S・T・Uは窃盗グループであることが判明した。現在、指名手配中であるが、まだ逮捕されていない。

8．Bは、Z銀行に対して満期になったので定期預金の払戻しを請求したが、Z銀行は、過失がないとして払戻しに応じなった。そこで、Bは、自己の預金が振り込まれたAに対して1100万円の返還を求めた。Bから請求を受けたAは、Y銀行に対して、本件振込みに係る預金を含む1500万円の払戻しを求めた。しかし、Y銀行も、過失がないとして払戻しを拒否した。

【例題】では、A・Y銀行間には普通預金契約が、また、B・Z銀行間には定期預金契約が締結されていたが、S・T・Uが共謀して、上記預金口座にあった預金を窃盗し、Aは400万円、Bは1100万円の損害を被っている。

民法の観点からみると、上記紛争には、複数の法律関係が絡んでいる。まず、①B・Z銀行間の定期預金契約は、Bと詐称したTによって満期前に解約され、払戻しが行われている。②Bと詐称したTが、Z銀行に対して、Z銀行B名義の普通預金口座に入金された定期預金の解約金のうち1100万円についてY銀行A名義の普通預金口座宛てに振込依頼がなされ、これに基づいて、振込みが完了している。その後、③Aと詐称したUによってAの普通預金口座に入金された上記振込金を含む1500万円の払戻しが行われている（☞後掲【図表1】）。

振込依頼人Bと受取人Aとの間に原因行為がないのに、BになりすましたTによって、B名義のZ銀行（仕向銀行）の定期預金が満期前に解約され、B名義の普通預金口座から、Y銀行（被仕向銀行）のA名義の普通預金口座へ振込

【図表1】 利害関係図

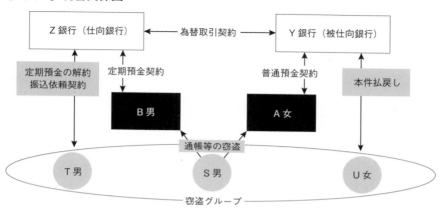

みが行われている。Y銀行は、この振込金をA名義の普通預金口座に入金記帳し、AになりすましたUによって普通預金の払戻しが行われている。

　しかも、上記②の預金口座を利用した振込みは、4者間の契約当事者を異にする3つの契約から構成されている。すなわち、支払人＝振込人・仕向銀行間の振込依頼契約、資金移動の当事者である仕向銀行・被仕向銀行間の為替取引契約、被仕向銀行・受取人間の預金契約から構成されている。

　口座振込みによる弁済は、以下のi）〜iii）のプロセスを経て行われる（☞後掲【図表2】）。

　i）仕向銀行と支払人間の振込依頼契約　　振込依頼契約は、全銀協のひな型に依拠した振込規定によって規律されている。そこでは、支払人が指定する受取人の預金口座に一定の金額の入金を委託することを内容とすることから、通説・銀行実務では、振込依頼契約の法的性質を委任契約に準じる契約であると解している。仕向銀行は、受任者として、支払人の振込依頼（支払指図）を実行すべき義務を負い、自己の名で被仕向銀行に対して被仕向銀行にある受取人の口座に入金記帳すべき旨の振込通知の送信（以下では「為替通知」という）を行う義務を負うことになる（振込規定ひな型4条）。支払人・仕向銀行間では、振込資金等を仕向銀行が受領した時点で振込依頼契約は成立するものと規定されている。

　ⅱ）被仕向銀行と受取人間の契約　　被仕向銀行と受取人との間では、預金規定に基づき、第三者から振込みがあった場合に、被仕向銀行は振込金を預金口座に受け入れ入金記帳する義務があり、預金口座に組み入れた振込金を預金債権として預かる義務がある（普通預金規定ひな型3条）。

　ⅲ）被仕向銀行と仕向銀行との間の為替取引契約　　「一般社団法人全国銀行資金決済ネットワーク」（以下「全銀ネット」という）を通じて振込資金の為替決済（銀行間決済）が行われることを前提として、被仕向銀行は仕向銀行からの為替通知に基づいて、受取人の口座への入金記帳を行うことになる。被仕向銀行の入金記帳によって、受取人は被仕向銀行に対して振込資金を含む預金の払戻請求権を取得することになる。

　このように、支払人からの振込依頼による受取人への資金移動の実行は、振込金が現実に移動しているわけではなく、仕向銀行から被仕向銀行に対して、全銀ネットが運営する「全国銀行データ通信システム」（以下、「全銀システム」という）を通じて、被仕向銀行にある受取人の口座に入金記帳すべき旨の為替通知の送信を行うことによって行われる。

　全銀システムには日本のほとんどの預金取扱金融機関が参加している。全銀システムに参加する銀行間では、内国為替取扱規則などにより包括的な為替取引契約が結ばれており、仕向銀行による為替通知の発信と被仕向銀行による為替通知の受信により、仕向銀行と被仕向銀行との間に為替取引契約が成立することになる。

　為替取引契約の成立によって、仕向銀行は、受取人の口座に振込金の入金記帳を行うことを被仕向銀行に委託（一種の支払委託）し、あわせて振込金相当額につき、個々の債務から独立した抽象的債務（為替債務）を被仕向銀行に対して負担することになる。

　大口取引（1件1億円以上）の場合を除き、為替取引によって生じる銀行間の決済は、まず、全銀ネットが、集中清算機関（Central Counter Party：CCP）として、仕向銀行の上記為替債務につき免責的債務引受を行うと同時に、当該債務を免れた仕向銀行に対して同額の債権を取得することによって行う（全銀ネット業務方法書49条1項）。このようにして、決済準備のために受払差額のClearing（清算）が行われることになる。

　全銀ネットは、一日の取引が終了した時点で、各銀行の全銀ネットに対する
債権と債務の合計額の差額（為替決済尻）を算出して、各参加銀行と日銀に通
知し、日本銀行金融ネットワークシステム（以下、「日銀ネット」という）上で、
各銀行の日銀当座預金口座間での振替によって、Settlement（債権債務の解消）
が実施され、決済日の夕方に銀行間決済が行われることになる（全銀ネット業
務方法書43条〜48条）。

　このように、全銀システムに参加する金融機関間では、相互の債権・債務の
差引き計算を行い、ネット上で一定の期間内に生じた為替取引の合計を差引計
算した金額で決済が行われることから、利用者（振込人・受取人）間決済と銀
行（仕向銀行・被仕向銀行）間決済が1対1の関係で紐づいているわけではな
いことになる。

【図表2】口座振込みによる決済の流れ（1件1億円未満の小口取引）

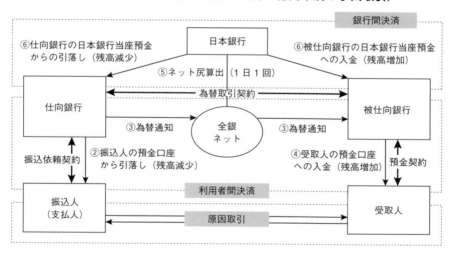

❸ 個別観察による紛争の解決

1. BからZ銀行に対する預金の払戻請求

　Bは、定期預金契約に基づいて、Z銀行に預金の払戻しを請求している。remedy構成によれば、Bの請求の訴訟物は、定期預金契約に基づく預金の払戻しがないこと（履行遅滞）を原因とする預金払戻請求権である。**第23章**で検討したように、定期預金については、定期預金契約の成立と満期の到来を、remedy構成を前提にすれば、さらに同契約に基づく預金の払戻しがないことを主張すれば、預金払戻請求権の発生を基礎づけることができる。

　B・Z銀行間の定期預金契約だけを取り出して個別に観察すると、**【例題】**では、預金者BからZ銀行に対する預金の払戻請求に対して、Z銀行が、478条に基づいて、弁済受領権限のない者への満期前の弁済であっても有効な弁済であるとする反論ができるかどうかが争点となる。

　478条は、①取引上の社会通念に照らして受領権者としての外観を有する者に対してした弁済であること、②受領権者に弁済受領権限がないことを弁済者が知らなかったことについて過失がないこと、以上の要件を充足する場合に、真の債権者からの履行の請求に対して、受領権者の弁済受領権者らしい外観を信頼して弁済をした者を保護するために、弁済受領権限がない者への弁済についても弁済の効力を有すると規定している。478条の上記の趣旨からすれば、478条は、弁済者を保護するために、真の権利者から履行の請求があった場合に、弁済者に履行拒絶の抗弁権を認めた規定と解すべきであり、478条の①②の要件についての主張・立証責任は弁済者にあるものと解される。

　本来、預金者ではないTは当該預金について何ら権限を有しないから、金融機関との間でTがBの定期預金の解約の合意をしても、その効力が預金者Bに帰属することはない。しかし、判例（最判昭和37・8・21民集16巻9号1809頁、最判昭和41・10・4民集20巻8号1565頁）は、478条を適用して、預金通帳と届出印鑑の持参人に金融機関が善意・無過失で定期預金を解約し払い戻した場合にも、その弁済は有効であり、預金者はもはや金融機関に払戻しを請求できな

いと解してきた。

　判例が、定期預金の解約の合意に基づく払戻し（期限前払戻し）を金融機関による弁済と同視する理由は、定期預金がなされた場合に、当初から普通預金の利率に準じた取扱いとなることを覚悟すれば、期限前に解約ができる合意がある点に求められている。定期預金の期限前払戻しは、定期預金契約上の金融機関の債務の履行としてなされており、これに応じない場合、金融機関には債務不履行責任が発生することになる。定期預金契約における金融機関の弁済の具体的内容は確定しており、期限前払戻しが定期預金契約上の金融機関の義務の履行としての意味をもっている点に着目すると、期限前払戻しを預金の払戻しと同視することができ、478条を適用する余地があるものと解していることになる。

　【例題】では、Tは預金通帳と届出印鑑の持参人であることから、弁済受領権者としての外観を有する者であると解される。したがって、Z銀行がTに弁済受領権限がある者として払戻しをした点に過失がなかったかどうかが争点になる。【例題】で、Z銀行が過失がないと主張したのは、上記のような構成を前提にした主張であると考えられる。

　【例題】では、Z銀行は、無過失の評価根拠事実として、定期預金契約の解約申込書・振込依頼書および押印された印影につき、総合口座預金通帳の届出印との照合を行ったこと、本人確認のために保険証を提示させたこと、また、資金の用途について尋ねたことを主張している。一方、Bは、Z銀行の無過失の評価障害事実としては、金額は1100万円余りで多額であること、満期の1か月前に定期預金が解約されていること、Tの外観からは婚姻した娘がいるような年齢に見えなかったこと、本人確認を保険証のみで行っていることなどを主張できそうである。これらの事実を総合考慮して、Z銀行がTに弁済受領権限があると判断した点について過失がなかったかどうかを検討することになる。

2. AからY銀行に対する預金の払戻請求

　一方、AはBから1100万円の返還を求められたことから、Y銀行に対して普通預金1500万円の払戻しを請求している。この請求の訴訟物は、普通預金契約

に基づく預金の払戻しがないこと（履行遅滞）を原因とする預金払戻請求権である。Aの上記請求は、本件振込みが有効であり、A名義の普通預金口座への振込金の入金記帳によって、Aに預金払戻請求権が帰属していることが前提となっている。

　最判平成8・4・26民集50巻5号1267頁は、原因となる法律関係が存在するか否かにかかわらず、誤振込みによっても受取人と被仕向銀行との間に振込金相当の普通預金契約が成立し、受取人が銀行に対して右相当額の普通預金債権を取得すること、支払人は受取人に対して振込金相当額の不当利得返還請求権を有すると解してきた。一方で、最決平成15・3・12刑集57巻3号322頁は、受取人が誤振込みされた資金であることを秘して預金の払戻しを請求することは権利濫用にあたるとして、誤振込みされた資金であることを認識した上で払戻しを受けた受取人について銀行に対する詐欺罪を認めた。もっとも、最判平成8・4・26は、受取人の債権者が受取人の預金債権を差し押えた事件で、誤振込みをした支払人が第三者異議の訴えを提起した事案である。一方、最決平成15・3・12は、刑事事件についての判断であり、支払人に本来帰属すべき財産を受取人が詐取することになること、受取人が誤振込みであったことを秘して払戻しを受けたことが欺罔行為にあたるとして、受取人による預金の払戻請求権の行使が権利濫用にあたると解しているにとどまる。

　これに対して、最判平成20・10・10民集62巻9号2361頁は、窃盗者によって、支払名義人に無断で原因取引が存在しない振込みがなされ、受取人が被仕向銀行に対して上記振込金を含む預金債権を行使できるかどうかが正面から問題となった。最判平成20・10・10は、受取人が支払人に対して不当利得返還義務を負っている場合であっても、受取人が預金債権を有する以上、特段の事情（払戻しをうけることが振込金を不正に取得する行為であって、詐欺罪等の犯行の一貫をなす場合など）がないかぎり、受取人が支払人に対して不当利得返還義務を負担しているだけでは、受取人による預金払戻請求権の行使は権利濫用にはあたらないと判示している。

　最判平成20・10・10からすれば、【例題】の場合にも、振込金1100万円がAの普通預金口座に入金記帳されている以上、AからY銀行に対する1500万円の預金払戻請求権が発生していることになり、AがBとの間で振込金を不当利得

しているというだけでは、Ｙ銀行がＡの権利行使につき権利濫用に当たると反論することは難しい。

　ただし、【例題】では、Ｙ銀行は、弁済受領権限のないＵに対して1500万円を払い戻している。Ａからの上記請求が認められるかどうかは、ここでも、Ｙ銀行が478条に基づいてＵへの払戻しに弁済の効力があったと反論できるかどうかによることになる。Ｕは、預金通帳と届出印鑑の持参人にあたり、弁済受領権者としての外観を有する者といえるから、Ｕに弁済受領権限があると誤信して払戻しをした点で、Ｙ銀行に過失がなかったかどうかが争点になることになる。

　【例題】では、Ｙ銀行は、無過失の評価根拠事実として、普通預金の払戻書に押印された印影につき、預金通帳の届出印との照合を行ったこと、本人確認のために保険証の提示・暗証番号を確認したこと、また、資金の用途と家族構成を確認したことなどを主張している。一方、Ａは、Ｙ銀行の無過失の評価障害事実として、1500万円と多額であること、保険証記載の年齢からするとＵが若く見えたこと、Ｕが暗証番号を記載できなかったこと、届け出がなされた預金者に電話をしても応答がなかったにもかかわらず弁済したことなどを主張できそうである。これらの事実を総合的に考慮して、Ｙ銀行の弁済に過失がなかったかどうかを判断することになる。

3. 預金の払戻しを個別観察することによる問題

　以上のように、ＡおよびＢの預金についてそれぞれ個別に払戻しを観察する限りでは、【例題】では、478条の適用があるかどうかが争点となるにすぎないことになる。

　しかし、窃盗行為を行った加害者からの被害回復が見込めない場合に、Ｙ銀行のＵに対する普通預金の払戻しについても、Ｚ銀行のＴに対する定期預金の期限前払戻しについても、銀行に過失がないとすると、以下に述べるように、被害者Ａ・Ｂがリスクを負担することになる。

　Ｚ銀行からＹ銀行への振込みによって、Ａ・Ｂ間では原因関係がないにもかかわらず、ＢがＡに弁済したことになるから、ＢはＡに振込金相当額である

1100万円の返還を求め、Aは、自己の預金額400万円を含めて、Aの普通預金口座から払戻しを受けたUに対して1500万円の不当利得返還請求をすることになろう。Uから回収できない場合、Aにも資力がなければ、Bが1100万円、Aが400万円の限度でリスクを負担することになり、Aに資力があれば、AはBに1100万円を返還し、Aが1500万円全額のリスクを負うことになる。他方で、支払名義人であるBに無断でBの普通預金口座からAの普通預金口座への振込みが実行されても、振込みの効力自体は認められることになり、Y銀行・Z銀行はリスクを負わないことになる。

また、AがY銀行に対する1500万円の預金払戻請求権を原則的には主張でき、権利濫用といえるような場合にだけ振込相当額1100万円について払戻しができないとすると、理論的には、Aの債権者による振込金を含む普通預金債権に対する差押えは有効であり、Y銀行がAに対して貸金債権がある場合には、預金債権との間で相殺できることになる。上記の解釈は、Tによる振込金相当額についても、Aの責任財産を構成することが前提となり、批判が多い。学説上は、Aの一般債権者との関係で、BのAに対する不当利得返還請求権に優先権を認めるべきであるとする見解（松岡久和「アメリカ法における追求の法理と特定性」『現代における物権法と債権法の交錯』〔有斐閣、1998年〕357頁、森田宏樹「振込取引の法的構造」中田裕康ほか編『金融取引と民法法理』〔有斐閣、2000年〕180頁）が展開されているが、Aの債権者である点ではBも一般債権であるにもかかわらず、Bにだけ優先権を認める根拠をめぐって理論的課題が多い。

加えて、預金の払戻しを個別に検討すると、BからZ銀行に対する1100万円の預金払戻請求とAからY銀行に対する1500万円の預金払戻請求とが別訴で提起された場合に、困難な解釈問題が生じることになる。

仮に、Y銀行のUに対する普通預金の払戻し、Z銀行のTに対する定期預金の期限前払戻しについて、それぞれの銀行に過失があるとすると、AからY銀行に対する請求についても、BからZ銀行に対する請求についても、1100万円の限度で二重払いを認めることになるだろう。その場合に、Y銀行・Z銀行間での振込金相当額の資金移動が有効であるとすると、仕向銀行であるZ銀行は、受取人であるAに対して1100万円の不当利得返還請求をすることになろうが、Zの損失とAの利得との間に因果関係があるといえるか、預金債権の払戻しを

うけたAの利得に法律上の原因がないといえるかが問題となるだろう。

　以上のような問題が発生するのは、口座振込みの取引構造を全体として観察せず、決済取引を構成する各契約を分断してその内容を確定し、契約の相対効の原則に基づいて、AとBの預金についてそれぞれ個別に払戻しの効力が検討されていることに原因がある。Y銀行はAとの間の普通預金契約によりAの口座に振込資金を入金記帳するべき義務があるとして、この点からY銀行に対する預金債権がAに帰属するという結論を導き、他方で、Z銀行はBとの間の定期預金契約に基づいて、期限前払戻しに応じる義務があると解するからである。

　もう1つの原因は、Tによって無権限で行われた口座振込みであっても有効であると解している点にある。Tは、Bに無断で定期預金契約を解約しただけでなく、その払戻金をBの普通預金口座に入金し、この口座からBを振込名義人としてAの普通預金口座に振込みを依頼している。しかし、本来、Bに無断でT・Z銀行間で締結された振込委託契約の効力がBに帰属することはないはずである。しかも、振込原因となる法律関係がA・B間にはない。それにもかかわらず、振込みの実行自体は有効であると解していることになる。

　このような解釈論が前提としているのは、銀行間の多数かつ多額の資金移動を円滑に処理する必要があるとして、銀行間決済の完了性を優先し、利用者決済においても、決済取引と原因取引との間のいわゆる「無因性」を原則として、原因関係と切断した立論を展開する考え方が採られてきたためである。【例題】に即していえば、仕向銀行Z・被仕向銀行Y間の為替取引契約に基づいて、Z銀行によってY銀行に為替通知（振込通知）がなされると、これによって、Y銀行・Z銀行間の銀行間決済においてだけでなく、A・B・Y銀行・Z銀行間を利害関係人とする利用者決済でも、A・B間に原因となる法律関係があるかどうかとは無関係に、Z銀行はY銀行に為替債務を負担し、Y銀行は、自行のAの口座に振込資金に相当する額を入金記帳すべき義務を負っていると考えているためである。

❹ 学説の展開

1. 口座振込みの取引構造

　学説上は、口座振込みの取引構造を全体として観察すべきであるとする主張がされており、システム構築・管理義務あるいはネットワーク構築・管理義務といった観点から、組織化されたサービスの提供者は、サービスの提供を受ける者に対して責任を負うとする見解（岩原紳作『電子決済と法』〔有斐閣、2003年〕376頁、潮見佳男『新債権総論Ⅰ』〔信山社、2017年〕412頁、千葉惠美子編『キャッシュレス決済と法規整』〔民事法研究会、2019年〕374頁）が有力である。しかし、取引構造をどのようにとらえるかをめぐっては、見解が対立している（見解の対立の詳細については、千葉・前掲書364頁）。このため、2017年民法改正でも、規定の新設は見送られた。

　前掲【図表2】に示すように、支払人からの振込依頼による資金移動の実行は、全銀ネットが運営する全銀システムを通じて、仕向銀行から被仕向銀行に対して、被仕向銀行にある受取人の口座に入金記帳すべき旨の為替通知を送信することによって行われている。全銀システムは、支払人＝振込人による「資金の提供」と受取人による「資金の受領」という2つの行為を振込依頼契約と預金契約に分けて実現し、支払人との間で振込依頼契約を締結する仕向銀行が「資金の提供」の機能を、受取人との間で預金契約を締結している被仕向銀行が「資金の受領」の機能をそれぞれ担うことになる。同時に、全銀ネットを通じて振込依頼市場と預金市場をネットワーク上で結びつけることによって、支払人・受取人が、全銀システムに参加しているどの金融機関に口座をもっていても決済サービスの提供を受けられるように構築されている。

　そこでは、支払人・仕向銀行間の振込依頼契約と受取人・被仕向銀行間の預金契約はそれぞれ独立した契約であるにもかかわらず、全銀システムによって振込依頼契約と預金契約が決済取引の一部として機能するように有機的に結び付けられていることになる。したがって、決済取引のリスクを負担すべきであるのは、全銀システムを通じて決済取引を行った仕向銀行と被仕向銀行であっ

て、支払人・受取人ではないことになる（このような考え方をネットワーク責任という）。

　上記の有力説によれば、受取人は原因債権への弁済の方法として支払人に被仕向銀行の受取人の口座への振込みを求め、これに応じて支払人が被仕向銀行の受取人口座への入金を仕向銀行に振込委託しているからといって、受取人は被仕向銀行の行為に伴うリスクを、支払人は仕向銀行の行為に伴うリスクを負担すべき関係にあるわけではないことになる。

　このような観点からみると、全銀ネットが運営・提供する全銀システムを介して、金融機関が共同で振込サービスを利用者に提供することによって、どのように支払人・受取人間の原因取引上の債務が消滅されるのかを検討することが必要になる（千葉・前掲書380頁）。

2. 無因性の意味

　仕向銀行・被仕向銀行間の為替取引契約の成立によって、仕向銀行は、受取人の口座に振込資金の入金記帳を行うことを被仕向銀行に委託（一種の支払委託）し、これに対して仕向銀行は、支払人・受取人間に振込原因となる法律関係が存在するか否かにかかわらず、抽象的債務（為替債務）を被仕向銀行に対して負担することになる。このため、被仕向銀行は為替通知があれば、受取人の口座に入金記帳することになり、振込原因となる法律関係から生じる債務と為替債務とは無因であると説明されることになる。

　「銀行間決済」に着目すれば、【図表2】でみたように、仕向銀行から被仕向銀行への銀行間の資金移動は、全銀ネットが、集中清算機関（Central Counter Party）として各銀行の全銀ネットに対する債権と債務の合計額の差額（為替決済尻）を算出して、日銀ネット上で、各銀行の日銀当座預金口座間での振替によって、Settlement（債権債務の解消）が実施されている。このため、仕向銀行が振込依頼を受けた個々の支払人に対して負担する債務から独立した抽象的債務（為替債務）を負担すると構成すること、つまり無因性を認めることによって、システミックリスク（個別の金融機関の支払不能等が、他の金融機関または金融システム全体に波及するリスク）を回避し、銀行間決済の完了性に影響を

与えないようにしていることになる。

　一方、「利用者間決済」に着目すれば、被仕向銀行は、仕向銀行からの為替通知に基づいて受取人の口座に入金記帳することになるので、日銀ネット上での銀行間決済が完了していないうちに、被仕向銀行は支払人による振込金相当額を入金記帳することによって、上記金額について受取人に対して預金の払戻義務を負担することになる。そこで、被仕向銀行は上記のリスクを回避するために、仕向銀行に為替債務を負担させている。これによって仕向銀行は、支払人から前払いを受けた振込金額について被仕向銀行への支払いを保証していることになる。

　為替取引契約には、このように、銀行間決済を安全に実現することと利用者間決済を組成すること、以上の二面性があることになる。銀行間決済における資金移動の円滑な処理という観点から、利用者間決済においても無因性を肯定すべきかどうかは別途検討が必要な問題となる。銀行間決済から発生するシステミックリスクを回避するために、銀行に負担を負わせるのではなく、個別の利用者に負担させる合理的理由が直ちに導けるわけではないからである。

　利用者間決済では、全銀システム上で、仕向銀行が発信した為替通知上の受取人口座情報とこれを受信した被仕向銀行の受取人口座情報が一致した時点で初めて、仕向銀行・被仕向銀行間に為替取引契約が成立する。これによって、支払人・仕向銀行間の振込依頼契約と受取人・被仕向銀行間の預金契約が決済取引の一部として結びつくことになる。同時に、上記為替取引契約の成立によって被仕向銀行が受取人口座に入金した金額について、仕向銀行は被仕向銀行への支払保証債務を負担することになる。

　支払人・仕向銀行間の振込依頼契約は、原因取引上の債務の消滅を目的として締結されており、振込依頼契約上の債務の履行として仕向銀行から被仕向銀行への為替通知が行われることから、利用者間決済においては、この限度で、決済取引と原因取引との間には有因性があると解すべきことになる（千葉・前掲書385頁）。

　もっとも、被仕向銀行は振込みが利用者間のどのような原因行為に基づくものか、原因行為の存在・効力を通常は了知できない。また、被仕向銀行にとっては、支払人が原因関係の不存在・無効を主張したからといって、それだけで

受取人からの預金払戻請求を拒むことにはリスクがある。

　仕向銀行からの為替通知により、被仕向銀行は、仕向銀行との間の為替取引契約に基づいて受取人口座に入金記帳している。しかし、振込依頼契約は原因取引上の債務の消滅を目的としており、利用者間決済においては、原因取引が不存在であるのに、仕向銀行によってなされた支払人口座からの振込資金を引き落とし、被仕向銀行に為替通知をすることは、振込依頼契約上は、仕向銀行の支払人に対して負担する債務の弁済としての意味はないことになる。なぜなら、弁済の要件である「給付が当該債権についてなされたこと（目的関連性）」を充足していないからである。

　支払人・受取人間の原因取引が不存在であるのに、仕向銀行が被仕向銀行に為替通知をした場合、被仕向銀行が受取人口座に入金記帳することは、被仕向銀行・受取人間の預金契約上も、被仕向銀行による受取人への非債弁済となる。受取人に預金払戻請求権があるとはいえない場合にまで、被仕向銀行が受取人口座へ入金記帳したにすぎないからである。少なくとも、利用者決済との関係では、このような場合にまで、仕向銀行・被仕向銀行間の為替取引契約に基づいて仕向銀行は被仕向銀行に対して支払保証債務を引き受けたと解すべきではないだろう。

　上記の場合にも、前述したように、銀行間決済との関係では、仕向銀行・被仕向銀行間の為替取引契約は、個々の債務から独立して銀行間の資金移動を保証する効果があるから、銀行間決済については仕向銀行・被仕向銀行間では振込資金相当額の資金移動があるものとして扱うことになる。しかし、それは銀行間決済の完了性を維持するためにすぎない。利用者間決済との関係では、支払人による振込依頼がない以上、仕向銀行・被仕向銀行間の為替取引契約は、前述したように、支払人から前払いを受けた振込金額について被仕向銀行へ支払保証をしているにすぎないから、仕向銀行は被仕向銀行に対して振込資金相当額について不当利得返還請求権があるものと解される。

　利用者間決済では、決済取引は、原因取引上の債権債務の消滅を目的としているにすぎないから、決済取引と原因取引との間に有因性があるといっても、振込依頼契約の成立の時点で原因取引が成立していれば、振込依頼契約の効力は生じることになる。振込依頼契約が成立し被仕向銀行が為替通知を受信した

時点以降は、利用者間決済においても為替取引契約は有効に成立し、これに基づいて仕向銀行による被仕向銀行に対する支払委託の効力が発生することになる。

　上記のように解すると、【例題】の場合、Ａ・Ｂ間には契約が存在せず、振込みの原因取引がない。また、ＢになりすましたＴがＺ銀行との間で振込依頼契約を締結していることから、Ｂ・Ｚ銀行間に振込依頼契約の効力は生じないものと解される。したがって、Ｚ銀行は、Ｔが定期預金を期限前払戻しをすることは478条で保護されるとしても、その後、Ｚ銀行がその解約金を入金したＢの普通預金口座から1100万円を振込資金として引き落とすことはできない。たとえＺ銀行から為替通知を受信したＹ銀行が振込金1100万円についてＡの預金口座に入金記帳したとしても、それは、Ａ・Ｙ銀行間の普通預金契約との関係ではＹＢからの振込金として入金すべき金銭ではなかったことになり、Ａは振込金相当額である1100万円について預金の払戻請求権はないものと解される。ＡにはＹ銀行に対して上記振込金を除く400万円についてのみ預金の払戻請求権があるにすぎない。

　一方、ＢはＺ銀行に対して定期預金1100万円につき払戻請求権があるものと解される。Ｂの請求の当否は、478条に基づいてＴに対する定期預金の期限前払戻しについてＺ銀行による弁済の効力が認められるかどうかによることになる。【例題】では、Ｔは定期預金の解約金をＢの普通預金口座からＡの普通口座へ振り込んでおり、ＡになりすましたＵによってＴによる振込金を含めて払戻しが行われているが、Ｔによる定期預金の期限前払戻し後に行われたものである。上記の行為は、それぞれ、Ｔ・Ｚ銀行間におけるＡへの振込委託契約、Ｚ銀行・Ｙ銀行間の為替取引契約、Ａ・Ｙ銀行間の普通預金契約に基づいて行われており、これらの一連の行為をすべてＢ・Ｚ銀行間の定期預金契約に基づく定期預金債権の弁済の一部と解することはできない。定期預金契約上、銀行には解約金を第三者に振り込む義務はないからである。

　一方、Ｚ銀行は、振込名義人であるＢとの間で振込依頼がないにもかかわらずＹ銀行に対して為替通知をしたことになる。Ｚ銀行は、Ｙ銀行に対して為替債務を負担し支払保証をしているが、利用者間決済における上記支払保証の趣旨は、前述したように、銀行間決済が完了する前に、受取人に預金の払戻義務

を負担することになる被仕向銀行のリスクを回避するために、振込資金を保有する仕向銀行が被仕向銀行への支払いを保証するための仕組みにすぎない。Ｂ・Ｚ銀行間に振込依頼契約がない場合にまで被仕向銀行に支払保証をしたものではない。したがって、Ｚ銀行からＹ銀行への不当利得返還請求が認められるものと解される。もっとも、Ｚ銀行の誤った為替通知によってＹ銀行が損害を被った場合には、不法行為責任が問題になる余地はある。Ｙ銀行が被った損害につき、Ｙ銀行に過失がないかどうかも検討すべきことになり、Ｙ銀行とＺ銀行の過失の程度によってリスクを負担させるべきであろう。

　なお、支払人が受取人を誤記したために本来の受取人とは異なる人の口座に入金記帳された場合にも、入金記帳された口座の名義人と支払人との間に振込原因となる取引は存在しない。しかし、上記の場合には、本来の受取人と支払人との間には原因取引があり、振込依頼契約に際して、支払人が受取人を誤記したにすぎない。したがって、振込依頼契約は成立するが、支払人は、95条1項1号に基づいて振込依頼契約の錯誤取消しが可能である。もっとも、95条3項により、支払人に重過失があったものと解される余地が多いであろう。取消しができるかどうかは、95条3項の各号に該当するかによることになろう。振込依頼契約が錯誤取消しにより遡及的に無効となると、たとえ仕向銀行が為替通知をしていたとしても、振込依頼契約の効力が生じていない以上、利用者間決済においては、受取人には振込金相当額について被仕向銀行に対する預金払戻請求権はなく、仕向銀行から被仕向銀行に対する不当利得返還請求権を認めるべきであろう。仕向銀行は121条の2第1項に基づいて支払人に原状回復義務を負担すべきものと解される。

Professional View　Ⅱ-15
預金と口座　（川上）

　【例題】では、「普通預金口座（以下「Ａの普通預金口座」といい、この口座に係る預金を「Ａの普通預金」という）」とあるように、「口座」と「預金」を意識的に書き分けている。「預金」については、**第23章 Deep Learning Ⅱ-30**を参照してほしい。ここでは、「口座」について取り上げる。

「口座」は、「銀行取引においては、主として預金取引先別に預金勘定を記入した元帳区分のことをさすことが多く、預金口座という。例えば、当座預金（元帳）口座、普通預金（元帳）口座など。口座は預金科目ごとに分類され、同一人が2口座以上を有することもある。口座には必ず口座番号をつけ、預金の種類や取引先別に分類整理するのが通常である」（吉原＝貝塚＝蝋山＝神田編「金融実務大辞典」社団法人金融財政事情研究会則掲）と説明される。すなわち、銀行取引では、預金契約の種類毎に分けて出入金の記録・計算が行われており、①そのような仕組みのこと、または、②そのようにして預金契約の種類毎に分けて記録計算されている元帳のことを「口座」と呼んでいる

したがって、普通預金口座は普通預金の出入金の記録計算を行う仕組みまたはその元帳であり、当座預金口座は当座預金の出入金の記録計算を行う仕組みまたはその元帳となる。些か乱暴ではあるが、中身が「預金契約」であり、その預金契約の記録計算がなされている器が「口座」であるイメージが近いであろう。

この「口座」は、預金契約の種類毎にあるのが基本であるが、「総合口座」のように預金と定期預金などを合わせた複合口座もある。複合口座である総合口座には、預金契約の種類として普通預金と定期預金が含まれていることになる。そのため、総合口座という器に、普通預金と定期預金が中身として盛られており、1つ口座の中で両方の預金の出入金の記録計算がなされているわけである。

なお、この総合口座に自動貸越を付帯させると、普通預金が残高不足で引落しされないときに、自動的に、定期預金を担保とする貸越限度額まで自動的に融資が実行され、引落しがなされる。そのため、普通預金からの自動引落しを行っている場合に、残高確認を行わないと、知らないうちに借入金が発生し利息を請求される事態が生ずるので注意されたい。　■

●重要判例●

・最判平成20・10・10民集62巻9号2361頁（振込依頼人と受取人との間に振込みの原因となる法律関係が存在しない場合における受取人による当該振込みに係る預金の払戻請求と権利の濫用）
・最判平成8・4・26民集50巻5号1267頁（誤振込みによる受取人の預金債権の成否）

●演習問題●

【設問1】

　【例題】において、478条の適用を検討するにあたって、Ｚ銀行の無過失を基礎づける評価根拠事実と評価障害事実を整理しなさい。

【設問2】

　【例題】において、478条の適用を検討するにあたって、Ｙ銀行の無過失を基礎づける評価障害事実と評価障害事実を整理しなさい。

【設問3】

　Ｓ、ＴおよびＵに対して（共同）不法行為に基づく損害賠償請求を考える場合、【例題】では、被害者（請求権者）が誰で、幾らの損害を請求できると考えるか。Ｚ銀行とＹ銀行の反論が認められる場合と認められない場合に分けて、そのように考える理由を説明しなさい。

第25章 定型取引と定型約款について学ぶ ［基礎編］

── 保険契約約款を素材として

 出題の趣旨

2017（平成29）年民法改正では、契約総則第5款として「定型約款」に関する規定が新設された。

定型約款とは、後述する「定型取引」において、契約の内容とすることを目的としてその特定の者により準備された条項の総体と定義されている（548条の2第1項柱書）。そして、定型取引とは、「ある特定の者が不特定多数の者を相手方として行う取引であって、その内容の全部又は一部が画一的であることがその双方にとって合理的なもの」である。相手方が多数であることを想定して相手方の個性に着目せずに行われる取引であって（村松秀樹＝松尾博憲『定型約款の実務Q&A』〔商事法務、2020年〕10頁、28頁）、契約交渉を行わずに、一方当事者が準備した定型約款を受け入れて契約を締結するに至ることが、定型約款を準備した者（以下、「定型約款準備者」という）にとっても相手方にとっても合理的であるといえる場合に本款の適用があることになる。

なお、施行前に締結された契約に係る定型約款についても全体として改正法が適用されるとして、定型約款に関する規定については法律関係不遡及の原則が採用されていない（改正法附則33条1項本文。改正前に生じた行為を妨げない）。ただし、施行日前までに契約の当事者となった一方が、2020年3月31日までに、反対の意思表示を書面でした場合には、改正法は適用されない（同条2項、3項）。

548条の2第1項は、定型取引を行うことの合意（定型取引合意）があって、かつ、①定型約款を契約内容とする旨の合意がある場合（同1号）、ないしは、

②定型約款準備者が予め定型約款を契約内容とする旨を相手方に表示していた場合（同２号）に、定型約款の個別条項についても「合意したものをみなす」とする規定を置き、定型約款の条項について個別に合意がなくても定型取引の契約内容となることを定めている。

　以下の【例題】では保険契約が問題となっているが、後述するように、保険契約は548条の２の定型取引に該当し、保険契約約款は定型約款に当たるものと解されているから、民法の規定により約款の効力が定まる（江頭憲治郎『商取引法〔第９版〕』〔弘文堂、2022年〕441頁注４）。このほか、定型約款の例として、普通預金規定、鉄道などの運送約款、宅配便契約約款、電気・ガスの供給約款、ネットの利用規約、宿泊約款、旅行業約款など）。

　学説は、講学上、約款を契約内容とする合意を「組入れ合意」、そのための要件を「組入れ要件」と呼んできた。548条の２第１項では、前述したように、組入れ自体に合意がある場合だけでなく、組入れ自体に合意がない場合であっても、定型約款準備者が取引を行う前に取引の相手方に定型約款を予め表示した場合には、定型約款中の個別条項が契約内容となること（これを「約款の拘束力」という）が明文化されており、そこでは、契約内容についての相手方の意思的な関与が希薄である。

　立法担当者によれば、同項２号の表示は、黙示の組入れの合意の立証が困難な場合に対処するために設けられた規定であり、原則として、定型取引の相手方となる者に対して「準備された定型約款を使用して取引が行われること」を表示することが必要であるとする（村松＝松尾・前掲書12頁）。そこでは、準備された定型約款を使用して取引が行われることを相手方が認識する機会があれば、相手方も定型約款を使用して契約をすることに同意するはずであるとして、定型約款中の個別条項を定型取引の内容とみなすことを正当化している。

　このように、548条の２第１項は、定型約款の相手方に対する約款の拘束力の根拠を基本的には当事者の意思に求めているものと解される（このような考え方を「契約説」という）。同条１項が、定型約款上の個別条項について相手方の認識可能性を前提にせず、定型約款の拘束力を肯定するのは、契約内容の画一性が契約当事者双方にとって合理的であることが前提となっているからである（このことは「定型取引」の定義に含まれている）。

　ただし、契約内容が画一的である取引において定型約款を利用することが契約当事者双方にとって合理的であるからといって、この点から、直ちに、定型約款中の個別条項が契約当事者にとって合理的な内容であることまで担保されるわけではない。定型取引の相手方が定型約款中の個別条項について交渉を予定していない以上、定型約款準備者が一方的に定型約款の内容を決定することによって、相手方に不利な内容を押し付けることも可能だからである。

　そこで、548条の2は、第2項として、定型約款の個別条項のうち、①相手方の権利を制限し、または相手方の義務を加重する条項であって、かつ、②定型取引の態様およびその実情並びに取引上の社会通念に照らして信義則に反して相手方の利益を一方的に害すると認められるものは、当該個別条項に限定して合意をしなかったものとみなすとする規定を置いている。

　判例は、これまでも、契約当事者の主観的意思の合致（＝相手方の意思表示と結合して契約を成立させようとする意思があるかどうか）を重視して契約の成立があったかどうかを判断してきた（最判平成17・12・16判時1921号61頁など）。548条の2第2項は、この「意思の不合致による合意の不成立」という契約解釈の手法を約款の解釈にも応用して、548条の2第1項に基づいて定型約款中の拘束力を包括的に承認した上で、上記①②の要件を充足する定型約款中の個別条項について組入れ合意が成立しなかったものとみなし、これによって、当該個別条項を定型取引の契約内容から排除したものと解される（山本豊「改正民法の定型約款に関する規律について」深谷格＝西内祐介編著『大改正時代の民法学』〔成文堂、2017年〕403頁、千葉惠美子「改正民法が民事裁判実務に及ぼす影響（4）─定型約款規定の新設、意思能力制度の明文化」判時2418号〔2021年〕117頁など）。

　ところで、【例題】の保険契約は、個人向けの医療保険であり、消費者契約法が適用される契約である。消費者契約法には、消費者の利益を一方的に害する条項を無効とする規定（消契8～10条）がある。また、保険法では、保険契約者側の保護のために、保険法の規定よりも保険契約者、被保険者または保険金受取人に不利な内容の約款を定めても、その約款の定めを無効とする片面的強行規定性が該当条文ごとに明文化されている。このように、約款条項が契約内容となったとしても、契約内容の適正化という観点から、当該条項が無効に

なる場合があることから、これらの効力規定と548条の2第2項との関係についても整理が必要となる。

　定型約款に関する規定は、約款法理と呼ばれてきたこれまでの学説上の通説的理解とは異なる点が多い。このため、どのように条文を解釈したらよいか議論が固まっているわけではない。以下では、【例題】を通じて、これまでの判例の考え方も参考にしながら、定型約款が使用される場合に、どのように契約の成立や効力を解釈していったらよいのかを考えてみたい。

Deep Learning II-32
定型約款該当性　（千葉）

　定型約款とは、「定型取引」において、契約の内容とすることを目的としてその特定の者により準備された条項の総体であるから（548条の2第1項柱書）、定型取引といえない限り定型約款に関する改正条項を適用できないことになる。

　定型取引であるといえるためには、①ある特定の者が不特定多数の者を相手方として行う取引であって、②その内容の全部または一部が「画一的」であることが「双方にとって合理的」であるものであることが必要であり、上記定型取引契約の内容とすることを目的として事前に準備された約款が定型約款となる。したがって、すべての約款（契約の当事者が多数の相手方との契約に用いるために予め作成し定式化された条項）に、定型約款に関する規定が適用されるわけではない。

　上記の要件のうち、立法担当者によれば、①については、相手方の個性に着目せずに取引が行われる場合を意味すると説明されている（村松＝松尾前掲書28頁）。また、②については、その取引を客観的にみて、契約の相手方が交渉を行わずに、一方当事者が準備した契約条項の重要部分についてそのまま受け入れることが、双方にとって合理的であるいえる場合と定義されている。（村松＝松尾・前掲書20頁、松岡久和ほか編『改正債権法コンメンタール』〔法律文化社、2020年〕672頁［大澤彩］など）。

　【例題】の保険契約における保険約款以外にも、預金規定（**第23章**参照）、振込規定（**第24章**参照）、クレジットカードの利用規約、旅客運送約款、携帯電話の通信サービス契約におけるプラン、マーケットプレイス・オークションサイト・SNSの利用規約、ソフトウェアのライセンス契約などを具体例として挙げることができる。

　建物等の製作を目的とする建設請負契約については民間（七会）連合約款が、また、賃貸借契約の締結にあたっては市販のひな型が、銀行からの借入に際しては銀行取

引約定書や住宅ローン取引のひな型、労働契約においては就業規則が定められ労働契約のひな型がしばしば利用されている。

　建設請負契約の場合、請負人が不特定多数の者を相手として取引が行われることはまれである。注文者の個性に応じて建物を建設することが多いからである。しかし、宅地開発によって請負人が多数の建売住宅を建設するような場合には、請負人が定型化したひな形である民間（七会）連合約款を利用して契約を締結することがある。しかし、連合約款の引用、部分は請負人が合意に基づき契約に記載した場合と異なることはない。被引用部分が定型約款に該当するかどうかは、当該取引の重要部分について画一性あることが（請負人と注文者双方にとって）合理的であるかどうかによって判断されることになるものと解される（村松＝松尾・前掲書45頁）。

　賃貸借契約のひな型が利用される場合についても、一部の条項の削除、特別な条項の追加が行われることが多いが、当該取引の内容について重要部分の画一性が合理的であるかどうかによって判断することになる。例えば、一棟のマンションの所有者が、各居室を多数の者に賃貸するような場合にひな型があり、賃貸借の重要な部分について契約内容が画一的であるようなときには、管理コストが低減し入居者にも画一的であることに合理性がある場合には定型約款に該当する場合があることになる（村松＝松尾・前掲書59頁）。

　一方、銀行取引約定書は、取引先に対して融資や手形割引、デリバティブ取引を行う際の基本ルールを定めたものであり、期限の利益喪失条項、相殺条項、充当の指定などに関する条項が定められている。顧客との交渉によって銀行取引約定書の内容が修正されることはまれであるとされ、上記①の要件を充たしていることになるが、定型約款に該当するかどうかは、②の要件、つまり、取引内容の重要部分が画一的であることが、銀行だけでなく顧客にとっても合理的といえるかどうかによるものと解される。もっとも、立法担当者は、交渉力の格差によって取引の内容が画一化している場合には、定型取引には該当しないとして、定型約款に該当しないという考え方をとっている（村松＝松尾・前掲書48頁）。銀行取引約定書についても、銀行の管理負担の軽減のために取引内容が画一化しているとすれば、定型約款に該当しないと解釈する余地を残している（村松＝松尾・前掲書52頁）。銀行の貸付けであっても、住宅ローンの場合には、同一プランの場合に、契約内容を画一化することによって取引コストが低減することになり、顧客にとっても合理性があることから、住宅ローンのひな型は定型約款に該当するものと解される。

　労働契約については、上記①の要件も②の要件をいずれも充足しないことから、定型取引に該当しないことになり、労働契約のひな型や就業規則は定型約款に該当しないものと解されている（村松＝松尾・前掲書61頁）。

Xはどのような権利があると主張したのか

　以下の事実は、後述するXからYに対する保険金請求訴訟において、当事者から主張された事実を整理したものである。

【例題】

　1．X（45歳・男性）は、2020年7月1日、自己を被保険者・保険金受取人として、Y生命保険会社との間で、終身型医療保険契約（以下、「本件保険契約」という）を締結した。本件保険契約の内容としては、保険料を月額5,300円とするものとし、入院給付金（日額1万円）・手術給付特約金・特約事項（疾病通院特約、入院特約および就業不能時給付金特約月額10万円）については<u>別紙保険契約目録（略）記載の内容とすることを合意し、この他は、基本約款である総合医療保険普通保険約款（以下、「本件保険約款」という）の定めによるものとした</u>。なお、本件保険契約には、解約返戻金の定めはない。

　本件保険約款によれば、本件保険契約の保険料は月払いで支払うものとすること、第2回目以後の保険料は、月単位の契約応当日の属する月の初日から末日まで（以下、「払込期日」という）の間に払い込むとする条項があった。Xは、本件保険契約の申込み時に第1回目の保険料をYが指定する口座に振り込み、第2回目以降の保険料については口座振替によって毎月25日に支払った。

　2．本件保険約款には、契約の失効に関して以下の定めがあった。

　ア　第2回目以後の保険料の払込みについては、払込期日の翌月の初日から末日までを猶予期間とする。

　イ　アの猶予期間内に保険料の払込みがないときは、保険契約は、上記猶予期間満了日の翌日から効力を失う。

　ウ　アの猶予期間内に保険給付の支払事由が生じたときは保険給付を行うが、保険金額から未払保険料の金額を差し引く。

エ　保険料の払込みがないまま、アの上記猶予期間が過ぎた場合でも、払い込むべき保険料と利息の合計額が解約返戻金の額（当該保険料の払込みがあったものとして計算し、保険契約者に対する貸付けがある場合には、その元利金を差し引いた残額）を超えないときは、自動的にＹが保険契約者に保険料相当額を貸し付けて保険契約を有効に存続させる。当該貸付けは猶予期間満了日にされたものとし、その利息は年８％以下のＹ所定の利率で計算したものとする。

オ　保険契約者は、保険契約が効力を失った日から起算して１年以内であれば、保険契約を復活させることができる。この場合におけるＹの責任開始期は復活日とする。

ただし、復活申込みの時点で、被保険者の告知を要し、復活日前に発生した傷害または発病した疾病を原因とした保険金の支給が受けられないこと（いわゆる始期前発病不担保条項）、復活にはＹの承諾を要することが定められていた。

3．Ｘは、2024年７月頃、股関節に激痛が走り、Ａ病院での検査の結果、両側性特発性大腿骨頭壊死症と診断され、月に４回ほど通院治療を続けていたが、症状が改善しなかったことから、2025年３月６日に入院して、まずは左側について人工関節置換手術を受け、同月27日に退院した。

4．ところが、Ｘの保険料振替口座の残高不足により、2025年１月を払込期月とする同月分の本件保険契約の保険料の支払いがされなかった。2025年２月に、同年１月分および２月分の本件保険契約の保険料を併せて保険料振替口座から振り替えることとされていたが、口座振替日である２月25日時点でも同口座が残高不足であったことから、口座振替がされず、Ｘは、同月末日までに支払うべき同年１月分以降の本件保険契約の保険料を支払わなかった。そこで、Ｙは、同年２月26日に、「このたびご指定の金融機関より、下記ご契約の保険料がお振替えできなかった旨の通知がございました。つきましては、再度保険料をご請求申し上げますので、ご指定口座に１月分と２月分の保険料（ご請求額合計）をご用意いただきますようお願い申し上げます」と記載された未納通知書をＸに送付した。また、同通知書の裏面には、コンビニエンスストアでの払込みに用いる払込票も

添付されていた。

5．Xは、退院後、Yからの上記郵便で保険料が未払いとなっていることを知り、2025年3月30日、Yに対し、同年1〜3月分の保険料を添えて本件保険契約の復活の申込みをした。しかし、Yは、同年4月17日に復活の申込みを承諾しないことを決定し、同月19日、Xにその旨告知した。

Yは、Xの保険料未払いを理由に、本件保険契約の保険料が一定期間未払いのときは無催告で契約が失効するとする約款条項（以下、「無催告失効条項」という）に従い、2025年2月末日の経過によって同年3月1日に本件保険契約は失効したこと、復活の申込みについては、Xの健康状態からYは承諾しない旨の決定をしたと説明した。

6．Xは、本件保険契約を締結する際に、無催告失効条項があることについて説明を受けておらず、Yが上記条項に基づいて一方的に契約の失効を主張することは納得できないこと、また、Xはこれまで保険料の支払いを遅滞したことはなく、Yから2025年1〜3月分までの3か月分の保険料をXの銀行口座に返金されたことから、直ちに、Yの本店所在地である東京法務局に2025年1月分以降の保険料と遅延損害金を供託し、その後も払込期日までに保険料を毎月供託している。

7．そこで、Xは、本件保険契約に基づいて、21日間の入院給付金・手術給付金、疾病通院特約、入院特約および就業不能特約に基づいて、合計100万円の保険金の支払いを求め、Yに対して訴えを提起した。

訴訟物は、remedy構成によれば、医療保険契約に基づく保険金の不払い（履行遅滞）を原因とする保険金支払請求権である。保険契約は、保険会社が保険事故の発生を条件として保険給付を行うことを約し、これに対して相手方が一定の偶然の事故（保険事故）が生じた場合にその発生の可能性に応じて保険料を支払うことを約する契約であり（保険2条1号）、医療保険契約は傷害疾病定額保険契約（同条9号）の一種である（後述 Professional View Ⅱ-16）。保険契約は諾成契約であるから、保険金債権が発生したことを主張するためには、基本的には、①保険契約の成立、および、②契約成立の時点において保険事故の発生の有無が確定していないこと（偶然性・不確定性）が必要である。

保険契約では、保険契約者（保険料を支払う者。保険2条3項）と保険者（保険給付を行う義務のある者。同条2項）の間で締結される（☞後述 **Professional View II-16**）したがって、Xは、①について、2020年7月1日に、自己を被保険者（保険事故発生の対象者となる者）として、Yとの間で、別紙保険契約目録を内容とし、保険料を月額5,300円とする終身型医療保険契約を締結したことを主張すればよい。②については、本件保険契約は医療保険であるから、被保険者が、保険期間中に疾病の治療を目的として入院・手術をしたことを主張すればよいから、2024年7月頃、Aでの検査の結果、両側性特発性大腿骨頭壊死症と診断され、2025年3月6日に入院して人工関節置換手術を受け、同月27日に退院したことを主張すればよいことになる。これに加えて、保険金給付の対象となっている入金給付金額と手術給付金額および特約条項に基づく給付金額が100万円であることを主張することになる。

remedy 構成によれば、①②に加えて、③Yが保険金を支払わなかったことを主張すれば、保険金支払請求権の発生を基礎づけることができる。

❸ 保険金支払請求権の有無をめぐる攻防

1. Yからの反論

保険契約者Xからの請求に対して、保険者Yは、①本件保険約款に定める保険料支払いに関する条項に基づいて、1月分および2月分の保険料が払込期日までに支払われておらず、すでに1月分の保険料について支払猶予期間1か月を経過したことにより本件契約が失効したこと、また、②Xからの失効後の復活の申出について、Yが承諾しなかったことを主張して、Xとの間に保険契約が成立していないと反論することが考えられる。

もっとも、上記反論は、いずれも本件保険約款中の個別条項に基づく反論である。これに対して、【例題】の事実6によれば、Xは、契約成立時点で本件保険約款中に上記個別条項があることを認識していなかったことから、上記個別条項について合意したとはみなされないと再反論するかもしれない。

しかし、548条の2第1項によれば、本件保険約款が定型約款に該当すれば、

契約成立時点で個別条項を相手方が認識していない場合にも、保険契約の契約内容として組み入れられる。したがって、Ｙは、上記反論にあたり、①保険契約が定型取引であること、すなわち、ある特定の者が不特定多数の者を相手方として行う取引であって、その内容の全部または一部が画一的であることが双方にとって合理的であること、および、②本件保険契約を締結するに際して、保険契約目録記載の事項を本件契約の内容とするほかは、本件保険約款の定めによるものとする合意があったこと（548条の２第１項１号）を主張・立証すれば、Ｘが本件保険約款中の個別条項について合意していなくとも、また、Ｘが当該個別条項を認識していない場合であっても、本件保険約款中の個別条項がＸ・Ｙ間の保険契約に組み入れられ、契約内容となる。Ｘの再反論は失当であるということになる。

　保険は大量で同質のリスクを集積してその分散を図るために利用されることから、保険契約者から拠出される保険料の総和と保険給付の総和が等しくなること、また、個々の保険加入者から拠出される保険料が当該保険契約者のリスクの程度に応じて決定されることが必要となる（山下友信『保険法（上）』〔有斐閣、2020年〕67頁）。

　このように、保険契約では平等に扱われるべき保険契約者が多数いることが必要であることから、保険契約は、保険者（保険会社）が不特定多数の者を相手方として行う取引であること、同契約が保険契約者の個性や個別の交渉に基づかずに画一的に定められていることは明らかである。

　また、このような保険の仕組みを合理的に実現するためには、プールするリスクが保険契約者を通じて均質になっている必要があるから、保険契約の当事者である保険者・保険契約者の双方にとって画一的な契約内容であることが合理的である。したがって、保険契約は定型取引に該当し、保険取引のために準備された保険契約約款は定型約款に当たるものと解される。

*D*eep *Learning* Ⅱ-33

548条の2第1項2号の「表示」と548条の3の「表示」の違い（千葉）

　548条の2第1項2号の「表示」とは、定型取引の相手方に「定型約款を使用して取引が行われること」を認識する機会が確保されていることである。不特定多数を相手方とし画一的な契約内容であることが取引当事者双方にとって合理的である取引を「定型取引」とし、そこで利用される約款が定型約款であることから、定型約款の使用を表示していれば、定型約款を組み込んで契約をするのが通常であると考えられえていることになる。このように、定型取引では定型約款準備者による定型約款の個別条項の事前開示が、定型取引の内容として定型約款が組み込まれるための要件とはなっていない。ただし、548条の2第1項2号の反対解釈として、相手方に定型約款の使用が表示されていない場合には、約款が使用されることを相手方が認識できないことから、消極的にみても定型約款使用に同意しているとはいえないものと解される。したがって、上記の場合には、組入れ要件は緩和されないことになる。

　一方、548条の3では、定型取引の相手方が拘束されることになる定型約款の個別条項を認識できるように、相手方の知る権利を保障する方法として、定型約款準備者は、定型取引締結前後の相当の期間内に相手方から請求があった場合に、「定型約款の内容」を開示しなければならないものとしている。548条の2第1項2号の表示の対象は「定型約款を使用すること」であるが、548条の3の表示の対象は「定型約款の内容」すなわち定型約款中の個別条項である。

　両条の関係については、548条の3第2項に規定が置かれているだけである。同項本文では、定型取引準備者が定型取引合意の前に相手方からの開示請求を拒んだ場合には、548条の2を適用しないとしている。立法担当者によれば、上記の場合には、定型約款準備者が相手方の知る権利を侵害したことになることから、定型約款準備者に対するサンクションとして548条の2の約款の契約内容への組入れを認めないものとしたと説明されている（村松＝松尾・前掲書119頁）。もっとも、定型取引の相手方が消費者である場合には、消費者が定型取引合意前に定型約款について開示請求権を行使することは、多くの場合期待できないから、上記の効果は限定的であろう。

　他方で、548条の3第2項では、定型取引の合意後に、相手方が定型約款の内容の開示請求をしたのに、定型約款準備者がこれを拒んだ場合については規定がない。しかし、定型取引合意があり、取引当事者間に組入れ合意があった場合であっても、正当な理由なく定型約款準備者が開示請求を拒む場合には、信義則上、定型約款準備者は548条の2第1項に基づいて定型約款を定型取引の内容として組み入れられた

ことを主張できないものと解すべきである（沖野眞已「『定型約款』のいわゆる採用要件」消費者法研究3号〔2017年〕150頁、山下・前掲書177頁）。定型取引の内容が画一的であることが定型取引の当事者双方にとって合理的であることが、定型約款について組入れ要件が緩和されている理由であり、そもそも契約内容となっている定型約款の内容についての開示請求を拒絶する合理的根拠がないからである（山下・前掲書177頁）。●

2. │ Yの反論に対するXの再反論

　前述したように、定型取引の場合、定型約款準備者は相手方と個別条項についての交渉を予定していないから、定型約款準備者が相手方に不利な内容を一方的に押し付けることは可能である。定型約款の使用によって定型取引の内容が画一的であることが双方にとって合理性があるからといって、定型取引の特定の者によって準備された約款の個別条項が、契約当事者双方にとって当然に合理的な内容であるとは必ずしもいえない。

(a) 消費者契約法の不当条項規制と548条の2第2項との関係

　前述したように、X・Y間の保険契約は消費者契約である。消費者契約法は、消費者にとって不利な契約内容となりやすい条項を個別に列挙して無効（消契8・9条）とし、消費者の利益を一方的に害する条項を無効とする一般条項を置いている（消契10条）。一方で、548条の2第2項は、定型約款中の個別条項が定型取引の相手方の利益を一方的に害すると認められる場合に、当該個別条項は定型取引の内容として合意をしなかったものとみなしている。そこで、Xとしては、消費者契約法10条に基づいて無催告失効条項の無効、ないしは、548条の2第1項に基づいて当該個別条項を合意しなかったとみなされるとして、本件保険契約が失効していないという再反論をすることが考えられる。

　548条の2第2項は、定型取引において定型約款が使用されて契約がなされる場合、取引の相手方が定型約款中の個別条項を認識していなくても、「約款の使用」に一定の合理性のあることを要件として、個別の交渉を経ることなく定型約款中の個別条項が契約内容となることを認めている。契約内容について

定型契約の当事者間に情報の非対称性があることから、同条第2項は、消費者契約だけでなく、事業者間契約の場合にも、定型約款中の個別条項が「定型取引の態様及びその実情並びに取引上の社会通念に照らして」相手方の利益が一方的に制約され、相手方の合理的予測の範囲を逸脱している場合には、相手方の不利益を是正するために、定型取引の契約内容として当該個別条項を組み入れる合意が成立しなかったとみなしている。これによって、当該個別条項は定型取引の契約内容から排除されることになる。

一方、消費者が契約を締結する際には、消費者契約の当事者である消費者・事業者間に情報の質および量並びに交渉力の点で格差がある（消契1条参照）。そこで、消費者契約法8～10条は、消費者にとって不利な内容となりやすい条項を不当条項として無効としている。

このように、548条の2第2項は、個別の契約締結交渉を経ていないことから情報の非対称性を是正する機会がないことを理由に、契約内容への介入を正当化しており、消費者契約法8～10条は、契約締結時点において契約締結交渉が行われたとしても、契約当事者間の情報および交渉力の格差があることを理由に、契約内容への介入を正当化している。したがって、両者の不当性の判断基準は異なる可能性があり、また、それゆえ法律効果に違いがあるものと解され（これに対して、河上正二「民法改正法案の『定型約款』規定と消費者保護」法教441号〔2017年〕35頁、山本敬三「改正民法における『定型約款』の規制とその問題点」消費者法研究3号〔2017年〕62頁は、同じ目的を果たすのに異なる効果が認められるとして改正法を批判している）。したがって、548条の2第2項に基づき、定型約款の個別条項が組入れ合意から除外され当該個別条項が契約内容にならないと主張することも、当該個別条項が契約内容となっていることを前提として、消費者契約法に基づいて消費者に一方的に不利な条項であるとしてその無効を主張することも可能であり、いずれかまたは双方を選択して主張することができるものと解される（村松＝松尾・前掲書106頁）。

(b)　無催告失効条項が契約内容になっていないとする再反論（548条の2第2項）

548条の2第2項の「相手方の利益を害する条項」であり、その条項が「相手方の利益を一方的に害する」場合には、相手方にとって定型約款中の個別条

項が不意打ちとなる場合と当該個別条項の内容が不当である場合が含まれるものと解されている（潮見佳男『新債権総論Ⅰ』〔信山社、2017年〕45頁、沖野・前掲論文137頁、山下・前掲書180頁など）。

　これに対して、不当条項規制と不意打ち規制では相手方の不利益を調整する原理に違いがあることから、上記の解釈を批判する見解がある（山本豊・前掲論文403頁、河上正二「『約款による契約』と『定型約款』」消費者法研究3号〔2017年〕27頁、山本・前掲論文61頁など）。不意打ち規制は、相手方の合理的予測という観点から、具体的な契約締結過程における想定外の条項を契約内容から排除して約款の拘束力を制限するための規制であるのに対して、不当条項規制は、契約内容となった約款上の条項について内容の不当性を根拠に効力を認めないための規制であるからである。

　548条の2第1項は、そもそも定型取引における定型約款の契約内容への組入れについて当該取引における契約当事者の認識可能性を考慮することなく認めているから、不意打ち条項であるというだけでは、同条2項に基づいて契約内容へ組み入れないとすることはできないものと解される。同項が、相手方にとって不意打ちになるというだけではなく「相手方の利益を一方的に害する」個別条項に限定して合意の擬制を排除しているのもその点に理由がある。そこで、「相手方の利益を一方的に害する場合」に当たるかどうかには不当条項にあたる場合と不意打ちにあたる場合の二類型があるというではなく、不意打ち性を内容の不当性とともに総合的に判断すべきだとする立法担当者の見解を支持しておくことにしたい（村松＝松尾・前掲書96頁）。

　同項で組入れ合意の擬制を排除するためには、定型取引の態様（約款内容を具体的に認識しなくとも定型約款の条項について合意したものをみなされる定型取引の特殊性）、定型取引の実情（BtoBかBtoCかも含めて当該定型取引の契約締結の一般的な態様、取引慣行など）、並びに、取引上の社会通念に照らして、相手方の利益を一方的に害するといえるのかという基準に基づいて、不当性の判断基準について類型化を図り、それにふさわしい考慮要素を明らかにする必要があることになる。もっとも、同項に基づいて、不当性を判断する際には、定型約款使用による一元的処理を念頭に判断する必要があり、定型約款を使用して契約した当事者の具体的な事情を考慮すべきではないことになろう（千葉・前

掲論文118頁、大澤彩「取引の『定型化』と民法・消費者法の役割」NBL1199号〔2021年〕34頁、桑岡和久「定型約款規定と消費者契約法」ジュリ1558号〔2021年〕27頁など。しかし、立法担当者は、不当性の判断に際しては、個別具体的な相手方の諸事情が考慮され、特定の相手方との関係で合意をしなかったものとみなされることがあり得るとしている〔筒井健夫＝村松秀樹編『一問一答 民法（債権関係）改正』（商事法務、2020年）252頁〕が、疑問である）。

　2017年民法改正では、催告解除と無催告解除に分けて解除権の発生原因が規定されている。無催告解除が認められるためには、債権者が催告しても、契約をした目的を達するのに足りる履行がされる見込みがないことが明らかであることが必要である（542条1項5号参照）。催告解除の場合には、弁済期日を経過しただけでなく、催告し、催告後、相当の期間が経過したことが必要である（541条本文）。また、契約を解除するためには、解除の意思表示を要する（540条1項）。【例題】の場合、無催告失効条項は、保険料支払債務を支払期日に弁済しない場合、催告なしに、1か月の猶予期間の経過のみで猶予期間満了日の翌日に保険契約を当然に失効させるものであるから、上記規定に照らすと、相手方＝保険契約者の権利を制限する条項に当たるものと解される。

　問題は、個人向けの医療保険契約であることに照らして、上記無催告失効条項が、保険契約者の権利を一方的に害するといえるかどうかである。たしかに、保険料の不払いによって反対給付が停止されるようなこともないため、保険契約者が保険料支払債務の不履行に気づかない事態が生ずる可能性は高い。しかし、【例題】の事実2によれば、支払期日を経過して猶予期間満了日までに保険料が弁済されない場合であっても、一定の期間が経過しないと保険契約が失効しない措置が講じられていること、また、保険契約が効力を失った日から起算して1年以内であれば、保険契約の復活制度が認められている。このように保険料の支払いが遅滞しても無保険とならないように、保険契約者の利益を保護するための制度が無催告失効制度と関係づけられて規定されていることからすれば、無催告失効条項だけを取り出し、保険契約者を一方的に害する条項であるとして、組入れ合意の対象から除外し、合意しなかったものとみなすことはできないものと解される。

⒞　無催告失効条項が消費者契約法10条に違反する無効な条項
であるとする再反論

　前述したように、無催告失効条項は、540条１項・541条・542条と比較して、消費者である保険契約者の権利を制限する条項に該当する。そこで、Ｘは、無催告失効条項が契約内容となっていたとしても、消費者契約法10条に基づいて、当該条項が無効であると主張することが考えられる。このような主張が認められると本件保険契約は失効していないことになるから、上記主張はＸにとって有効な再反論となる。

　最判平成24・３・16民集66巻５号2216頁は、2017年民法改正前の生命保険契約存在確認事件において、【例題】の場合と同様、無催告失効条項を定める約款が利用されていた場合に、消費者契約法10条に基づいて無効といえるかどうかについて、以下のように判示している。①債務不履行の状態が一定期間内に解消されない場合に初めて失効する旨が明確に定められており、上記一定期間は541条により求められる催告期間よりも長い１か月であること、②自動貸付条項により保険料の支払いを補填できるとする措置が講じられており、保険契約者が保険料の不払いをした場合にも、保険契約者の権利保護を図るために予め一定の配慮がされていること、これに加えて、③契約締結当時、保険料支払債務の不履行を原因として契約が失効する前に保険契約者に対して保険料払込みの督促を行う実務上の運用が確実にされているのであれば、通常は、保険契約者は保険料支払債務の不履行があったことを認識可能であり、無催告失効条項は信義則に反して消費者の利益を一方的に害するものとはいえないとして、③について審理を尽くさせるために、原審に差し戻した。①②は無催告失効条項以外の約款条項であり、③は、一般的な実務運用であり、これらを不当性の判断資料としていることになる。

　上記判決に対しては、そもそも任意規定から客観的にみて合理的理由なく逸脱している場合には無効とすべきであるのに、消費者契約法10条後段で消費者が「一方的に」不利益を受けている点を強調することによって、当該契約における「約款条項以外の個別の事情」を考慮して、不当条項を無効とする場合を狭めているとする批判がある（『消費者法判例百選〔第２版〕』〔有斐閣、2020年〕49頁〔河上正二〕）。

　判例（最判平成23・3・24民集65巻2号903頁、最判平成23・7・15民集65巻5号2269頁など）は、これまでも、消費者契約法10条前段を満たした場合に、当該条項が任意規定などから乖離していると判断した上で、この乖離に合理性があるのかを10条後段の要件を通じて検討しており、10条後段の要件で不当性を判断するにあたっては、当該契約条項以外の事情も総合的に考慮して不当性を判断してきた。

　学説は、当該不当性の判断基準時および不当性の判断にあたり当該条項以外に考慮すべき事情の範囲をめぐって見解が分かれてきた（消費者契約法10条の該当性に関する判断構造については、山本豊「契約条項の内容規制における具体的審査・抽象的審査と事後的審査・事前審査——生命保険契約における無催告失効条項を検討素材として」小野秀誠ほか編『松本恒雄先生還暦記念・民事法の現代的課題』〔商事法務、2012年〕23頁）。

　最判平成24・3・16の事案では、原審までに、保険契約者が過去5回にわたって保険料の支払いを遅滞したこと、保険の不払いによって失効後も保険約款の復活条項に基づいて保険契約を復活させたことがあること、契約の失効前に保険会社が保険契約者に支払いの催促を行ったことなどが主張されている。しかし、最判平成24・3・16は、消費者契約法10条後段の不当性を判断するにあたって、上記のような当該契約の当事者間における具体的な事情は考慮していない。

　保険契約は定型取引であり、保険約款は定型約款に該当するが、消費者契約法は約款による契約以外の場合にも適用になるから、消費者契約法10条で不当条項性を判断する際には、約款使用による一元的処理を理由に、約款条項以外の事実を排除して当該条項の効力を解釈すべきではないものと解される。しかし、同時に、消費者契約法は、「消費者と事業者との間の情報の質及び量並びに交渉力の格差に鑑み」消費者の利益を不当に害する条項を一般的に無効としていることから、当該消費者契約を締結するに際して、契約当事者となった消費者が一般に前提としたといえる事情が不当性の判断材料となるものと解される。最判平成24・3・16が、前述したように、①②に加えて③を考慮して不当性を判断したのは、上記の理由によるものと考えられる。

　上記判決に基づくと、【例題】の場合、X・Y間の組入れの合意（548条の2

第1項1号）によって、保険約款中の各条項は本件保険契約の契約内容となっており、医療保険契約には解約返戻金の定めがないことから、本件保険契約では、保険契約者が保険料の不払いをした場合に、保険契約者の権利保護を図るために講じられている措置は、保険料の支払期日後、1か月経過して初めて保険契約が失効するという点にとどまる。

　しかし、Yは、無催告失効条項を適用するにあたり、保険契約者が保険契約の失効前に保険料支払債務の不履行があったことを認識できるように、上記支払猶予期間中に保険契約者に対して支払督促通知を行う運用を行っており、1回の保険料の不払いの事実だけで保険契約が失効しない措置を講じていることになる。この運用によって、保険契約者は保険料支払債務の不履行があったことを一般的には認識できるから、無催告失効条項があるというだけでは、消費者の権利を一方的に制限したとはいえないものと解することになろう。

Deep Learning Ⅱ-34
保険法の片面的強行規定（千葉）

　保険契約については、保険業法で保険約款の内容が法律で定められた基準に適合的であることが求められており、適合的であるかどうかは内閣総理大臣が審査し、適合的である場合に初めて保険約款として認可される仕組みになっている（保険業3〜5条）。たとえ、保険約款として認可された場合であっても、保険法では保険法の規定よりも保険契約者、被保険者または保険金受取人に不利な内容の合意（特約）条項は無効となる旨の規定がいくつか置かれている。

　しかし、保険法では、保険料の不払いを原因とする契約の失効に関して片面的強行規定を定めていない。したがって、【例題】のような無催告失効条項が保険契約者などに不利な条項であるとしても、保険法に基づいて無効とすることはできない。

　また、保険法では、保険契約者側が申込みまたは承諾をする時点で保険事故の既発生を知っていた場合、および、申込み前の保険事故をカバーする保険契約の申込みの時点で保険者が事故の不発生を知っていた場合に限って、責任遡及条項が無効になる（保険5条1項・2項、同39条1項・2項、68条1項・2項）。保険契約失効後の復活の申込みを、復活日における従前の保険契約と同一内容での再度の申込みと解するとすれば、復活日を始期とする始期前発病不担保条項は、保険法の上記規

定の趣旨に合致しており、片面的強行規定違反であるとして無効と解することはできないものと解される。●

❹ 請求の当否

　これまでの検討から、【例題】では、Ｘは、548条の２第２項に基づいて、本件保険約款上の無催告失効条項が本件保険契約の内容として組み込まれていないとする再反論は難しい。また、無催告失効条項が本件保険契約の内容となっていたとしても、消費者契約法10条に基づいて無催告失効条項の無効を主張することも難しいことになりそうである。そうすると、無催告失効条項により本件保険契約がすでに失効したとするＹの反論が認められることになり、Ｘの請求は認められないのだろうか。

　【例題】では、基本約款である総合医療保険普通保険約款上の条項がすべて本件保険契約の内容となっており、これらの条項がすべて有効であるとしても、具体的に、ＸがＹに対して保険金請求ができるのかどうかは、「Ｘ・Ｙ間」の保険契約の解釈の問題であり、この点について別途検討することは可能である。

　【例題】においては、Ｘは２か月の保険料につき支払期日までに履行していないことになる。しかし、本件保険契約は個人向けの終身型医療保険であり、その意味では上記の履行遅滞は軽微な不履行である。541条ただし書は、債務不履行が軽微である場合、相手方は契約を解除できないと定めている。本件保険契約では、支払期日後１か月間は支払猶予期間として、その間については履行遅滞に基づく損害賠償義務を免除している。しかも、Ｘは支払猶予期間後、速やかに遅滞した保険料を遅延損害金とともに供託しており、無催告失効条項がなければ、保険料の債務不履行を原因として契約を解除することはできないことになる。また、Ｘはその後も毎月保険料を供託していることから、Ｙにとって保険料債権を回収できないというリスクが大きいわけではない。

　これに対して、Ｘは、病気によって被る財産上のリスクを回避するために終身型の医療保険契約を締結したにもかかわらず、保険期間内に発症した病気について保険給付を受けられないことになり、Ｘが保険契約を締結してリスク・マネージメントをしようとした意味がないことになる（契約の目的の危殆化）。

　そこで、信義則上、Yによる無催告失効条項の主張が認めらないと解する余地がないか検討する必要があるように思われる。

　また、Yは、無催告失効条項に基づいて本件保険契約が失効したことを前提に、Xの病状から保険契約の復活について承諾しなかった。確かに、復活制度には、無催告失効制度によって無保険の状態になるのを避ける側面があり、その意味では、無催告失効制度によって無保険となる保険契約者を救済する制度である。しかし、復活制度は、復活日を基準に従前の保険内容で新たな契約が成立したものとして扱うことになり、被保険者の告知を要し、復活日前に発生した傷害または発病した疾病を原因とした保険金の支給が受けられない（始期前発症不担保条項）。始期前発病不担保条項は、本来、保険者が担保すべき危険の範囲を保険期間開始後の疾病等に限定し保険料算定の基礎となる予定事故率を維持するためのものであると考えられるから、上記の扱いについては、その限度では合理性があることになる。しかし、上記の条項を理由に、保険の復活をさせるかどうかについて、新規に保険契約を締結する場合と同様に、Yに復活の判断に際して自由な裁量権が認めるかどうかは別の問題である。

　【例題】の場合、Xの疾病は保険期間開始後4年後に発症している。しかも、特発性大腿骨頭壊死症が大腿骨頭の一部が血流の低下により壊死する原因不明の特発性の疾病であることからすれば、Xの保険を復活させたからといって、保険契約者による逆選択（リスクの低い保険加入者が保険加入をやめ、リスクの高い保険加入者が集積するということ）やモラルハザード（保険を不正に利用する危険）を発生させる余地はないはずである。むしろ、Yは、Xの1月分の保険料支払債務の不履行を理由に保険契約を失効させたうえで、復活制度を適用して、復活日前の疾病であるXの特発性大腿骨頭壊死症の罹患を理由に、保険の復活を承諾しなかったと解する余地があり、信義則上、Yの上記一連の行為を裁量権の濫用と解する余地があるように思われる。

　このように、消費者契約において定型約款が使用される場合には、まず、約款の個別条項が契約内容となるのか、かりに、契約内容となったとしても当該条項が強行規定に違反していないか、個別条項の合意につき成立と効力という2つの観点から検討する必要がある。両者は、不当性を理由に約款の個別条項が当該契約において契約当事者を拘束しないという点では同じ働きをするにし

ても、拘束力を排除する根拠に違いがあるから、以下に述べるように、約款の個別条項の不当性の判断要素は異なってくるものと解される。

　548条の2第2項は、定型約款を契約内容へ組み入れるという効果を排除する規定である。このように、定型約款の拘束力を排除する際には、相手方の利益を一方的に害するとして定型約款中の個別条項の不当性を判断するにあたっても、定型取引における取引内容の画一性という観点から、定型約款使用による一元的処理を念頭に判断する必要がある。したがって、548条の2第2項に基づいて不当性を判断する際には、定型約款中の一定の個別条項以外の条項を考慮することはできるとしても、定型取引の当事者の具体的な事情を考慮すべきではない。一般的に、当該定型取引の相手方の権利を一方的に害するものといえるかどうかという観点から、定型約款の個別条項を定型取引の契約内容へ組み入れてよいかどうかを判断すべきである。

　これに対して、消費者契約法10条は、消費者契約の場合、契約内容となった条項について、判例法を含む任意規定から乖離している条項で、当該条項が消費者の利益を一方的に害する場合に無効としているから、当該契約条項についての「合意の拘束力」を排除する制度である。契約締結過程において、事業者と消費者との間に情報の量や質・交渉力に格差があることから、消費者にとって不当な内容であっても合意されやすいことを理由として、当該条項を無効とする強行規定を置いていることになる。上記の消費者契約法の制度趣旨からして、①不当性の判断基準時は契約締結時点であり、②当該契約を締結する消費者が一般的に当該契約を締結するにあたって前提とする事情を考慮すべきことになり、この範囲の事情と基づいて当該条項が消費者の利益を一方的に害するといえるどうかを判断すべきことになる。契約の締結にかかる事情だけが考慮されるのではなく、契約の履行過程や契約の終了にかかる事情も、契約締結時点で消費者が一般的に前提とする事情であれば、不当性の判断材料から排除されないものと解される。契約を締結した消費者個人がどのような情報に基づいて契約を締結したか、どのような交渉を行ったかなど、当該契約の当事者間における具体的な事情を考慮して不当性を判断すべきではないことになる。

　上記のプロセスを経て契約当事者間の契約内容を確定した上で、しかる後に、通常の契約と同様、契約を締結した当事者間で、その契約内容に従って具体的

にどのような権利・義務が認められるかを判断することになる。この段階で、初めて、契約当事者の具体的な事情も判断材料となる。最判平成24・3・16の差戻審（東京高判平成24・10・25判タ1387号266頁）でも、無催告失効条項を消費者契約法10条に違反して無効といえないとした上で、さらに、上記の点から当該契約間でどのような内容の契約がなされたといえるかが判断がなされている。

　このように、定型約款を使用した定型取引の場合には、フェイズの異なる3つのプロセス、すなわち、①契約の成立段階で定型約款の条項を契約内容として組み入れられるか、②①が認められるとしても、組み入れられた各約款条項が無効となることはないのか、③当該約款条項も含めて契約当事者間における契約内容として拘束力があるとしても、契約当事者が具体的にどのような権利義務を負うのか、以上のプロセスを通じて契約解釈が行われることになろう。

Professional View Ⅱ-16
取引法から見た保険契約（川上）

　国、地方公共団体、公企業主体が社会保障や産業経済などの政策目的で運営する公保険（健康保険、国民健康保険、介護保険、年金保険、厚生年金保険、労災保険、中小企業信用保険、預金保険など）と異なり、私人が自らのリスクヘッジのために、私的自治の原則に基づいて契約する私保険（生命保険、医療保険、貨物保険、船舶保険、自動車保険、火災保険、地震保険、旅行保険、盗難保険、個人賠償責任保険など）は、私法である「契約」により規律される取引関係であり、保険契約と呼ばれる。

　この保険契約は、諾成契約、不要式契約、附合契約、射倖契約、有償契約、双務契約という性質を有する。保険契約に関係する当事者は、①保険給付を行う義務を負う者（保険者、保険2条2号）、②保険料を支払う義務を負う者（保険契約者、保険2条3号）、③金銭に見積もることができる経済的な利益を有していて保険の補償を受ける人または保険の対象になる人（被保険者、保険2条4号）の3者が基本的な登場人物となる（なお、生命保険契約または傷害疾病定額保険契約では、④保険給付を受ける者として当該保険契約で定める者（保険金受取人、保険2条5号）も登場する。）。保険契約は、この関係する当事者のうち、保険者と保険契約者との間で締結される契約である。

　そして、保険契約では、多数の保険契約者が同種のリスクのリスクヘッジのため

に相互保障するという契約の趣旨からして、保険契約者間では同一の条件でなければ、保険という制度自体が成り立たないという特殊性がある。保険契約者と保険者が個々の交渉の結果、合意した条件や内容で異なる内容の保険契約を締結することは本来的に想定されていない。そのため、保険者が予め契約条項を定めた保険約款を作成し、保険契約者はこれに基づいて契約を締結するかしないかの選択しかなく、個別交渉で契約内容を変更することはできない（附合契約性）。

　この保険契約の内容を定めたものが保険約款であり、保険契約者の義務である保険料支払や告知・通知、また保険会社の義務である保険金を支払う条件、免責の条件や支払額などが記載されている。通常、保険約款は、同じ種類の保険契約に共通する契約内容を定めた普通保険約款と言われる部分と、普通保険約款の規定内容を補充・変更・限定する特別約款（特約条項）と言われる部分に分けて定められている。また、保険約款は、保険者が作成した保険約款を内閣総理大臣（具体的な事務は金融庁が取り扱う）に認可申請・届出を行い、内閣総理大臣が保険業法5条1項3号および4号並びに保険業法規則11条および12条の審査基準に基づいて審査を行い、その認可を受けなければならないこととされている。

　保険法では、上記で見た保険契約を、その内容により、次の4つの類型に分類している。

①　損害保険契約（保険法2条6号）　　保険契約のうち、保険者が一定の偶然の事故によって生ずることのある損害をてん補することを約するものをいう。

②　傷害疾病損害保険契約（保険法2条7号）　　損害保険契約のうち、保険者が人の傷害疾病によって生ずることのある損害（当該傷害疾病が生じた者が受けるものに限る。）をてん補することを約するものをいう。

③　生命保険契約（保険法2条8号）　　保険契約のうち、保険者が人の生存又は死亡に関し一定の保険給付を行うことを約するもの（傷害疾病定額保険契約に該当するものを除く。）をいう。

④　傷害疾病定額保険契約（保険法2条9号）　　保険契約のうち、保険者が人の傷害疾病に基づき一定の保険給付を行うことを約するものをいう。

　「生命保険」は、人の生存または死亡に関して予め約定された金額を支払う保険である。「損害保険」は、一定の偶然な事故によって生じた損害額に応じて保険金を支払う保険である。保険契約は大きくこの生命保険と損害保険を軸として発展してきたが、近時、そのいずれにも属さない第三分野の保険が多く商品化されている。傷害保険、医療保険、がん保険、介護保険などがこれに当たる。【例題】の「終身型医療保険契約」は、被保険者の疾病に対しその治療費などを保険金として支払う保険であるから、人の生存または死亡に関する保険ではなく、偶然な事故によって生じ

た損害に関する保険でもないことから、第三分野の保険に該当することになる。この医療保険は、公的医療保険制度は基本的な医療の給付を全国民に行うことを目的としていることから、保険適用外となる治療・施術も多く存在する。例えば、がん治療などで先進医療を受ける場合、国で承認されていない治療法、美容整形などは公的医療保険の対象外であり、入院時の食事代や個室を利用した場合の差額ベッド代も公的医療保険での対象外である。このような公的医療保険制度の対象外となる医療費への備えや公的医療保険における自己負担分を補うための保険として設計されているのが医療保険である。■

●重要判例●

・最判平成24・3・16民集66巻5号2216頁（生命保険契約における無催告失効条項の効力）

●演習問題●

【設問1】

　【例題】の**事実1**下線部「この他は、基本約款である総合医療保険普通保険約款（以下、「本件保険約款」という）の定めによるものとした」は、XとYの間の本件保険契約において、どのような意味を有するかを説明しなさい。

【設問2】

　【例題】**事実1**の下線部「別紙保険契約目録（略）記載の内容とすることを合意」は、XとYとの間の本件保険契約において、どのような意味を有するか。かりに、YがXに対し、本件保険約款の交付を忘れ、XとYとの間で本件保険約款によるものとする合意がなかった場合に上記の合意はいかなる意味があるか。

【設問3】

　事実6の下線部は、本件訴訟の攻撃防御において、どのような法的な意義を有するか。

【設問4】

　Xが、Yに対し、「同年1～3月分の保険料を添えて本件保険契約の復活の申込みをした。しかし、Yは、同年4月17日に復活の申込みを承諾しないことを決定」（**事実5**）したことは、裁量を逸脱した権利濫用であると主張するとして、それを基礎づける事実としてどのようなものが考えられるか。

【設問5】

　XとYとの間の本件保険契約は、Yの保険募集人（保険募集代理店）Zとの間で締結されたものであり、ZがXに対して、「保険料未払いの場合も、未納保険料を支払い復活の申込みをすれば、必ず復活し、承諾しないことはない」と説明していた場合、XのYに対する保険金支払請求権の有無について結論は異なるか。

判例索引

事項索引

334

な行

は行

著者紹介

千葉　惠美子（CHIBA Emiko）

1953年生まれ。北海道大学法学研究科修士課程修了。

北海道大学法学部助手、札幌学院大学法学部助教授、大阪大学大学院法学研究科助教授、名古屋大学大学院法学研究科教授、大阪大学大学院高等司法研究科教授を経て、2019年3月定年退職。2019年4月より大阪大学大学院高等司法研究科招へい教授。名古屋大学名誉教授

〈主著〉『LAW Practice 民法Ⅰ・Ⅱ〔第5版〕』（商事法務、2022年）（共編著）、『民法2物権〔第4版〕』（有斐閣、2022年）（共著）、『詳解　改正民法』（商事法務、2018年）（共編著）、『キャッシュレス決済と法規整』（民事法研究会、2019年）（編著）、『集団的消費者利益の実現と法の役割』（商事法務、2014年）（共編著）など。

川上　良（KAWAKAMI Ryo）

1967年生まれ。大阪大学大学院法学研究科博士課程前期民事法学修了。

1999年に弁護士登録、弁護士（大阪西総合法律事務所〔パートナー〕）、その間、2011年4月から2020年3月まで大阪大学大学院高等司法研究科特任教授、2020年4月から2023年3月まで大阪大学大学院高等司法研究科教授を歴任。

〈主著〉大阪弁護士会民法改正問題特別委員会委員編「債権法の未来——改正が見送られた重要論点」（商事法務、2023年）（共著）、『基礎トレーニング倒産法〔第2版〕』（日本評論社、2022年）（共著）、大阪弁護士会民法改正問題特別委員会委員編『実務家のための逐条解説新債権法』（有斐閣、2021年）（共著）など。

髙原　知明（TAKAHARA Tomoaki）

1972年生まれ。大阪大学法学部卒業。

1999年任官、大阪地裁判事補、検事（法務省民事局付）、宮崎地家裁判事補、東京地裁判事補（司法研修所付）、東京地裁判事、大阪地裁判事・大阪大学大学院高等司法研究科特任教授、最高裁調査官、横浜地裁判事、大阪地裁判事を経て、2021年4月より大阪大学大学院高等司法研究科教授。

〈主著〉『民事裁判実務の基礎／刑事裁判実務の基礎』（有斐閣、2014年）（共著）など。

■著者

千葉惠美子（ちば・えみこ）
大阪大学大学院高等司法研究科招へい教授。名古屋大学名誉教授

川上　良（かわかみ・りょう）
弁護士。大阪西総合法律事務所（パートナー）

髙原知明（たかはら・ともあき）
大阪大学大学院高等司法研究科教授

ふんそうるいけい　　　　まな　おうようみんぽう　　　　　　さいけんそうろん　けいやく
紛争類型から学ぶ応用民法II──**債権総論・契約**

2023年7月20日　第1版第1刷発行

著　者──千葉惠美子・川上　良・髙原知明
発行所──株式会社　日本評論社
　　　　　〒170-8474 東京都豊島区南大塚3-12-4
　　　　　電話　03-3987-8621（販売）03-3987-8592（編集）
　　　　　FAX　03-3987-8590（販売）03-3987-8596（編集）
　　　　　https://www.nippyo.co.jp/　　振替　00100-3-16
印　刷──精文堂印刷
製　本──井上製本所
装　丁──銀山宏子
©2023 E.Chiba, R.Kawakami, T.Takahara
ISBN978-4-535-52741-6　　　Printed in Japan